D1693118

Reinhold Rauh

Lola Montez

Die königliche Mätresse

Diederichs

Die Deutsche Bibliothek – CIP-Einheitsaufnahme
Rauh, Reinhold:
Lola Montez : die königliche Mätresse / Reinhold Rauh. –
Ungekürzte Lizenzausg. – München : Diederichs, 1996
ISBN 3-424-01322-6

Ungekürzte Lizenzausgabe für den Eugen Diederichs Verlag, München 1996
© der deutschsprachigen Ausgabe Wilhelm Heyne Verlag, München 1992
Umschlaggestaltung: Zembsch' Werkstatt, München
Produktion: Tillmann Roeder, München
Satz: SatzTeam Berger, Ellenberg
Druck und Bindung: Spiegel Buch, Ulm-Jungingen
Papier: fast holzfrei, säurefrei Werkdruck, Schleipen
Printed in Germany

ISBN 3-424-01322-6

Inhalt

Einleitung	7
Irland und Indien – die ungeliebte Tochter	11
Schottland und England – die höhere Tochter	19
Nochmals Indien – das Ende einer Frühehe	27
England – ein Entschluß fürs Leben	39
Von London nach Ebersdorf, Berlin, Warschau und Dresden – der Sturzflug des Kometen	47
Paris – ein Duell in der Hauptstadt des 19. Jahrhunderts	63
Bonn und Baden-Baden – Skandal, Skandal!	75
München – ein König wird im Sturm genommen	81
München – das Ende der guten alten Zeit	104
München – die Ruhe nach dem Sturm	111
München – ein furioser Abschied	129
Die Schweiz – brisante Briefe	143
Frankreich – die Theorie des Männerhasses	148
London – ein neuer Kreislauf beginnt	153
Frankreich – ein Schaustück	156
Die amerikanische Ostküste – die Schatten der Alten Welt	162
Kalifornien – der Wilde Westen	172
Australien – tanz den Spinnentanz!	187
San Francisco, Sacramento, New York – das Ende	197
Schluß	209
Anmerkungen	221
Literaturverzeichnis	228
Zeittafel	232
Bildnachweis	235
Personenregister	236

Lola Montez, 1852
Daguerreotypie von Southworth und Hawes

Einleitung

Eine Frau hat sich in Pose geworfen. Vor ihr steht die wuchtige Daguerreotypie-Kamera von Southworth und Hawes. Für einige Sekunden wird der Verschluß der Kamera geöffnet. Die Frau verharrt in völliger Reglosigkeit.

Das jetzt, man schreibt März 1852, entstandene Foto wird zu den berühmtesten Fotos von Southworth und Hawes zählen. Manches daran ist ihrer besonderen Kunst zu verdanken: die Verwendung des von oben einfallenden, natürlichen Lichts; die relativ kurze Belichtungszeit. Die Fotografierkunst von Southworth und Hawes ist fast schon ›modern‹ und hat die Kinderkrankheiten der damaligen Fotografie überwunden. Ihre Ergebnisse sind durchaus mit heutigen, technisch unendlich raffinierter entstandenen Fotos vergleichbar. Auf diese Weise scheint auch die auf dem Foto abgebildete Frau uns sehr viel näher zu sein als die – wie es damals üblich war – in Öl, auf Radierungen oder mit dem Bleistift Porträtierten.

Noch etwas anderes wirkt auf diesem Foto modern, also der Vorstellungswelt unseres ausgehenden Jahrhunderts gemäß – was ebenso dazu beigetragen hat, daß dieses Foto sehr bekannt geworden ist. Die fotografierte Frau hat sich *in Pose* geworfen. Sie lehnt sich, die Hüfte provozierend weit abgeknickt, mit den beiden übereinander gekreuzten Händen auf ein mit einem Tuch drapiertes Podest und hält in der Linken eine Zigarette. Kopf und Blickrichtung gehen in stilisierter Weise um etwa 90 Grad von ihrer Körperwendung zum Bildvordergrund weg. Man mag darüber rätseln, ob mehr die Eigenwilligkeit der Fotografrierten oder die Intuition der Fotografierenden zu diesem Ergebnis geführt haben. Mitte des 19. Jahrhunderts hat eine solche Pose bei einer Frau – mit Zigarette (!) in den behandschuhten Händen – skandalös, obszön, ungeheuerlich gewirkt. Es gibt nichts Vergleichbares aus einer Zeit, in der ehrwürdige Bürgerfrauen, meist mit Kindern und Mann zur Seite, furchtsam und mißtrauisch auf die unheimliche Kamera starrten. Die von Southworth und

Hawes Fotografierte ist ihnen weit voraus. Sie läßt sich nicht nur einfach fotografieren. Sie geht weiter: Sie stellt sich zur Schau.

Fotos dieser Art haben heute keinerlei Sensationswert. Eine ganze Industrie lebt mittlerweile vom Inszenieren von Posen für Reklame-, Film- und sonstige Fotostudio-Zwecke. Sich vor einer Fotokamera zur Schau stellen, hat schon längst eine noch dazu wechselvolle Geschichte. Es dürfte nicht schwer sein, eine Geschichte dieses Sich-zur-Schau-Stellens zu schreiben, so wie sie hauptsächlich von Filmschauspielerinnen vorexerziert worden ist. Man erinnere sich an die Fotos der als unnahbare Filmgöttinnen zurechtgemachten Greta Garbo oder Marlene Dietrich, an die lasziv zur Schau gestellten Körper einer Mae West, Rita Hayworth oder Jane Russell, an die kokett und natürlich-frisch wirkenden Star-Fotos von Marilyn Monroe, Romy Schneider oder Brigitte Bardot, an den kühlen Sex von Isabelle Adjani, Kim Basinger, Michelle Pfeiffer oder Kathleen Turner. Die 1852 in Boston von Southworth und Hawes fotografierte Frau mit der abgewinkelten Hüfte und der Zigarette in der Hand ist vermutlich die Allererste in dieser Ahnengalerie. Und vermutlich hat sie damals noch unendlich viel aufreizender auf ihre Zeitgenossen gewirkt als dies heutigen Sex-Göttinnen möglich ist.

Aber noch etwas anderes dürfte an diesem Foto inszeniert sein. Es ist dies der Blick. Er geht knapp links an der Kamera vorbei. Es ist kein auf eine Person gerichteter Blick. Es ist ein versonnener, umschleierter Blick. Es scheint, als ob er sich in die Vergangenheit richtet.

Es ist der Blick einer eher hart, kalt, aber auch unerschrocken wirkenden, schon fast mittelalterlichen Frau. Die Mundwinkel zeigen leicht nach unten, gerade so als ob sie vieles durchlitten und durchstanden hätte. Man kann zu diesem Gesicht und der in Pose gesetzten Gestalt »böse«, »gerissen«, »verhärmt«, »versonnen«, »abgeklärt«, »gelassen«, »exzentrisch«, »provokant« assoziieren, ohne daß dies aber eindeutig erschließbar wäre. Welche Geschichten mögen in diesem Gesicht ihre Spuren hinterlassen haben? Worauf blickt diese Frau zurück?

Die von Southworth und Hawes Fotografierte war zu ihrer Zeit mit die bekannteste Frau. Und in jedem Fall war sie die berüchtigtste Frau der damaligen Welt. Sie war die »Dame in

Schwarz« – schon weil sie sich bevorzugt schwarz gekleidet hat. Insofern hat das in einem dunklen Ton gehaltene Foto noch eine andere Bedeutung. Ihr Leben war eine ununterbrochene Reihe von Skandalen. Die zum Zeitpunkt der Foto-Aufnahme gerade 32jährige war der entscheidende Grund gewesen, daß mitten im 19. Jahrhundert ein König von seinem Thron Abschied genommen hatte. Sie hatte schon mindestens zwei Revolten verursacht, die fast in Revolutionen umgekippt waren. Sie hatte in England, Preußen, Polen, Frankreich und vor allem Bayern für Aufregung gesorgt und der Reihe nach die viktorianische, biedermeierliche, zaristische, großbourgeoise und klerikale Welt gehörig durcheinandergewirbelt. Die Frau mit der Zigarette in der linken Hand war aber nicht nur in der ganzen damaligen Welt bekannt, sondern sie hat auch die ganze Welt gekannt. Sie ist in Asien, Afrika, Amerika, Australien und Europa gewesen. Die gesamte Welt des 19. Jahrhunderts, die sogenannte »gute alte Zeit«, die Zeit des Kolonialismus, die Zeit der großen industriellen und sozialen Revolutionen waren Hintergrund ihres vollkommen außergewöhnlichen Lebens. Ihr tatsächliches Leben ist auch um vieles spannender als die vielen fantastischen Romane, die sich schon zu ihren Lebzeiten und dann nach ihrem Tod um sie gerankt haben.

Die Frau ist »Lola Montez«. Alles begann 1820 in Irland.

Irland und Indien –
die ungeliebte Tochter

Was bei anderen Lebensläufen noch am eindeutigsten ist, das liegt bei jener Frau im dunkeln, die vielen ihrer Zeitgenossen als ›Dame in Schwarz‹ in Erinnerung geblieben ist. Sie hat mit allen Kräften zeitlebens versucht, die Spuren zu verwischen, die auf ihre Herkunft verweisen könnten. Sie muß nicht unbedingt unter einem schlechten Stern geboren worden sein, aber sie hat mit vielen mündlichen Beteuerungen über die Umstände ihrer Geburt, mit zahlreichen Leserbriefen und vorgeblich exakten Lebenserinnerungen ein Verhängnis ohnegleichen über dieses von Anbeginn unstete Leben gebracht. Ihre Angaben zu Geburtsort, Geburtsdatum und Geburtsname erwiesen sich immer wieder als widersprüchlich. Die Widersprüche verfolgten sie durch die ganze damalige Welt.

So wurde ihr allererster Bühnenauftritt schon deshalb zum Desaster, weil sie sich als *Donna Lola Montez* vom Teatro Real, Sevilla, ausgab. Genau aus diesem Grund blieb ihr nur noch die Flucht, die sie durch halb Europa führen sollte. Als in München ihre Träume für ihre Zukunft noch mit Händen greifbar nahe waren, holte sie die Vergangenheit, d. h. ihre unbestimmte Herkunft, wieder einmal ein. Sie wäre 1823 in Sevilla geboren, ihre Mutter würde aus Havanna stammen, beteuerte die ›spanische Tänzerin‹ daraufhin in einem Leserbrief gegenüber der Londoner *Times*. Auch in ihren späteren *Memoiren*, die Licht in ihre Vergangenheit bringen sollten, gab sie nochmals zum besten, 1823 in Sevilla geboren worden zu sein. Die spanische Mutter, eine geborene de Montalvo, stammte demnach aus dem alten maurischen Geschlecht, das sich bis ins 15. Jahrhundert zurückverfolgen ließe. Als sie dann ihre *Lectures* vortrug, konnte man von ihr hören, daß sie unter dem Namen Marie Dolores Eliza Rosanna Gilbert 1824 im westirischen Limerick geboren worden sei. Auf ihrem Grabstein in Brooklyn, New York, ist aber in Stein gemeißelt folgendes zu lesen: »Mrs. Eliza Gilbert Died Jan. 17, 1861, age 42.«

Auf Grund dieser vielen widersprüchlichen Angaben bleibt nichts anderes übrig, als die Schilderung ihres abenteuerlichen Lebens mit einem trockenen Räsonnement über die Umstände ihrer Geburt zu beginnen.

Sie, die sich mit Künstlernamen Lola Montez nannte, ist unter dem Namen Eliza Gilbert in *Irland* geboren worden. Und dies wahrscheinlich im Jahr *1820.*

Was den irischen Geburtsort betrifft, so legt ihn schon die irische Abstammung ihrer Mutter, Eliza Gilbert, nahe, die aus einem alten Gutsbesitzergeschlecht südöstlich von Limerick stammt. Einer ihrer ersten Biographen, August Papon, hat denn auch schon zu Zeiten *vor* der Veröffentlichung der *Memoiren* darauf hingewiesen, daß die irische Provinzzeitung *Country Paper* auf die Geburt von Lola Montez in Irland aufmerksam gemacht hätte.[1] Und schließlich hat auch Lola Montez selbst in ihren letzten Jahren, als sie sich, dem Tode nahe, zu den Prinzipien des christlichen Glaubens bekannte, mehrmals erklärt, daß sie aus Limerick in Irland stamme. Der genaue Geburtsort in Irland läßt sich nicht mehr mit letzter Sicherheit feststellen. Vieles spricht zwar dafür, daß es sich um das westirische Limerick gehandelt hat, vor allem weil Lola Montez selbst diesen Geburtsort angegeben hat. Allerdings war ihr Vater zur Zeit ihrer mutmaßlichen Geburt in der Nähe des nordirischen Belfast stationiert, was wiederum nahelegen würde, daß sie dort geboren wurde. Für ihren genauen Geburtsort ist eine Vielzahl von letztlich nicht beweisbaren Spekulationen möglich. Nichts spricht aber gegen die Tatsache, daß Lola Montez in Irland geboren worden ist.

Was das Geburtsdatum betrifft, so gibt es Grund genug, von 1820 oder möglicherweise noch 1821 auszugehen. In der Literatur über Lola Montez heißt es bis zum heutigen Tage zwar immer wieder, die Irin (manchmal sogar Schottin) wäre 1818 geboren. Dennoch ist dieses Geburtsjahr auf Grund einfacher Überlegungen aller Wahrscheinlichkeit nach falsch. Der einzige Beleg für dieses Geburtsdatum, nämlich ›age 42‹, findet sich auf dem Grabstein der am 17. Januar 1861 Verstorbenen, der vermutlich von Rev. Hawks in Auftrag gegeben wurde. Von Lola Montez selbst ist nie ein solches Datum genannt worden. Gerade für ihre Jugendzeit hat sie immer ganz eindringlich darauf hingewiesen, in welch jungen, ja kindlichen Jahren sie mit Captain James verheiratet wurde. »Kein Geistlicher konnte gefunden werden, der so ein Kind in so jungen Jahren ohne Einwilligung der Mutter verheiraten wollte«,[2] heißt es beispielsweise in ihrer *Autobiographie*. Diese Heirat fand aber im irischen Meath am 27.7.1837 statt. Bei einem Geburtsdatum im Jahre 1818, also im Alter von ungefähr neunzehn Jahren, hätten diese Beteuerungen keinen Sinn gehabt. Ein weiteres Indiz, daß ihre Geburt nach 1818 erfolgt ist, geben die ersten Zeugnisse, die über Lola Montez von neutraler Seite erhalten sind. Als sich Lola Montez nämlich 1839 im indischen Simla aufhielt, war dort auch Emily Eden, die Schwester des Generalgouverneurs, die es nicht fassen konnte, wie schön – und wie *jung* die spätere Lola Montez war. Am Dienstag, den 10.9.1839, schrieb sie, die mit Lolas Mutter sehr gut bekannt war, dann in einem ihrer Briefe auch folgendes nach London: »Gestern hatten wir ein Essen. Mrs. J. (= Mrs. James = Lola Montez) ist zweifellos sehr hübsch und so ein fröhliches, unaffektiertes Mädchen. Sie ist erst siebzehn und schaut nicht einmal so alt aus.«[3]

Den überzeugendsten Beleg bietet aber eine vor kurzem in Limerick entdeckte Zeitungsnotiz. Am 6. Mai 1820 war nämlich im irischen *Ennis Chronicle* folgendes zu lesen: »In Cork verheiratet, Edward Gilbert, Esquire des 25. Regiments, mit Eliza, Tochter des verstorbenen Charles Silver Oliver von Castle Oliver M. P.« Edward Gilbert und Eliza Gilbert, geborene Oliver, waren die Eltern derjenigen, die sich später Lola Montez nannte. Da es sich beim Vater um einen respektablen englischen Offizier und bei der Mutter um eine Frau handelte, die zu einem altehrwürdigen Gutsbesitzergeschlecht gezählt wurde, wäre es höchst merkwürdig gewesen, daß die Tochter vor der Anfang Mai oder Ende April 1820 geschlossenen Ehe auf die Welt gekommen ist. Vermutlich war ihre Mutter schon während der Heirat schwanger – wie gleich zu sehen sein wird. Jedenfalls legen diese ganzen Indizien einen Geburtstermin im Jahr 1820 sehr nahe.

Um Lola Montez reihen sich zahlreiche Legenden, und sie selbst hat auch bestens mitgeholfen, eine Vielzahl neuer Legenden zu produzieren. Eine dieser Legenden für ihren Lebenslauf ist ihr Geburtsjahr. Alles spricht dagegen, es ins Jahr 1818 zu datieren.

Sehr unwahrscheinlich ist auch, daß Lola Montez nach 1822 geboren wurde, wie es in ihren widersprüchlichen Angaben geheißen hat, da ihr Vater am 10. Oktober 1822 nach Indien einberufen wurde.[4] Sehr wahrscheinlich ist aber von einem Geburtsdatum im Jahr 1820 auszugehen.

Um nun noch zu Lola Montez' Abstammung zu kommen. ›Lola Montez‹ ist als eine Art Künstlername anzusehen, auch wenn sie längere Zeit felsenfest behauptet hat, dies wäre ihr wirklicher Name. Ihr tatsächlicher Familienname war Gilbert, ihr Vorname Eliza. Der Vorname Eliza geht im übrigen auch aus der Eintragung in das Logbuch des Schiffes hervor, das sie 1827 von Indien zurück nach England gebracht hat. Bei ihrem Vater, Edward Gilbert, ist gesichert, daß er nach seiner irischen Militärzeit in Indien beim 44. Regiment im Rang eines Captain stand. Edward Gilbert war somit aller Wahrscheinlichkeit nach Engländer und damit auch Mitglied der anglikanischen Staatskirche. Im noch britischen Irland wurden die Offiziere der schon damals ständig mit Aufständen konfrontierten (Besatzungs-)Armee ausschießlich aus England rekrutiert. Somit muß Lola Montez auch anglikanisch-protestantisch getauft worden sein. Über die Mutter existieren dagegen, wie zu sehen war, allein aus Lola Montez' Hand verschiedene Versionen. Zahlreiche Legenden haben sich angeschlossen. Demnach wäre sie etwa ein Abkömmling westindischer Sklaven gewesen, die sich mit List und Tücke die Liebe von Captain Gilbert erschlichen hätte. Eine andere Biographin, Ishbell Ross, berichtet, daß die Mutter erst vom Mädchenkloster ausgerissen wäre, sich dann als Tänzerin versucht habe, bevor sie mit dreizehn (!) von Gilbert schwanger wurde, um ihn prompt zu heiraten. Den besten Hinweis auf die tatsächliche Herkunft der Mutter bietet aber die oben zitierte und hier erstmals veröffentlichte Heiratsanzeige aus dem *Ennis Chronicle*. Demnach stammte sie in Wirklichkeit aus dem alten und angesehenen Geschlecht der Olivers, das in Castleoliver seinen Sitz hatte und Herr über das dortige Land war. Dieses Geschlecht hatte es zu so großem Ansehen und Wohlstand gebracht, daß es regelmäßig Vertreter ins Parlament schicken konnte. Aus diesem Grund war der Großvater von Lola Montez auch ein ›M.P.‹, also ein ›Member of Parliament‹.

Die *Lectures* geben noch Grund zur Vermutung, daß Lola Montez einer Frühehe entstammt – allerdings gibt selbst *sie* das Heiratsalter ihrer Mutter mit fünfzehn, das des Vaters mit zwanzig an. Die weiteren Lebensumstände der kleinen Lola sprechen ebenfalls für eine Frühehe, was wieder nahelegen würde, daß ihre Mutter schon während der Hochzeit schwanger war. Von ihrer Mutter hat sie jedenfalls wenig Zuneigung, dafür die für Frühehen nicht atypische Abneigung erfahren. Lola Montez' Worte kommen von Herzen, wenn sie darüber klagt, von einer Amme und nicht von ihrer Mutter gestillt worden zu sein: »Ich habe es immer bedauert, nicht von meiner Mutter genährt worden zu sein. Vielleicht hätte sie mich besser gekannt! Vielleicht hätte sie mich besser geliebt! ... Nur an der Mutterbrust lernt das bewußtlose Kind aus Instinkt die Mutter kennen und lieben.«[5]

Für die Jahre nach ihrer Geburt lichtet sich das Dunkel ein klein wenig. Aber noch immer sind Einzelheiten nur schwer erkennbar. Zumindest sind die großen Wendepunkte von Lola Montez' Kindheit einigermaßen erschließbar. Sie folgten aber, wie zu sehen sein wird, Schlag auf Schlag. Auf Grund des Einberufungsbefehls ihres Vaters muß sich der Säugling schon wenige Monate nach der Geburt um das Jahr 1823 an Bord eines Schiffes befunden haben – wie auch Lola Montez bezeugt.[6] Rund um den afrikanischen Kontinent herum ging es auf einer vier Monate dauernden Fahrt nach Indien. Ihr Vater sollte im 44. Regiment den Dienst antreten. Von der beschwerlichen Reise weiß Lola Montez übrigens etwas zu berichten, was nochmals ihr miserables Verhältnis zur Mutter und ebenso die nachträgliche Idealisierung des Vaters verdeutlicht – sehr viel weniger aber die realen Erlebnisse eines vielleicht eineinhalbjährigen Babys: »Während meine Mutter unaufhörlich mit den nichtigen Freuden der Welt beschäftigt war und darnach trachtete, ihre geistige Armuth und ihre Person in den kleinen, weiblichen Zirkeln des Schiffes glänzen zu lassen«, schreibt Lola Montez, »kam mein Vater, ein Freund wahrer und dauerhafter Vergnügungen, oft zu mir, enthob mich den Armen meiner Amme und umarmte mich behäbig.«[7]

Der liebevolle Vater, die oberflächliche Mutter und der von einer Amme umsorgte Säugling gingen im indischen Kalkutta von

Bord. Dieser Ort ist als die eigentliche Heimat von Lola Montez zu betrachten.

Kalkutta war der Ort, von dem aus die Ostindische Handelskompanie sich unter der Führung von Lord Clive im 18. Jahrhundert gegen französischen Widerstand mit List und Tücke allmählich auf das fruchtbare bengalische Hinterland ausgebreitet hatte. Als Captain Edward Gilbert 1823 dort mit seiner Familie ankam, war Kalkutta bereits Hauptstadt eines Kolonialreiches, zu dem zahlreiche ehemalige Fürstentümer Nord- und Südindiens gehörten. Die britischen Offiziere lebten in einer von den Einheimischen gut abgeschotteten Welt und pflegten in herrschaftlichen Villen den althergebrachten englischen Lebensstil. Eine Unzahl Diener stand für jeden Wunsch zur Verfügung. Gegen das feuchtheiße Klima im Ganges-Delta, das im Frühjahr für schweißtreibende Hitze, im Sommer mit den ab Juni einsetzenden Monsun-Winden für unablässige Regenfälle sorgte, konnte aber auch den britischen Herren nicht geholfen werden.

So sind auch in den *Memoiren* die ersten Schilderungen über Kalkutta von Hinweisen auf das mörderische Klima bestimmt. Nach ihren Worten war Lola Montez wegen der enormen Hitze schon bei ihrer Ankunft dem Tode nahe – was sich fast jedes Jahr wiederholt hätte. Wie alle Europäer, war auch sie von zahlreichen

Ansicht von Kalkutta. 1865 von Samuel Bourne fotografiert

Helfern und Dienern umsorgt. Besonders in der heißen Jahreszeit, hatten sie beispielsweise nichts anderes zu tun, als ihr über kunstvoll mit langen Schnüren bewegbare Matten Wind zuzufächern, um die vielen lästigen Insekten abzuhalten. Zentralen Stellenwert hatte die indische Amme, die Aya, die ihr die Mutter ersetzte. In den ersten Jahren ihres Lebens lernte die kleine Lola auch ein paar Worte in Hindustani, Bengali und Englisch. Sie selbst sagt von sich, daß sie nach drei Jahren nur über ein kaum verstehbares Kauderwelsch verfügt hat, was wiederum Produkt einer beispiellos sorglosen, in Indien aber üblichen Erziehung gewesen sei.

Die Kindheit der kleinen Lola im kolonialen Indien wurde bald der ersten großen Erschütterung ausgesetzt. Als Gilberts Tochter um[8] die drei Jahre alt war, beorderte der Generalgouverneur das 44. Regiment in die Garnisonsstadt Dinapore, die den Ganges aufwärts ein paar hundert Kilometer von Kalkutta entfernt liegt. Der junge Captain Gilbert nahm, wie das üblich war, die Familie auf die Schiffsreise flußaufwärts mit. Die Reise auf dem heiligen Fluß, in dessen Wassern gläubige Hindus bis heute ihre Asche verstreuen lassen, wurde auch für Captain Gilbert die letzte Fahrt seines Lebens. In Dinapore wütete die Cholera. Captain Gilbert wurde eines ihrer letzten Opfer.

Lola Montez verlor somit in frühkindlichen Jahren ihren Vater, worauf auch am Schluß dieses Buches noch zurückzukommen ist. Es ist sehr gut verständlich, daß sie immer nur in idealisierter Form von ihm gesprochen hat, zumal das Verhältnis zu ihrer Mutter genug Konfliktstoff bot. Ihre Mutter ist aber sehr bald über den Verlust ihres jung verstorbenen Gatten hinweggekommen. Bereits nach einem halben Jahr wurde ihrer Tochter schon wieder ein neuer Vater präsentiert: der 32jährige Major Patrick Craigie. Statt mit ihrem irischen Vater kehrte das kleine Geschöpf also mit einem schottischen Stiefvater den Ganges hinunter nach Kalkutta zurück. Die Erziehung wurde weiterhin von der indischen Amme übernommen. Sonderlich streng dürfte sie nicht gewesen sein. Für die weiteren in Kalkutta verlebten Tage ihrer Kindheit zeichnet Lola Montez im nachhinein das Bild einer kleinen unschuldigen Wilden, völlig unzivilisiert, fast einem Äffchen ähnlich. »Ich gehörte, glaube ich fast«, schreibt sie, »zu der Klasse der hüpfenden und kletternden Thiere. Mein größtes Vergnügen bestand darin, immerfort herumzuklettern ..«[9]

Ungefähr zwei Jahre später kam schon die nächste entscheidende Veränderung im Leben der kleinen Wilden. Ihr neuer Vater, Major Craigie, der es bald zum General bringen sollte, fand es im Herbst 1826 an der Zeit, das Stiefkind zu seiner eigenen Familie nach Schottland zu schicken, um es dort zu einer ›höheren Tochter‹ erziehen zu lassen. Im kolonialen Indien war die Verschiffung der Kinder zum Zwecke einer standesgemäßen Erziehung ein übliches Vorgehen.

Ihre Mutter hat anscheinend recht wenig Abschiedsgefühle aufgebracht. Mrs. Craigie hat sich, entsprechend den *Memoiren,* bei der Abreise ihrer Tochter ausschließlich um deren Kleidung gesorgt: »Meine arme Mutter handelte für mich wie für sich. Sie wähnte, mit Putz und Faltensäumen überladen, würde ich glücklich sein.«[10] Alsbald befand sich die kleine, fesch herausgeputzte Lola, um die sechs Jahre alt, zusammen mit ihrer indischen Amme auf der Fahrt rund um den halben Globus, um im naßkalten Schottland der Segnungen britischer Zivilisation teilhaftig zu werden.

Schottland und England – die höhere Tochter

Entsprechend dem Logbuch ihres Schiffes *Malcolm* ist sie unter dem Namen Eliza Gilbert Anfang 1827 in England angekommen. Die nunmehrige Miss Craigie hielt sich die ersten Tage in London auf. Ihr Stiefvater hatte schon von Indien aus dafür gesorgt, daß ein mittlerweile pensionierter General, Sir Jasper Nichols, sie bei ihrer Ankunft in seinem herrschaftlichen Haus in Obhut nahm. Ihre ersten Eindrücke über die Metropole, wo ein Lebemann und Wüstling, König George IV., Oberhaupt des britischen Empire war, konnten so nur sehr flüchtig sein. Ein paar Tage nach ihrer Ankunft in London befand sie sich schon wieder auf der Weiterfahrt zum schottischen Hafenort Montrose.

Man kann nicht sagen, daß das damalige Montrose, auf halbem Wege zwischen Dundee und Aberdeen gelegen, ein weltabgelegenes Fischernest gewesen wäre. Seit altersher bestand von Montrose aus ein reger Handelsverkehr mit Norwegen, Frankreich und Portugal. Montrose war der schottische Hauptumschlagplatz für Tabak. Lachs aus Montrose war in ganz Europa ein begehrter Konsumartikel. Als aber die kleine Lola das erste Mal in Montrose auftauchte, muß sie eine Sensation gewesen sein. Sie glich immer noch viel mehr einer wilden Inderin als der Tochter eines britischen Kolonialoffiziers. Englisch sprach sie mit hindustanischen und bengalischen Einsprengseln. Noch dazu war sie Gast des ehrwürdigen, von allen geachteten Bürgermeisters von Montrose, Patrick Edmonstone Craigie, des Vaters ihres Stiefvaters, der nebenbei auch eine kleine Apotheke betrieb.

Aber bald stellte sich heraus, daß das exotische Wesen so gar nicht zwischen die kleinen, geduckten Steinhäuser von Montrose paßte. Und zum ersten Mal in ihrem kurzen Leben wurde sie jemand, der öffentliches Interesse auf sich ziehen konnte – vermutlich nicht ungern, denn, wie später in Lola Montez' *Autobiographie* zu lesen war: »... mit Wohlgefallen bemerkte das Kind, daß sie so etwas wie eine Person von öffentlichem Interesse war, und hat vielleicht schon in diesem frühen Alter ein ganz eigenes Verhalten angenommen.«[11]

Sie muß in der Tat sehr eigentümliche Verhaltensweisen an den Tag gelegt haben und von sich aus die Neugierde, die ihr sowieso schon entgegengebracht wurde, noch um ein vielfaches gesteigert haben. Bis auf den heutigen Tag haben sich in Montrose Anekdoten darüber erhalten, wie die kleine Lola sich die Kleider vom Leib gerissen hat, um gegen die Erziehungsversuche im Geiste presbyterianischer Moral zu protestieren. An den entgeisterten Einwohnern vorbei wäre sie dann mit wehendem schwarzem Haar nackt die Hauptstraße hinuntergelaufen.[12] Erstmals wies das kleine Persönchen Züge auf, die ihr unter dem Namen Lola Montez später noch das gespannte Interesse der gesamten damaligen Welt einbringen sollten. Sie wurde erstmals, wie sie für ihre Erlebnisse in Montrose selbst schreibt, »exzentrisch«. Und sie fand daran auch noch Spaß.

Mit heutigen psychologischen Maßstäben würde man ihre Verhaltensauffälligkeiten dem desolaten familiären Hintergrund zu-

*Gruppenbild aus dem Milieu eines englischen Fischereihafens.
1844 von Hill & Adamson fotografiert*

schreiben. Nicht nur, daß sie bis zu den Tagen von Montrose (noch dazu von Kontinent zu Kontinent) hin und her geschoben worden war und von der Mutter alles andere als die ersehnte Zuneigung erfahren hatte. Durch den plötzlichen Tod ihres Vaters und der genauso plötzlichen Konfrontation mit einem Stiefvater hatte ihr kurzes Leben auch eine traumatische Wendung genommen. Die kleine Miss Craigie ließ sich aber durch die ständigen Erschütterungen der ihr jeweils nur kurz vertrauten Weltordnungen nicht aus dem Gleichgewicht bringen. Schon damals orientierte sie sich nicht mehr an den Zentren dessen, was von Fall zu Fall als unumstößlich galt. Sie fand Gefallen daran, *exzentrisch* zu sein.

Irgendwann war klar, daß für den Gegenstand des Stadtgesprächs von Montrose, das im Haus des Bürgermeisters, dem *Holly House*, zu einer schicklichen Lady erzogen werden sollte, kein Bleiben mehr war. Sie hielt sich noch längere Zeit bei ihrem Stiefonkel in Perth auf. Auch auf Betreiben ihrer ferner Eltern wurde sie schließlich der Obhut von Sir Jasper Nichols überstellt, der – wie sich Lola Montez erinnert – den militärischen Drill Ostindiens auf seine familiäre Umgebung übertragen hatte: »Sein Aufenthalt in Indien, die Gewohnheit des Befehlens, die beständige Berührung mit dem eingeborenen Militär hatten den General zu einem Haustyrannen gemacht. Er hatte, ohne es zu wissen, die Rauheit des Soldaten in sein Privatleben übertragen.«[13]

Die kleine, störrische Lola mußte sich aber glücklicherweise nicht unter den *direkten* Einfluß von Sir Jasper Nichols begeben. Zusammen mit Nichols' Tochter Fanny wurde sie in das südenglische Bath geschickt, um in den Händen von Mrs. Barbara Oldrige zu einer höheren englischen Tochter geformt zu werden. Die junge Wilde erwies sich dann tatsächlich als gelehrig.

In einer Zeit, als Frauen noch lange keinen Zugang zu höherer Schulbildung hatten, war die Erziehung einer ›höheren Tochter‹ in England hauptsächlich auf die Entwicklung repräsentativer und häuslicher Fertigkeiten ausgerichtet – also auf die gewöhnlich bald anstehende Verehelichung. Mit siebzehn schlossen die Mädchen diese Ausbildung ab. Meist folgten dann drei, vier Jahre, in denen sie in die Gesellschaft eingeführt wurden und bei Bällen, Gartenparties und Empfängen nach dem künftigen Ehemann

Zwei junge Frauen vor einem südenglischen Schloß.
1857 von Roger Fenton fotografiert

Ausschau hielten. Die Suche wurde durch Sitzordnungen und Etiketten reglementiert. Beispielsweise war es nicht ratsam, mit demselben Mann mehr als dreimal zu tanzen. Andernfalls war dies das Zeichen dafür, daß die junge Miss endlich ihre eigentliche Bestimmung als Mistress gefunden hatte. Diejenigen, denen das nicht gelang, wurden von ihren Eltern gewöhnlich als Fehlinvestition abgeschrieben. Im besten Fall konnten sie noch als Vorstand des brüderlichen oder väterlichen Haushalts zu gesellschaftlichen Ehren kommen. Somit ist aber auch gut verständlich, daß bei der Schulausbildung einer ›höheren Tochter‹ keinerlei Bedarf für Berufsausbildung bestand.

Dennoch dürfte im Fall von Lola Montez diese Ausbildung doch noch nützlich gewesen sein. Für die spätere Gesellschaftslöwin war es beispielsweise gut, in Französisch unterrichtet zu werden – die Sprache der Diplomatie und des Hofes. In Mrs. Oldriges Haus, das bis heute erhalten ist, wurde dabei sehr rigoros vorgegangen. Bis auf den Sonntag war jeden Tag der Gebrauch englischer Worte bei Strafe verboten und Französisch geboten. Bei Lola Montez hat dies auch sehr gut gewirkt. Nicht nur daß sie sich in späteren Jahren an den verschiedenen Fürstenhöfen ausgezeichnet in Französisch unterhalten konnte. Französisch war ihr fast zur Muttersprache geworden.

Neben Französisch muß sie in dieser Zeit ihre ersten Worte Spanisch gelernt haben, ebenso Latein. Auch wurde ihr mit vielen bengalischen Einsprengeln versehenes Englisch dem umgangssprachlichen Standard angeglichen. Sie lernte Klavier und Tanz. Hausfrauliche Fertigkeiten wie Sticken, Stricken und Nähen standen ebenfalls auf dem Stundenplan.

Das Ergebnis dieser Ausbildung schätzt Lola Montez selbst so ein: »Die fremden Sprachen lernte ich übrigens mit großer Geläufigkeit, die Classiker las ich ziemlich gut, die Fabeln des Aesop und Epitom waren mir schon ganz geläufig. Ich hätte einem Baccalaurus der Universität zu Oxford, vielleicht auch gewissen Doctoren der Sorbonne, welche oft nicht allzugut verstehen, was sie lehren, helfen können.«[14] August Papon, der ihr in späteren Jahren sehr zugetan war, sie aber schließlich mit Pamphleten verfolgte, hat den Stand ihrer Allgemeinbildung dagegen ganz anders eingeschätzt. Ihr gewöhnliches Französisch hätte spanischen und englischen Einschlag gehabt. Sie hätte zwar etwas Sanskrit und Indisch, Lateinisch und auch etwas Deutsch sprechen können, aber im Grunde genommen, wäre sie halbgebildet gewesen, hätte Byron mit Cervantes, Murillo mit Dürer, Puschkin mit Béranger verwechselt, die Literatur in den Almanachen, die Malerei im *Journal zum Lachen,* die Geschichte aus den Theaterkostümen und die Politik von S. M., dem König von Bayern, gelernt.[15]

Es ist aber nur schwer vorstellbar, daß eine Dame mit diesem zweifelhaften Bildungsstand in späteren Jahren Seine Majestät, den König von Bayern, so nachhaltig hätte faszinieren können. Die Wahrheit wird wohl zwischen den Versionen von Lola Montez und August Papon gelegen haben, wahrscheinlich sogar etwas näher bei der angeberisch-koketten Selbsteinschätzung von Lola Montez. In jedem Fall bestätigen sogar Papons Schmähungen, daß sie sprachlich begabt und polyglott war, was auch von anderen Seiten immer wieder bestätigt wurde.[16] Papons Bericht legt aber genauso wie Lola Montez' Erinnerung an ihre Kindheit den Schluß nahe, daß sie im eigentlichen Sinn keine Muttersprache gehabt hat und die vielen ihr geläufigen Sprachen immer einen (vermutlich hindustanischen und bengalischen) Akzent aufwiesen. Mitteleuropäische Ohren konnten dann im Zeitalter des Biedermeier in der exotisch klingenden Färbung ihrer Stimme sehr gut etwas Spanisches entdecken – selbst wenn ihr wirkliches Spanisch nicht das beste[17] war.

Lola war allmählich zu einer kleinen Dame herangereift. Sie war ungefähr sechzehn. Die Ausbildung neigte sich dem Ende zu. Zu diesem Zeitpunkt erreichte sie die Nachricht, daß ihre Mutter vom fernen Indien im Anmarsch war. Als sie endlich im kalten England ankam, überhäufte Mrs. Craigie ihre Tochter mit Geschenken. Sie hatte noch etwas bzw. jemand anderen mitgebracht. Auf dem Schiff hatte sie einen Offizier kennengelernt, der sich auf dem Weg zu seinem Genesungsurlaub in England befand, Captain Thomas James. Emily Eden hat später berichtet,[18] daß Mrs. Craigie auf dem Schiff mütterliche Gefühle für den kränklichen James entwickelt hätte. Vorstellbar wäre aber auch, daß die ansonsten recht wenig mütterliche Mittdreißigerin auch noch ganz andere Gefühle entwickelt hat. Jedenfalls begleitete James die Generalsgattin bis nach Bath und war bei den folgenden Ereignissen immer in Reichweite.

Mrs. Craigie ist bald zum eigentlichen Grund ihrer Reise gekommen. »Willst Du dich verheiraten, Lola?«, waren die Worte der Mutter entsprechend Lola Montez' Version: »Ei ja, Mama.« Mutter: »Nun, ich habe einen Mann für Dich.« Tochter: »Ist er recht hübsch?« Mutter: »O, wohl, er ist hübsch.« Tochter: »In meinem Alter?« Mutter: »Nicht ganz in Deinem Alter, Lola –«. Tochter: »Wie alt ist er denn?« Mutter: »Sechzig Jahre, mein Kind. –«[19]

Die kleine Lola sollte ohne den Umweg über Bälle und Empfänge der üblichen Bestimmung einer höheren Tochter zugeführt werden. Nur war der Lola zugedachte Mann *nicht* Captain James. Es handelte sich um Sir Lumley. Er war vermutlich Richter beim Obersten Indischen Gerichtshof. Sir Lumley war reich, eine ausgezeichnete Partie. Die Heirat mit ihm hätte im kolonialen Indien jeder Frau Ansehen und einen gesicherten Lebensabend garantiert. Nur hatte die kleine Lola damals noch nie an ihren Lebensabend gedacht. Lolas Reaktion überstieg dann auch ihre schottischen Eskapaden um einiges. Ihrer Erinnerung zufolge hatte die Mutter immer nur ihre Pflicht erfüllt und sich bei der Erziehung allein von den gängigen Konventionen leiten lassen. Durch die Verheiratung mit einem wohlhabenden Sechzigjährigen, der unter einer Allonge-Perücke in Indien für Recht und Ordnung sorgte, hätte die Mutter also endgültig ihre Pflicht erfüllt gehabt.

Lola Montez *sagte* zum Ansinnen der Mutter nicht nur nein. Je mehr ihre Mutter auf dem eigentlichen Grund ihres England-Besuches bestand, um so mehr entwickelte sie sich zur Furie und *schrie* im Erziehungsinstitut von Mrs. Oldrige Ihr Nein in die wohlanständige, gesittete Welt hinaus. Nach ihren eigenen Worten hatte sie das Empfinden, bei lebendigem Leib den Klauen des Todes vorgeworfen zu werden.

Aber in höchster Not kam ihr dann ein rettender Einfall. Sie zog Captain James ins Vertrauen und bestürmte ihn, sie vor der Heirat zu retten. Der Captain hat sie tatsächlich gerettet. Er hat sie nämlich entführt und nach kurzem selbst geheiratet.

Die Dinge nahmen eine außerordentlich überraschende Wendung. In Nacht und Nebel machte sich nämlich das Pärchen mit der Kutsche auf die Flucht und setzte über die Irische See nach Irland über. Die Tage von Bath waren endgültig vorbei. Vor ihnen lag die Grafschaft Wexford, wo James' Familie residierte. Man sollte meinen, daß diese abenteuerliche Wendung der Dinge einen jeden Jungmädchentraum hätte wahr werden lassen müssen. Ganz so romantisch war es aber dann doch nicht. Das Erwachen am Tag nach der Hals über Kopf vollzogenen nächtlichen Flucht wird in den *Memoiren* jedenfalls so beschrieben: »Das junge Mädchen ... war nicht mehr unschuldig. Sie erwachte von einer Schuld befleckt, welche sie weder gesucht, noch verstanden hatte.«[20]

Das turbulente Geschehen, die aus Not und Trotz angetretene Flucht aus Mrs. Oldrige' Haus und die dann anschließend in Irland vollzogene Heirat mit Captain James scheint unter einem schlechten Stern gestanden zu sein. Erst einmal war es schon schwierig, jemanden zu finden, der die Trauung der jungen Ausreißerin mit dem um vieles älteren Mann vollziehen wollte. Dies wurde schießlich in Meath, man schrieb den 23.7.1837,[21] von

James' Bruder, einem protestantischen Pfarrer, übernommen. Und dann war da auch noch Captain James selbst. Darüber hinaus, daß er gut aussah, eine helle Weste trug und strahlende Zähne hatte, ist der Nachwelt von neutraler Seite wenig Wissenswertes über Captain James überliefert worden.[22] Lola Montez hat diese Vorzüge auf jeden Fall nicht über die Maßen zu schätzen gewußt. Nachdem sie wieder klaren Kopf gewonnen hatte, fühlte sie sich, als ob sie vom Regen in die Traufe geraten wäre. Sie selbst hat dies um einiges drastischer formuliert: »Allen jungen Mädchen, die sich einen solchen Schritt überlegen, rate ich, sich eine Stunde zuvor am besten aufzuhängen oder zu ertränken.«[23]

Die noch mädchenhafte Lola hatte sich, wie sie es sah, nur die Hülle von einem Ehemann eingehandelt, dessen Verstand sie nicht respektieren und dessen Herz sie nicht lieben konnte. Auf dem Gut seiner irischen Familie war sie dem älteren James auf Gedeih und Verderb ausgeliefert.

Und wie es im Leben von Lola Montez schon damals die Regel war, ließ eine neuerliche Wendung ihres Schicksals nicht lange auf sich warten. Captain James wurde nach Indien zurückgerufen. Seine junge Ehefrau mußte ihn begleiten.

Nochmals Indien – das Ende einer Frühehe

Eine Seefahrt in den 30er Jahren des 19. Jahrhunderts von Europa nach Indien war nicht lustig. Die Segelschiffe brauchten vier bis fünf Monate, bis sie um den afrikanischen Kontinent herum Indien erreicht hatten. Manchmal sorgten tückische und gewaltige Stürme für Aufregung, manchmal für tödliches Verderben. Unter den wie Sklaven gehaltenen Mannschaften gab es regelmäßig Tote. Für die zahlenden Passagiere war das Leben an Bord aber ungemein eintönig. Ein bißchen Abwechslung brachten alle paar Wochen Orte wie Madeira, St. Helena (alternativ Rio de Janeiro) und Kapstadt, wo geankert wurde, um Proviant aufzunehmen. Ansonsten fanden sich die Passagiere in winzige Kojen eingepfercht, das Ächzen der Schiffsplanken lag ihnen ständig in den

Segelschiffe. 1854/55 von Domenico Breslon fotografiert

Der Maharadscha Raguraj von Rewah und sein Hofstaat.
1870 von Bourne & Shepard fotografiert

Ohren, und um den Äquator herum war bei brütender Hitze mit wochenlangen Flauten zu rechnen.

So kehrte auch in Mrs. James' Leben nach der Turbulenz der vergangenen Monate eher Stille und Langeweile ein. Von Mr. James hatte sie ja wenig Kurzweil zu erwarten: »Mein Mann verbrachte die Zeit zwischen Porterflaschen und Schlaf. Er trank wie ein Deutscher und schlief wie ein Bär. Er wurde launisch, störrisch, tyrannisch; ich muß jedoch frei bekennen, daß es mir nicht einmal aufgefallen sein würde, hätten mich die Frauen nicht darauf aufmerksam gemacht.«[24] Ihren Schilderungen zufolge kam neben dem schnarchenden Ehemann dann doch noch etwas Abwechslung auf. Sie las sich nämlich die Liebeserklärungen durch, die ihr, auf Papierröllchen geschrieben, von links und rechts durch die Astlöcher ihrer Kajüte zugesteckt wurden. Des weiteren verkürzte sie sich ihren Aufenthalt an Bord noch dadurch, daß sie die jeweiligen unter der tropischen Sonne glühenden Verehrer, etwa den sogenannten ›Goliath‹ oder auch den ›Feuersprüher‹, nach allen Regeln der Liebeskunst narrte – schreibt sie.[25]

Kalkutta. Reinigung am Fluß.
1875 von Bourne & Shepard fotografiert

Das ungleiche Ehepaar langte nach langer strapaziöser Fahrt zumindest heil in einem Land an, wo Witwenverbrennung und Kinderhandel immer noch an der Tagesordnung waren, wo der Stamm der Thugs ihrer Göttin Khali immer noch Menschenopfer brachte, wo die meisten Menschen infolge der Kastenordnung den Tieren gleichgestellt waren, wo immer wieder Hungersnöte und Epidemien ganze Landstriche entvölkerten.

Die Ostindische Handelskompanie hatte mit ihrer Privatarmee auch noch das Ihrige zur üblichen Despotie getan und sich an die Stelle der alten Maharadschas gesetzt. Letztere konnten zwar immer noch über einen manchmal bescheidenen, manchmal märchenhaften Reichtum verfügen. Sie hatten sogar eingeschränkte Autonomie bei ihren inneren Angelegenheiten. Die tatsächliche Herrschaft lag allerdings in Händen der Ostindischen Handelskompanie. Die alten Tyrannen hatten für gewöhnlich nicht einmal Zugang zu den Besitzungen der englischen Herrenkaste.

Für die alleruntersten Kaste, für die Parias, war dies weniger schwierig. Sie trugen ihre Haut noch nackt zu Markte und schufteten sich auf den Tee- und Opiumfeldern der englischen Herren zu Tode. Opium war übrigens der zweitwichtigste Exportartikel der ruhmreichen Handelskompanie, hauptsächlich für China bestimmt. Bis zum Jahr 1857 schien es so, als ob im großen englischen Empire, das schon 1833 die Sklaverei offiziell abgeschafft hatte, die Ostindische Handelskompanie nach Gutdünken mit den Bewohnern ihres eigenen Reiches verfahren konnte. Erst die Greuel der *Great Mutiny,* des Großen Aufstands von 1857, belehrten sie dann erstmals eines Besseren.

Es spricht für Lola Montez' humanitäres Empfinden, daß sie in der einheimischen Bevölkerung nicht – wie sonst üblich – Tiere, sondern Menschen sah. In den von ihr autorisierten *Memoiren* ist sie, was die englische Oberschicht betrifft, auch zu recht bemerkenswerten Ergebnissen gekommen:

»Seine (Englands) Kaufleute begründeten daselbst den Despotismus des Schachers an der Stelle des Despotismus der Regierung, welche freisinnig ist in Bezug auf sich selbst und tyrannisch gegen Andere. Die jüngeren Abkömmlinge der Familien suchten daselbst Vermögen zu erwerben, seine Aristokratie ihren zerrütteten Vermögensumständen wieder aufzuhelfen, seine Schiffsladungen von Mädchen fanden daselbst Aussteuer und Ehemänner, seine Armeen endlich, mit welchen es nichts anzufangen wußte, unterdrückten daselbst die armen Eingeborenen und eroberten zum Schaden der benachbarten Völker ein so bedeutendes Stück Land.«[26] Und in Hinsicht auf die Widersprüche der in Engländer und Inder geteilten Stadt, in der Lola Montez 1838 ankam, heißt es: »Das ist das englische Calcutta, wie es sich bei meiner Rückkehr in dieses feenhafte Bengalen gezeigt hat, welches Gott so wunderbar schön und die Engländer so ungemein häßlich gemacht haben.«[27]

Mrs. James hatte also nach einer langen Reise in Kalkutta wieder Land unter den Füßen. Kalkutta war der Sitz des Generalgouverneurs, und seine von den wuchernden einheimischen Pflanzen befreiten, jetzt aber von gestutztem englischem Rasen umgebenen Villen überstrahlten für englisches Empfinden die in Gold verzierten Kuppeln und Minarette von Benares, Delhi oder Amritsar um vieles. Für das sonstige koloniale Indien, wo nach einjähriger Zustellungszeit nur Briefe und Zeitschriften für die englischen Herren Abwechslung brachten, war die Stadt im Ganges-Delta der Mittelpunkt der (indischen) Welt.

Lola Montez hatte dort ein paar Wochen Zeit, sich nach rund neun Jahren Abwesenheit wieder umzusehen. Das Leben war am Tage zwar meist von Eintönigkeit gezeichnet. Bei drückender Hitze blieb kaum etwas anderes übrig, als sich in die Villen zurückzuziehen, wo in allen Winkeln des Hauses Diener warteten, um kühlende Luft zuzufächeln. Aber wenn es dann Abend wurde, erwachte das englische Kalkutta zum Leben. Wenn die Sonne glühend rot im Westen verschwand, fuhr ganz Kalkutta, sofern es zur englischen Oberschicht gehörte, in Equipagen zu den am Ganges gelegenen Promenaden hinunter. Es folgten Soireen und Bälle, die in der Regel von den Offiziersfrauen organisiert wurden, wobei die immer noch jugendliche Lola liebend gern zugegen war. Immer wieder gab es Gelegenheit, Neuankömmlinge aus Europa, China oder Amerika zu begutachten. Zwischen den Quadrillen und Walzern war auch Zeit genug, zahlreiche Neuigkeiten und noch mehr Gerüchte auszutauschen.

Lola Montez verbrachte ein paar Wochen in der Informationsbörse und Gerüchteküche Kalkutta. Ihre eigene Geschichte – also die Flucht aus Bath, die Heirat mit Captain James und vermutlich auch der jetzige Zustand ihrer Ehe – war dort gut bekannt: »Der böse Leumund begann mich mit seiner giftigen Zunge anzugreifen. Er gehört in Calcutta sowohl wie anderwärts zur Tagesordnung, mit dem einzigen Unterschied, daß er in Calcutta rasch entsteht und ebenso rasch wieder abstirbt.«[28] Aber selbst bis an den fernen Himalaya muß ihr Leumund vorgedrungen sein. Emily Eden, die dort in Gesellschaft ihres Bruders, des Generalgouverneurs von Indien, weilte, berichtete jedenfalls in einem Brief vom 8. September 1837 aus Simla über die Frühehe der kleinen Mrs. James und über die damit verbundenen Umstände.[29]

Nach einem kurzen Aufenthalt in Kalkutta wurde auch für Lola das am Fuß des Himalaya gelegene Simla zur nächsten Reisestation. Ihr Ruf war ihr also schon vorausgeeilt. Ursache der Reise waren die politischen Verhältnisse: In den dreißiger Jahren des 19. Jahrhunderts ging nicht zuletzt in Kalkutta die große Furcht vor dem russischen Imperium um. So wie England viele überseeische Gebiete in Besitz genommen hatte, so hatte sich gleichzeitig Rußland auf dem asiatischen Kontinent immer mehr nach Osten und Süden vorgeschoben. Rußland hatte bereits Persien unter seinen Einfluß gebracht. Als Lola Montez 1838 in Indien angekommen war, belagerten die Perser mit russischer Hilfe das afghanische Herat. Es bestand die Gefahr, daß Rußland Afghanistan unter seine Herrschaft bringen könnte. Afghanistan war in viele Stämme zersplittert und konnte von seinem Herrscher Dost Muhammad damals nur mit Mühen zusammengehalten werden. Nach dessen Fall wäre aber für das russische Expansionsbestreben der Weg nach Indien frei gewesen.

In dieser Situation setzte der englische Generalstab auf die Sikh-Karte, d. h. auf den traditionellen Streit zwischen dem Reich der Sikhs mit dem westlich angrenzenden Afghanistan, der wegen ungeklärter Gebietsansprüche erneut aufgeflammt war. Was gab es schließlich Günstigeres für die Ostindische Handelskompanie, als den ihnen freundlich gesinnten Sikhs gegen Afghanistan Hilfe zuzusagen, um so mit List auch dieses wild zerklüftete Gebirgsland wenn schon nicht zum englischen Besitz, so doch zumindest zum sicheren Pufferstaat gegen Rußland zu machen? Generalgouverneur Lord Auckland persönlich führte dann die mehrere tausend Soldaten zählende Expedition von Kalkutta bis zur Stadt Simla, das an der Grenze zum Reich der Sikhs lag. Von dort wollte er mit deren Führer Ranjit Singh über das weitere Vorgehen verhandeln. Es sollte zum Ersten Afghanischen Krieg kommen. Das 21. Regiment der Ostindischen Kompanie folgte Lord Auckland auf dem beschwerlichen Weg quer durch Indien nach. Captain James, der nur kärgliche 160 Rupien Sold für den gemeinsamen Haushalt übrig hatte, gehörte zum Expeditionskorps. Seine junge Frau begleitete ihn.

Die Reise nach Simla begann den Ganges hinauf mit dem Schiff. Noch einmal glitt an Lolas Augen Dinapore vorüber, wo ihr Vater begraben lag. Und bald mehrten sich die Zeichen, daß auch Mr. James bald aus ihrem Leben treten sollte.

Auf dem Schiff verbrachte das Ehepaar James seine Tage im Streit. Mrs. James weiß von Mr. James folgendes zu berichten: »Um die Einförmigkeit dieser Fahrt ein wenig zu unterbrechen, zog der Capitän James, welcher methodisch wie ein englischer Prokurator war, ein Notizenbuch aus der Tasche, worin er mit der

Die Elefangen des Vizekönigs. 1870 von Bourne & Shepard fotografiert

größten Genauigkeit alle die Tadel niedergeschrieben hatte, zu welchen ich ihm während meiner Ballvergnügungen Gelegenheit gegeben hatte und welche er sich in Reserve gehalten hatte, um mich gelegentlich dieses Generalverzeichnisses meiner kleinen Sünden zu erfreuen. Die Anklageacte war lang, der Commentar dazu noch länger. Um der Sache ein Ende zu machen, riß ich blitzschnell das Faktum aus seinen Händen. Wir warfen nun die constitutionellen Formen bei Seite und der Bürgerkrieg schlug in helle Flammen auf ...«[30]

Das heilige Benares mit seiner grandiosen Kulisse aus Tempeln und Minaretten, wo gläubige Hindus ihre Sünden abwaschen, brachte selbst diesem Ehekrieg ein vorläufiges Ende. Die Weiterreise des Regiments erfolgte nämlich auf dem Landweg, den Mr. und Mrs. James glücklicherweise in separaten Sänften hinter sich bringen konnten – ohne noch viel voneinander hören und sehen zu müssen. Die Sänfte war damals das übliche indische ›Reisegefährt‹, mit dem acht indische Träger bei brütender Hitze ihre englischen Herrschaften im Trab durch die von wilden Tieren bedrohten Dschungel und durch die von der gleißenden Sonne verbrannten Steppen Zentralindiens brachten. Lola Montez hat sich dann in ihren Berichten auch mehr mit dem elenden Schicksal ihrer Träger als mit den fremden, wenig heimeligen Landstrichen beschäftigt, die am Fenster ihrer Sänfte vorbeiruckelten.[31]

Der vorläufige Endpunkt dieser Reise war die englische Garnisonsstadt Karnal, wo der für die Ausbildung der Truppen zuständige Captain James mit seinem Regiment stationiert werden sollte. Dennoch ging die Reise noch ein Stück weiter, bis nach Simla, das ein sehr viel gemäßigteres Klima als die bisherigen Etappen aufwies. Mrs. James wurde es aber dann doch noch sehr heiß. Dort wurde sie nämlich von Mrs. Craigie, der Mutter, erwartet.

Die Schwestern Emily und Fanny Eden, die mit ihrem Bruder, dem Generalgouverneur Lord Auckland, nach Simla gekommen waren, hatten bereits von Lolas Geschichte erfahren. Sie beschworen Mrs. Craigie, die dort an der Seite ihres mittlerweile zum *Deputy Adjutant* aufgestiegenen Gatten weilte, sich mit Tochter und Schwiegersohn auszusöhnen. Mrs. Craigie konnte diesem Wunsch nicht widerstehen. Schon bei ihrer Ankunft wurde die neugierig erwartete Ehefrau von den beiden Schwestern Emily und Fanny Eden ins Herz geschlossen: »Simla ist jetzt sehr von der Ankunft einer Mrs. J. (= Mrs. James = Lola Montez) bewegt, die als die größte Schönheit des Jahres bezeichnet wird, was alle anderen Frauen mit ähnlichen Absichten sehr verstört hat ... Gestern hatten wir ein Essen. Mrs. J. ist zweifellos sehr hübsch und so ein fröhliches, unaffektiertes Mädchen. Sie ist erst siebzehn und schaut nicht einmal so alt aus. Wenn man daran denkt, daß sie mit einem kleinen Leutnant der indischen Armee verheiratet ist, der fünfzehn Jahre älter als sie ist und daß sie nur 160 Rupien im Monat haben und ihr ganzes Leben in Indien verbringen muß, dann verstehe ich Mrs. C.'s (= Mrs. Craigie) Groll darüber, daß sie von der Schule weggelaufen ist.«[32] Lola Montez weiß ihrerseits über die Umstände dieser Begegnung an dem weltabgelegenen Ort zu berichten, daß sie nach ihrer Ankunft in Simla eine Strafpredigt ihrer Mutter über sich hätte ergehen lassen. Danach wäre aber ein Techtelmechtel mit den Prinzen von Kabul auf der Tagesordnung gestanden.[33]

Simla. 1862 von Samuel Bourne fotografiert

Die Differenzen zwischen Mutter und Tochter sind in Simla *nicht* bereinigt worden. Zudem mußte Mrs. James an der Seite ihres Gatten wieder zu dessen Regiment nach Karnal zurück. Hier traf sie dann nochmals auf Emily und Fanny Eden, die gerade auf dem Rückweg nach Kalkutta waren, nachdem der Erste Afghanische Krieg damals zu einem für England glücklichen Ende gekommen war. Schon nach ein paar Scharmützeln hatten Engländer und Sikhs die überraschten Afghanis geschlagen und Dost Muhammad durch eine, wie sie meinten, willfährige Marionettenregierung abgelöst. Unter den Engländern herrschte eine ausgelassene Stimmung. Auch in Karnal wurden Tanzfeste organisiert, wobei Mrs. James immer wieder in den Mittelpunkt der Männergesellschaft geriet: »Wir waren am Abend zuhause, als es eine riesige Party gab. Aber mit Ausnahme der hübschen Mrs. J., die schon in Simla war und wie ein Stern unter den anderen glänzte, waren alle anderen Frauen ohne jeden Reiz. Ich wundere mich nicht, daß ein einigermaßen gut aussehendes Mädchen, das hier herauf kommt, mit Anträgen verfolgt wird. Es gab einige Gentlemen in Karnal, die auf eine Frau Ausschau hielten.«[34] Und am 17. November heißt es von Emily Eden noch: »Was für ein ungemein hübsches kleines Ding sie war, und dann auch noch so gut. Aber sie (Mr. und Mrs. James) sind sehr arm, und sie ist so jung und lebendig. Wenn sie in falsche Hände kommt, würde sie närrisch darüber werden.«[35]

Nach der Abreise der beiden Eden-Schwestern wurden die Differenzen zwischen Mr. und Mrs. James anscheinend endgültig bereinigt. In den Rückerinnerungen von Lola Montez stellt sich das so dar, daß Mr. James in der kleinen Garnisonsstadt Karnal an der Gattin des befreundeten Offiziers Lomer Gefallen gefunden und sich mit ihr in Richtung Neilghery-Berge aus dem Staub gemacht hätte – ohne daß sie ihn jemals wieder gesehen hätte.[36]

In der dortigen Garnisonsstadt gab es tatsächlich nicht nur einen, sondern sogar zwei Offiziere mit dem Namen ›Lomer‹, die auch beide verheiratet waren. Dennoch sind an Lola Montez' Version starke Zweifel anzumelden. Es ist schon einmal wichtig zu wissen, daß sich die Neilghery-Berge ein paar tausend Kilometer südlich befinden, fast an der Spitze des indischen Subkontinents. Mr. James hätte somit nicht nur von seiner Einheit desertieren, sondern sich auch noch quer durch feindliches, längst nicht unter dem Einfluß der Ostindischen Handelskompanie befindliches Gebiet schlagen müssen. Und auch etwas anderes klingt sehr unwahrscheinlich. Gut zehn Jahre später wurde nämlich vor Gericht bestätigt, daß Mr. James seine Frau noch auf das Schiff begleitet hat, das sie später zurück nach London brachte.[37] Wenn Mr. James schon nicht in (intimer) Nähe zu seiner Ehefrau war, so doch zumindest in Reichweite. Dafür ist aber noch etwas anderes gut möglich, vor allem, wenn man sich an Emily Edens Andeutungen über die Männerwelt von Karnal erinnert. Möglicherweise hat nämlich Lola Montez selbst den Ehebruch vollzogen. Aber in jedem Fall ist davon auszugehen, daß spätestens seit den Tagen von Karnal die Ehe zwischen Mr. und Mrs. James unheilbar zerrüttet war.

Lolas ehelicher Bürgerkrieg war zu einem Ende gekommen. Nachdem sie jetzt zum zweiten Mal den Ganges hinunter nach Kalkutta zurückgefahren war, hatte sie zwar keinen lieben Menschen verloren. Aber sie hatte auch keinen (ungeliebten) Ehemann mehr. Als sie dann vor ihrer Mutter stand, um nochmals bei ihr aufgenommen zu werden, kannte diese kein Pardon. Mrs.

Craigie nahm ihre Tochter, die schon in England so viel Schande über sie gebracht hatte, nicht mehr in ihrem Haus auf. Nach der einen Version[38] hat sie die Mutter auf der Stelle nach England zurückgeschickt. Nach der anderen Version[39] wurde Lola noch so lange eingesperrt, bis ein ärztliches Gutachten zur Stelle war, das bewies, daß sie krank war und umgehend nach Europa zurückgeschickt werden mußte. In jedem Fall ist Lola von ihrer Mutter verstoßen worden und sollte sie das ganze Leben lang nicht mehr sehen.[40] In der *Autobiographie* heißt es sogar noch, daß ihre Mutter bei Lolas Debüt als ›Spanische Tänzerin‹ öffentlich den Tod ihrer Tochter bekanntgegeben hätte. Möglicherweise handelt es sich dabei um ein Mißverständnis. Tatsächlich gab es damals in der Familie von Mrs. Craigie Grund, über einen Toten zu klagen. Allerdings ist 1843 nicht das Todesjahr von Lola Montez, sondern von Mrs. Craigies zweitem Mann, General Patrick Craigie.

Im Jahr 1841 wurde Lola von ihrem Stiefvater und vermutlich auch vom verstoßenen und düpierten Ehemann wieder an Bord eines Schiffes geleitet. Im Gegensatz zu seiner Frau hatte General Craigie Mitleid mit der ›Irrenden Jüdin‹ – wie Lola sich selbst sah.[41] Er gab ihr noch zweitausend Pfund und wertvollen Schmuck mit auf die Reise. Beim Kapitän des Schiffes, Charles Ingram, und seiner Frau legte er ein besonderes Wort für die verstoßene Stieftochter ein. Für die Ankunft in England hatte er ihr Empfehlungsschreiben mitgegeben, damit seine eigene Familie sie in Perth aufnehmen konnte.

Alsbald segelte sie wieder einer ungesicherten Zukunft entgegen. Nur muß man sich Lola nicht so vorstellen, als ob sie völlig zerstört auf schwankendem Boden mit ihrer Vergangenheit gehadert hätte. Der für sie herzzereißende Abschied dauerte nur sehr kurz. Auf der langen Fahrt zurück nach England fand sich auf dem engen Schiff bald neuer männlicher Schutz für die schöne Lola: Captain Lennox, dem sie vor den Augen der puritanisch sittsamen Mitpassagiere ungeniert ihre Gunst erwies. Der Schiffskapitän Ingram muß angesichts dieses Verhaltens einer immerhin verheirateten Frau sehr befremdet gewesen sein. Er versuchte es mit Mahnungen und Drohungen, ohne Erfolg. Auch gut zehn Jahre später, als er vor Gericht als Zeuge im Fall Lola Montez bzw. Mrs. James aussagen mußte, konnte er sich jedenfalls noch sehr gut an eine Passagierin erinnern, die sich auf der Fahrt zurück nach England trotz ihres Schicksals nicht als Kind von Traurigkeit erwiesen hatte.

England –
ein Entschluß fürs Leben

Lola Montez betrat 1841 wieder englischen Boden. Sie war erst zwanzig, hatte aber bereits eine Ehe hinter sich. Ihre Mutter hatte sie verstoßen. Ihre Situation war desolat. Trotzdem nahm sie das Angebot ihres Stiefvaters, bei seiner Familie unterzukommen, *nicht* an. Das ihr zugedachte Leben als Strohwitwe im schottischen Perth fand sie entschieden zu langweilig. Sie wollte ihr eigenes Leben führen.

Was heute unangemessen melodramatisch klingt, endete damals oft tragisch. In einer Zeit, da es in England als unsittlich galt, wenn unverheiratete ›höhere Töchter‹ ohne Begleitung auf die Straße gingen, hatte Lola einen äußerst schwerwiegenden Entschluß gefaßt, als sie das Angebot des Stiefvaters ablehnte. Wollte sie sich nämlich in Übereinstimmung mit den damaligen Anstandsregeln allein durchs Leben bringen, so blieb ihr bestenfalls der Dienst in einem fremden Haushalt, schlechtestenfalls eine Tätigkeit als Putzmacherin. Wollte sie den Anstandsregeln aber nicht entsprechen, so blieb ihr nur ein Leben als Prostituierte. Allerdings tat sich im beginnenden viktorianischen Zeitalter doch noch ein Mittelweg zwischen Wohlanständigkeit und Verworfenheit auf: das Theater.

Als Königin Viktoria 1837 ihre Regentschaft angetreten hatte, hatte sie nämlich allein durch ihre wiederholten Besuche das Theater wieder hoffähig gemacht. Waren die Theaterleute noch zu Beginn des Jahrhunderts recht wenig geachtet und hatten ihre Vorführungen oft genug unter dem rüden Verhalten des Publikums zu leiden, so wurden Schauspieler jetzt erstmals sogar zu den Soireen der Hocharistokratie geladen. Schauspielkünste oder auch Tanzkünste boten ledigen Frauen die Möglichkeit zum sozialen Aufstieg. Die Solotänzerin Maria Taglioni war mit ihrem romantischen Ausdruckstanz auch in der Londoner Gesellschaft zu einer allseits bewunderten Frau avanciert. Sie hatte es mit dem romantischen Ballett *La Sylphide,* in dem sie ihren Spitzentanz vorführte, schon 1832 zu einer Berühmtheit gebracht. Als es dann

London. Westminster Abbey.
1875 von der London Stereoscopie & Photographie Society fotografiert

dem Theatermanager Benjamin Lumley 1845 gelungen war, die neben Fanny Elßler vier bekanntesten Tänzerinnen ihrer Zeit, nämlich Taglioni, Carlotta Grisi, Fanny Cerito und Lucile Grahn in einem eigens für sie geschaffenen Ballett, dem Pas de quatre, zu versammeln, war das die Sensation des Jahrhunderts.

Gesellschaftlich voll akzeptiert wurden die neuen Parvenus in den aristokratischen Kreisen aber immer noch nicht. Insbesondere Frauen haftete immer noch das Odium einer Luxusdirne an. Schon deshalb galt das ungeschriebene Gesetz, daß sich Schauspielerinnen und Tänzerinnen an der Seite eines Prinzipals in der Gesellschaft zu bewegen hatten. Und natürlich war auch ein Stück Wahrheit an der allgemeinen Einschätzung. Die Gagen waren nicht üppig, Geschenke von Verehrern erwünscht. Ohne einflußreiche und vermögende Gönner war kaum eine Karriere möglich.

Vermutlich schon auf ihrer Schiffsreise hatte sich Lola Montez für diesen harten Weg zwischen Wohlanständigkeit und Verworfenheit entschieden. »Wären alle Frauen nur immer hart, sie würden mehr erreichen, als alle Emancipation zu Wege bringen kann.«[42]

Die Frage war nur noch, welche Kunst sie auf der Bühne ausüben sollte. Einer Karriere als Bühnenschauspielerin stand als Hindernis entgegen, daß ihr Englisch immer noch einen Akzent hatte. So blieb ihr nur noch der Tanz, wobei sie sich im besonderen auf den Spanischen Tanz spezialisierte. Spanien war in England wegen der Carlistenkriege ohnehin in aller Munde. Und als Fanny Elßler Anleihen bei einem alten kastilischen Solotanz gemacht hatte, der Cachucha, da war die allgemeine Spanienschwärmerei auch auf den Tanz übergegangen. Tänzerinnen wie Pepida de Oliva oder auch Maria Taglioni folgten dem Beispiel Fanny Elßlers. Und auch Lola Montez konnte sich mit der Wahl dieses Tanzes noch am ehesten sicher sein, die Aufmerksamkeit und den Zuspruch des Publikums zu gewinnen.

Nachdem bei ihrer Ankunft in London dieser Entschluß feststand, blieb sie noch für einige Zeit mit ihrem Schiffsbegleiter Captain Lennox liiert. Beide stiegen erst einmal im *Imperial Hotel* ab. Aber schon bald trennten sich ihre Wege, und es stellten sich neue Gönner ein, etwa der britische Diplomat Earl of Malmesbury, den sie auf einer Eisenbahnfahrt von London nach Heron Court kennengelernt hatte. Durch solche Herren fand sie auch bald Zugang zu den besseren Kreisen von London. Es ist sehr gut möglich, daß sich dann Gespräche ergeben haben, wie etwa folgendes. Mr. P...n: »Aber meine liebe Miß, so sagen Sie mir doch, wie ich es anders anfangen soll, Sie zu gewinnen? Geschenke reizen Sie nicht, eine Liebeserklärung darf man Ihnen nicht machen. Sie sind zu wunderlich, um mit Ihnen nach bestimmten Regeln umzugehen, und zu liebenswürdig, um Sie vergessen zu können.« Lola: »Sagen Sie doch lieber, ich bin nicht das, was die Männer so gern aus allen Frauen, die ihnen gefallen, machen möchten?« P...n: »Was?« Lola: »Maitressen!« Lola Montez fährt dann in ihrem Bericht über den diskret nur mit Abkürzung genannten Herrn fort: »Als ich dieses Wort ausgesprochen hatte, sah mich P...n mit einer sehr zweifelhaften Miene an, welche mir sagte: Ich glaube, du hast keine Ursache, mir zu verweigern, was Du Andern bewilligt hast.«[43]

Während Lola einerseits versuchte, in der besseren Londoner Gesellschaft Fuß zu fassen, bemühte sie sich andererseits um ihre Ausbildung zur Tänzerin. Als sie bei der Tanzlehrerin Fanny Kelly und einem andalusischen Lehrer namens Espa ihre ersten Tanzschritte eingeübt hatte, um ein neues Leben beginnen zu können, wurden ihr aber die Liebesdienste, die sie dem Captain Lennox erwiesen hatte, zum Verhängnis.

Captain James hatte nämlich wieder von sich hören lassen. Lolas Verhältnis mit Lennox war in der gar nicht so großen Kolonialwelt Großbritanniens bis an James' Ohren gedrungen. Er verklagte sie des Ehebruchs. Es kam zum Prozeß. Die Besitzerin des *Imperial Hotels* konnte tatsächlich bestätigen, daß Lola und Lennox in ihrem Hotel ein Zimmer gemietet hatten, wenn sie auch nicht bezeugen wollte, daß beide das gleiche Bett teilten. Lola wurde bei diesem Prozeß von Lord Brougham verteidigt, der ihr bald auch bei ihren sonstigen Angelegenheiten hilfreich zur Seite stand. In Londoner Zeitungen konnte man schließlich lesen, daß Lola schuldig gesprochen worden war.

Das Urteil fiel aber doch nicht nur zu ihren Ungunsten aus. Sie wurde zwar des Ehebruchs schuldig gesprochen, gleichzeitig wurde dieser aber halbwegs legalisiert, indem man für ihre Ehe mit James jetzt auch offiziell die Trennung von Tisch und Bett aussprach. Letzteres hatte ihr am 15. Dezember 1842 der auf Scheidungsangelegenheiten spezialisierte Lord Brougham mittels einer Scheidungsakte des britischen Oberhauses ermöglicht. Dies hieß allerdings auch, daß Lola sich zu Lebzeiten von Captain

London. Die Börse.
1875 von der London Stereoscopic & Photographic Society fotografiert

James nicht mehr verheiraten durfte. Sie war also auch rein rechtlich auf ein Leben als alleinstehende Frau festgelegt.

Nachdem sie den Prozeß überstanden hatte, arbeitete sie mit aller Energie weiter an ihrer Karriere als Tänzerin – schon deshalb, weil ihr kleines Vermögen, das sie von General Craigie mitbekommen hatte, dahinschrumpfte. Um ihre Künste im Spanischen Tanz zu vervollkommnen, unternahm sie noch eine kurze Reise ins Mutterland dieses Tanzes. Als sie aber dann von Spanien wieder nach London zurückgekommen war, faßte sie einen folgenschweren Entschluß. Sie hielt es für die Glaubwürdigkeit ihrer Tanzkünste für das beste, sich ab sofort als Spanierin auszugeben. Auch um der Angelegenheit mit Captain James endgültig ein Ende zu bereiten, beschloß sie zudem, einen neuen Namen anzunehmen. Ab jetzt nannte sie sich so, wie sie die ganze Welt noch kennenlernen sollte -- Lola Montez.

Für den 3. Juni 1843 konnte man folgende Programmankündigung des renommierten *Her Majesty's Theatre* am Londoner Haymarket lesen: »Besondere Attraktion: Mr. Benjamin Lumley kündigt an, daß zwischen den Opernakten sich Donna Lola Montez vom Teatro Real, Sevilla, für ihren ersten Auftritt in England mit dem original spanischen Tanz *El Oleano* die Ehre gibt.«

Mr. Benjamin Lumley war der Produzent. Mit der Oper war Rossinis *Barbier von Sevilla* gemeint. Daß aber die angekündigte Donna Lola Montez vom Teatro Real in Sevilla stammen sollte, war eine glatte Lüge.

Das Debüt von Donna Lola Montez sollte schicksalhafte Züge annehmen. Donna Lola Montez hatte viele Wochen auf ihren ersten Auftritt hingearbeitet. Der Musikkritiker Charles G. Rosenberg von der *Morning Press* hatte ihre Proben beoachten dürfen und Lola mit einer Blume verglichen, deren Stengel sich unter der Kraft eines launischen Windes bog. Ihre Augen würden vor Erregung funkeln und blitzen.[44] Am Abend dieses denkwürdigen Tages hatte Lola Montez dann endlich ihren langersehnten ersten Auftritt. Die Gräfin von Kent, Lord Wellington, Baroness de Rothschild und Lord Brougham saßen in den Logen.

Eine in eine schwarze Mantilla gekleidete Frau tritt ins Rampenlicht. Die Mantilla wird zur Seite geworfen, und jetzt kann jeder sehen, daß die Beine der Frau vom Saum des schwarzen Kleides nur halb verdeckt sind. Sie wiegt sich zu den Rhythmen der spanischen Musik. Die Castagnetten klacken. Die Augen sprühen, ihr Gesicht wirkt fröhlich und sie hat rabenschwarzes Haar – weiß der Kritiker des *Morning Herald* vom 9.6.1843 zu berichten.

Aber nach dem Ende ihres Tanzdebüts geschieht es. »Das ist ja Betty James!!! Lüge!!« tönt es laut und vernehmlich im Zuschauerraum. Die lasziven Bewegungen der Debütantin geraten ins Stocken. Das Gesicht wirkt plötzlich nicht mehr froh. Dafür sprühen die Augen vor tödlichem Zorn. Die überraschende Neuigkeit wird von den einschlägigen Gazetten, insbesondere von der *Age*, begierig aufgenommen. Die Gräfin von Kent, Lord Wellington, Baroness de Rothschild wenden sich ab. Der Skandal ist perfekt.

Der Ruf im Zuschauerraum stammt von Lord Ranelagh, der sich möglicherweise für eine früher erfahrene Abweisung hatte rächen wollen. Solche Rufe waren durchaus nichts Ungewöhnliches. Trotz der Wertschätzung, die das Theater durch Königin Viktoria erlangt hatte, entsprachen die damaligen Theatersitten noch längst nicht denen der späteren Kultur-Gottesdienste. Der Einsatz von bezahlten Claqueuren war immer noch an der Tagesordnung.

Was jedoch Lola Montez betraf, so war sie schon bei ihrem allerersten Auftritt dem allgemeinen Spott ausgeliefert. Die Hoffnungen, die sie auf ihr Leben als Künstlerin gesetzt hatte, schienen am Boden zerstört zu sein. Erstaunlich genug, daß die einschlägige Presse in Grenzen zu jener Person hielt, die sich den Namen einer spanischen Tänzerin zugelegt hatte. Die *Times* vom 9. Juni 1843 berichtete, daß die ganze Seele der Künstlerin unnachgiebig auf ihr Ziel hingearbeitet habe, auch wenn es ihrem Tanz an Schwung und Grazie mangele. In der *Illustrated London News* vom 9. Juni 1843 konnte man lesen: »Ihre Taille ist noch graziler als ihr Gesicht. Jede Bewegung ist von einem Instinkt für Rhythmus und Bewegung begleitet. Ihre dunklen Augen leuchten, wenn sie spürt, daß man sie bewundert. Ihre Füße und ihre Knöchel sind perfekt. Und wenn sie auch keine vollendete Tänzerin ist, so wird sie es werden.« Lola brachten diese Pressereaktionen wieder etwas Selbstbewußtsein zurück. Nach dem offenkundigen Debakel, das jede andere Debütantin für Ewigkeiten entmutigt hätte, gab sie keineswegs klein bei. Im Gegenteil: Sie ging zum Angriff über.

Dem *Era* teilte sie in einem ihrer ersten Leserbriefe ganz forsch mit, daß sie sehr wohl in Spanien geboren wurde, eine spanische Tänzerin sei und die Anschuldigungen erlogen wären – womit sie den Skandal aber nur noch verschlimmerte, da die wirklichen Verhältnisse bekannt waren. Der Intendant Benjamin Lumley konnte so die nicht unbegabte, möglicherweise durch ihre Willensanstrengungen leicht verkrampfte Tänzerin trotz relativ guter Kritiken nicht mehr halten.[45] In den besseren Kreisen wußte man nach ihrem Prozeß ganz genau, daß es sich bei *Donna Lola Montez* tatsächlich um eine Frau mit dem Allerweltsnamen James handelte – wenn auch der von Lord Ranelagh gewählte Vorname *Betty* für Überraschungen hat sorgen müssen.

Nach einem skandalösen Debüt setzte ›Betty James‹ sogar noch eine weitere Vorführung des *El Oleano* anläßlich einer

45

Benefizveranstaltung für den Dramaturgen Edward Fitzball durch. Dennoch war für die von Captain James von Tisch und Bett getrennte Ehefrau in der guten englischen Gesellschaft kein Platz mehr.

Von London nach Ebersdorf, Berlin, Warschau und Dresden – der Sturzflug des Kometen

Lola Montez blieb nichts anderes übrig, als mehr oder minder fluchtartig England zu verlassen, um auf dem europäischen Kontinent ein Weiterkommen zu suchen. Obwohl die Londoner Zeitungen voller Berichte von ihrem Fall gewesen waren, gab sie sich weiterhin als Lola Montez aus und fuhr von Hauptstadt zu Hauptstadt, von Residenzstadt zu Residenzstadt. Über die Reihenfolge der Stationen dieser Europatournee gibt sie selbst widersprüchliche Berichte. In den *Memoiren* lautet die Reihenfolge beispielsweise Paris, Warschau, Petersburg, Berlin, Leipzig, Dresden, Prag, Wien, Venedig, Madrid, Paris. In der *Autobiographie* waren es dann Dresden, Berlin, Warschau, Petersburg, Paris.

Im folgenden soll nur auf die Stationen eingegangen werden, für die auch von neutraler Seite Berichte vorhanden sind und die somit als sicher gelten können.[46]

In den gegenüber England rückständigen europäischen Staaten und Kleinstaaten hatte Lola Montez es darauf abgesehen, Zugang zur politischen und künstlerischen Elite zu gewinnen. Vermutlich haben ihr englische Freunde wie Lord Brougham dafür Dienste erwiesen. Manche ihrer Zeitgenossen haben aus diesem unwiderstehlichen Drang sogar den Schluß gezogen, daß Lola Montez letztlich nichts anderes als eine Spionin in Diensten des englischen Außenministers Lord Palmerston gewesen sei. Dies wäre für eine Tänzerin auch nichts vollkommen Neues gewesen. Emilie Bigottini von der Pariser Oper war schon zu Zeiten des Wiener Kongresses eine von Metternich raffiniert eingesetzte Spionin gewesen. Hundert Jahre später machte der Fall Mata Hari weltweit Schlagzeilen. Was allerdings die impulsive Lola Montez betrifft, so gibt es bis jetzt keinerlei Beleg für eine Spionagetätigkeit. Gleichwie, in Lolas Selbstverständnis war die aristokratische Gesellschaft der Platz, wo sie eigentlich hingehörte. Hatte sie sich in ihren *Memoiren* bis zum Zeitpunkt ihres Debüts als Tänzerin noch mit offenkundigen Erfindungen begnügen müssen, was den

Umgang mit Majestäten betrifft – demnach hätte sie beispielsweise mitten während der französischen Julirevolution von 1830 König Karl X. kennengelernt –, so bemächtigten sich ihre Träume jetzt der Wirklichkeit.

Die Hartnäckigkeit, mit der sie zeitlebens daran festhielt, daß sie aus altem spanischem Adel stammte, ist zum einen nur so zu erklären, daß sie als Bürgerliche keinen Zugang zu dem Platz erhalten hätte, den sie als den ihr angestammten ansah. Zum anderen muß sie aber mit der Zeit auch an ihre eigene Erfindung geglaubt haben. Lola Montez war eine Hochstaplerin, und wie die meisten Hochstapler glaubte sie felsenfest an ihr Lügengespinst.

Einer unbestätigten Fama zufolge hat sich Lola Montez nach ihrer Überfahrt von London noch einige Zeit in Brüssel[47] aufgehalten. Die erste wichtige und aufsehenerregende Station ihrer merkwürdigen Tournee, die oft genug mit dem Sturzflug eines Kometen verglichen worden ist, war aber Ebersdorf.

Vermutlich klingt es sehr merkwürdig, daß eine völlig unbekannte thüringische Kleinstadt zu der Ehre gekommen ist, eine Station im bewegten Leben einer mondänen Tänzerin darzustellen und somit in einem Atemzug neben London und Berlin zu nennen ist. Tatsächlich war aber Ebersdorf damals genauso eine Hauptstadt wie London und Berlin. Nur war das zugehörige Reich schon um einiges kleiner als Großbritannien oder Preußen. Es handelte sich nämlich um das Mini-Fürstentum Reuß, das an den östlichen Ausläufern des Thüringischen Waldes lag. Dort herrschte Prinz von Reuß, Heinrich LXXII. Er hatte Lola Montez in London kennengelernt und sie möglicherweise unverbindlich zu einem Besuch eingeladen. Als sie dann nach ihrem Londoner Debakel sich wieder an Heinrich LXXII. erinnerte und ihm ihren Besuch ankündigte, geriet der Mini-Potentat angesichts des Glanzes, der seinem Schloß durch eine Londoner Tänzerin bereitet werden sollte, ganz aus dem Häuschen. Er putzte sein Schloß auf das prächtigste heraus, ließ die schwarzgekleidete Lola vom Leipziger Bahnhof mit einem Sechsspänner abholen und bereitete ihr mit einem Gala-Diner einen prächtigen Empfang. Allerdings hatte die zierliche Schönheit schon auf der Hinfahrt sehr eigenartige Züge gezeigt, als sie beispielsweise partout darauf bestand, selbst zu kutschieren. Heinrich LXXII. sollte bald merken, auf wen er sich eingelassen hatte, und Lola Montez' Aufenthalt sollte nur von beschränkter Dauer bleiben. Nachdem der Prinz seinen Hofstaat zu Ehren der launischen Tänzerin auf Hochglanz gebracht hatte, köpfte diese am Tag nach ihrer Ankunft mit ihrer Gerte erst einmal die schönsten Blumen im Park von Heinrich LXXII. Als sie dann bei einem ihr zu Ehren veranstalteten Ausflug zum Jagdschloß des Prinzen beim Picknick im Grünen auch noch mit gellenden Schreien gegen die für ihren Geschmack unerträglichen Waldhornbläser vorging, war die Geduld des Prinzen endgültig erschöpft. Lola Montez wurde nach vier Tagen Aufenthalt aus den Grenzen des Mini-Staates zurück zum Leipziger Bahnhof expediert.[48]

Die nächste Station war dann Berlin, wo sie in der zweiten Augusthälfte 1843 ankam. Das Berlin der 40er Jahre war gerade auf dem besten Weg mitten hinein ins Industriezeitalter. Hatten 1815 schon 200 000 Einwohner hinter den damals immer noch bestehenden Stadtmauern gelebt, so zählte Berlin zum Zeitpunkt der Ankunft von Lola Montez bereits um die 350 000 Einwohner. Längst war Berlin über die Stadtmauern hinausgewachsen. Das Brandenburger Tor etwa hatte als Zolltor ausgedient und war jetzt nur noch die Verbindung des Pariser Platzes zum Tiergarten. Lola Montez hat fast prophetische Worte für dieses Tor gefunden: »Wird nicht auch dieses, ich möchte sagen, klassische Tor einst eine Ruine sein, gleich der Akropolis in Athen? Ich will nicht hoffen, denn es kann dies nur werden, wenn nordischer Vandalismus abermals in das Herz Europa's rückt und zum anderen Male der große Kampf zwischen der Civilisation und dem Sklaventhum entbrennt.«[49]

Fast auf den Tag genau hundert Jahre vor dem großen Kampf promenierte Lola Montez durch ein klassizistisches Berlin, das vor allem durch die Bauten Karl Friedrich Schinkels geprägt war. Die Neue Wache, das neue Schauspielhaus, der Packhof, die Friedrich Werdersche Kirche hatten Berlin ein neues Gesicht gegeben. Und vor den Toren der Stadt machten sich die Vorboten der neuen Zeit, beispielsweise Borsig's Maschinenfabrik in Moabit, bemerkbar.

Berlin. Das Brandenburger Tor. Historische Aufnahme von 1880

Die Umwälzungen des sozialen Lebens waren für Lola gut spürbar. Für die Hochstaplerin, die sich ein spanisches Adelsprädikat zugelegt hatte, war es nämlich allem Anschein nach schwierig, standesgemäß zu dinieren: »Der Thiergarten hat vielleicht mehr als ein Dutzend Lokale, welche theils glänzender, theils einfacher, wie die sogenannten Zelte, eingerichtet sind. Daß diese Lokale in vornehme und geringe, je nach dem Stande, welcher sie besucht, zu sondern wären, habe ich nicht gefunden … Es ist merkwürdig genug, daß es jetzt überhaupt kaum in einer großen Residenzstadt Lokale gibt, welche besonders und ausschließlich für die vornehme Klasse eingerichtet sind.«[50]

Zu ihrem Gück war Lola Montez aber nicht auf Lokale angewiesen, um Zugang zur ›vornehmen Klasse‹ zu erlangen. Deren Aufmerksamkeit versuchte sie vor allem mit insgesamt vier Aufführungen ihrer spanischen Tanzkünste zu erregen. Die Pressereaktionen fielen dann aber doch recht mager aus. Die *Vossische Zeitung* etwa wußte nicht viel mehr zu berichten, als daß Donna Lola Montez die *Baleros de Cadix* getanzt habe. Aber möglicherweise hatte sie damit tatsächlich die Neugierde des Hofs erweckt.

Berlin. Unter den Linden. 1855/56 von L. Ahrendts fotografiert

Nach ihren Worten wurde sie alsbald von niemand anderem als der preußischen Königin Elisabeth ins Herz geschlossen – der Schwester Ludwigs I. von Bayern und Gattin von Friedrich Wilhelm IV. Der Kreis ihrer hocharistokratischen Bekanntschaften muß sich dann, ihren Berichten zufolge, nochmals um einige berühmte Namen erweitert haben. Als nämlich Zar Nikolaus I., der seinerseits mit der preußischen Prinzessin Charlotte vermählt war, in Berlin zu Besuch weilte, sei Lola Montez gebeten worden, vor ihm und seinem Hofstaat zu tanzen. Dabei hätte sich ein Zwischenfall ereignet. Von ihrem feurigen Tanz durstig geworden, wollte sie ein Glas Wasser trinken. Nur gehörte es aber damals zur Hofetikette, daß Künstler in Gegenwart der Majestäten weder essen noch trinken durften. Genau in diesem Moment sei aber der Bruder des Zaren, Fürst Michail, eingesprungen, hätte ein Glas Wasser kurz zu seinem Mund geführt, um es dann der ausgetrockneten Lola Montez weiterzureichen.[51]

Aus ihrer Berliner Zeit sind aber noch ganz andere Berichte bezeugt, die sehr viel mehr Glaubwürdigkeit als ihre Hof-Geschichte haben.[52] Der Polizei war sie schon einmal dadurch aufgefallen, daß sie bei ihrer Ankunft über keinerlei Papiere verfügte –

was für eine unter falschem Namen reisende Tänzerin auch sehr gut verständlich ist. Sie fiel der Polizei dann noch dadurch auf, daß sie den Annäherungsversuchen eines Offiziers damit begegnete, daß sie ihm das Champagnerglas an den Kopf warf. Dies dürfte auch der wahre und von ihr verdrehte Hintergrund ihrer Einschätzung der Berliner Gasthäuser sein.

Schließlich legte sie sich noch mit der Polizei an. Dabei soll sogar der preußische König involviert gewesen sein. Demnach ist sie just zu der Zeit, als Friedrich Wilhelm IV. eine Truppenparade abnahm, durch den Berliner Tiergarten geritten. Auf Grund eines Kanonenschlags soll ihr Pferd durchgegangen sein, worauf sie vor niemand anderem als dem König zu Fall gekommen sei. Die Pointe der Geschichte war aber, daß sie den Gendarmen, der sie für diese im damaligen Preußen durch nichts zu entschuldigende Tat in Gewahrsam nehmen wollte, kräftig mit der Reitpeitsche über das Gesicht schlug – das erste Mal, daß sie sich als ›Dame mit der Peitsche‹ einen Ruf machte.

Wahrscheinlich stecken hinter dieser Geschichte ein paar Ausschmückungen. Gesichert ist aber, daß sie gegen einen leibhaftigen Polizisten von ihrer Peitsche Gebrauch machte.

Das Resultat? Es konnte beispielsweise am 8. Oktober 1846 aus dem Bericht des Königlichen Hoftheaterintendanten August von Frays vom bayrischen König Ludwig I. selbst nachgelesen werden: »Dem allerhöchsten Befehlen vom 6. des M. pflichtschuldige Folge leistend berichtet der treugehorsamst Unterzeichnete Euer Koeniglichen Majestät allerdevotest, wie die spanische Tänzerin Lola Montez dadurch öffentlichen Anstoß erregte, daß sie, der Mittheilungen mehrerer Zeitungen zufolge, in einem Gasthof zu Berlin einem ihr gegenüber sitzenden Offizier, der ihr mit übergroßer Freundlichkeit zu begegnen bemüht war, ein Champagnerglas an den Kopf warf, daß sie ferner, ebenfalls öffentlichen Nachrichten zufolge, einem bei einer Revüe in Berlin sie zurechtweisenden Polizeicommissär mit der Reitgerte übers Gesicht hieb, worauf sie mit 14tägigen Arrest bestraft wurde ...« Danach wurde Lola Montez aus Berlin ausgewiesen.

Eine weitere Station aus Lola Montez' Skandal-Tournee war Warschau. Warschau war damals nicht die Hauptstadt Polens,

Russische Truppen in Warschau. 1858 von Karol Beyer fotografiert

sondern eine untergeordnete Provinzhauptstadt eines viel größeren Reiches. Im riesigen Rußland, das Lola schon von der anderen Seite der Welt, nämlich vom indischen Karnal her kennengelernt hatte, war Warschau nur noch Provinzhauptstadt der russischen Provinz Polen. Als Lola Montez Ende 1843 dort ankam, war es schon wieder dreizehn Jahre her, daß Rußland einen polnischen Aufstand blutig niedergeschlagen und sich Polen endgültig einverleibt hatte. Zahlreiche Polen waren damals in den Westen emigriert. Die Zurückgebliebenen mußten die überaus harte russische Herrschaft ertragen. Zehntausende polnischer Kleinadelsfamilien waren nach Sibirien deportiert worden. Man hatte versucht, die russisch-orthodoxe Kirche im traditionell katholischen Polen als Staatskirche zu etablieren. Als Amtssprache war

Russisch eingeführt worden. Der Rubel hatte den ehemaligen Sloty verdrängt. Das Erziehungssystem war darauf ausgerichtet, mit autoritären Mitteln polnische Schüler und Studenten in vollkommener Unmündigkeit zu halten.

Der Mann, der mit allen Mitteln versuchte, die polnische Nation bis in ihre Wurzeln hinein auszurotten, war General Iwan Feodorovich Paskjetwitsch. Später sollte er auch noch bei der Niederschlagung der 48er Revolution in Wien seinem Ruf gerecht werden. Ausgerechnet dieser von allen gehaßte General Paskjewitsch soll nun aber, nach Lola Montez' Berichten, ein Auge auf die schöne Lola geworfen haben, nachdem es ihr gelungen war, mit ihrem Spanischen Tanz in Warschau ein Engagement zu bekommen.

Vielleicht hatte ihn auch das *Warschauer Journal* auf den Geschmack gebracht. Vermutlich aus der Feder von Anton Slowacki war dort nämlich der Reiz von Lolas Haut, Zähnen, Händen, Lippen, Wangen, Nägeln, Taille, Beinen und Busen besungen worden, worauf der Autor noch folgendes anschloß: »Diese Reize alle besitzt die Dame Lola in dem schönsten Verhältnisse, die Farbe der Augen allein ausgenommen, welche bei ihr nicht schwarz, sondern blau ist. Seidenweiche Haare, mit dem Glanzgefieder der Raben wetteifernd, fallen in üppiger Fülle über ihren Nacken hinab. Ihr schönes, feines Antlitz ruht auf einem schlanken, zarten Halse, dessen blendende Weiße den Schwanenflaum beschämt.«[53]

Lola Montez selbst berichtet wiederum über einen anderen Verehrer dieser Reize: »... eine ungewöhnlich kleine Gestalt, und jedesmal, wenn er sprach, warf er seinen Kopf zurück und öffnete seinen Mund so weit, als ob er das Gold seiner künstlichen Zähne zeigen wollte. Ein Totenkopf, der einer Dame seine Liebe bezeugen will, hätte nicht ekelhafter und schauerlicher sein können.«[54]

Mit dem Gnom, der oben einen Totenkopf hatte, war General Paskjewitsch gemeint. Er hätte der weiblichen Schönheit mit den seidenweichen Haaren sogar seine Liebe gestanden und ihr dafür auch noch prächtige Geschenke geboten. Lolas Antwort auf diese Angebote wäre postwendend gekommen: Nein.[55]

Lola Montez' eigene Berichte über ihren weiteren Warschauer Aufenthalt sind sehr bemerkenswert: »Als jetzt Lola Montez diese Nacht auf dem Theater erschien, wurde sie von zwei oder drei Gruppen ausgepfiffen, die dafür offensichtlich vom Direktor selbst angestiftet worden waren. Das gleiche passierte am nächsten Tag. Und als es auch noch in der dritten Nacht passierte, eilte Lola Montez wütend zum Rampenlicht und erklärte, daß diese Pfiffe vom Direktor angeordnet worden wären, weil sie bestimmte Geschenke des alten Prinzen (= Paskjewitsch), seines Herren verweigert hätte. Darauf kam ein enormer und überwältigender Applaus des Publikums. Und die alte Prinzessin, die anwesend war, nickte allen zu und klatschte der wütenden kleinen Lola ebenfalls zu. Dann ging alles durcheinander. Eine riesige Menge von Polen, die sowohl den Prinzen wie den Direktor haßten, begleiteten sie zu ihrer Unterkunft. Sie war zu einer Heldin geworden, ohne es zu erwarten und zu beabsichtigen. In einem Moment des Zorns hatte sie ohne Rücksicht auf Verluste die ganze Wahrheit gesagt und ganz Warschau aufgebracht.«[56]

In dem Bericht heißt es weiter, daß der kurze, eine Nacht während Aufstand brutal niedergeschlagen worden sei; sie selbst habe kurz vor der Verhaftung gestanden, der sie sich erst durch Verbarrikadierung ihres Zimmers und dann durch Einschreiten des französischen Botschafters entziehen konnte.

Lola Montez' eigene Erzählungen über ihre ersten Verwicklungen in die hohe Weltpolitik haben etwas Unglaubwürdiges an sich und scheinen nur dazu da zu sein, sie im besten Glanz zu zeigen. Dennoch werden sie im Groben durch andere Quellen bestätigt. Eugène de Mirecourt hat 1857, vor der Niederschrift der Zeilen aus der oben zitierten *Autobiographie,* davon berichtet, daß Lola Montez in Warschau bei einem Bühnenauftritt einen Eklat hervorgerufen habe.[57] Auch Eduard Maria Oettinger, der vermutliche Verfasser von *Mola oder Tanz und Weltgeschichte,* berichtet 1847 von Lola Montez' Tagen in Warschau fast das gleiche wie die *Autobiographie*[58] Nur war es nach seiner Erinnerung nicht Paskjewitsch, der sich für seine Ablehnung gerächt hat, sondern ein Polizeidirektor namens Iwanoff. Sein bayrischer Kollege August von Frays hat den Theatereklat im Oktober 1846 ebenfalls bestätigt und aus seinen Quellen sogar noch zu berichten gewußt, »... daß sie endlich in Warschau dem Publikum, das ihren Kunstleistungen den gewünschten Beifall nicht zollte, von der Bühne herab mit begleitenden Gestikulieren den hinteren Theil ihres Körpers zuwandte«.

Nach Lolas eigenen Berichten war die nächste Station ausgerechnet das prachtvolle St. Petersburg mit seinen großen Palästen und großzügig angelegten Boulevards, worauf sie auch noch nach Moskau weitergefahren sein will. Es klingt recht merkwürdig, daß sie sich nach den Warschauer Vorgängen ausgerechnet in die Höhle des Löwen gewagt – und mit dem Löwen, nämlich dem Zaren von Rußland, auch noch sehr vergnüglich gescherzt haben soll.[59] Für den Zaren hat Lola in ihren Berichten sogar Worte des Lobes gefunden. Das allgemeine politische Klima ist von ihr dagegen kritisch beurteilt worden. Rußland wäre von Furcht beherrscht, die Willkür der russischen Polizei würde nur noch von ihrer Bestechlichkeit übertroffen, die große Masse des russischen Volkes würde ein Sklavendasein führen. Es wäre ein nach militärischen Prinzipien ausgerichtetes Staatswesen: »Die Einwohner roh, abgehärtet, genügsam und unterwürfig der Macht, die ihnen zu gebieten hat, führen den Krieg leichter und angenehmer, als solche, welche die weichlichen Genüsse des Lebens kennen.«[60]

Allein schon aus Zeitgründen ist es sehr unwahrscheinlich, daß sich Lola Montez um die Jahreswende 1843/44 in St. Petersburg und Moskau aufgehalten hat. Allerdings legt der Kurs ihrer Reise von Berlin nach Warschau nahe, daß sie ursprünglich nach St. Petersburg wollte, aber durch ihren Warschauer Eklat vermutlich daran gehindert wurde. So repressiv das politische Klima in Rußland auch war, so ist doch zu bedenken, daß St. Petersburg damals eine Hauptstadt des Balletts war, auf die die Tourneen der Tänzerinnen unvermeidlich zusteuerten. Einer Anekdote zufolge soll dann der Zuspruch für eine dieser Tänzerinnen, Maria Taglioni, im Jahr 1842 so enorm gewesen sein, daß ihren russischen Bewunderern nicht Besseres einfiel, als ihre Ballettschuhe bei einem Diner zu verzehren.[61] Ähnliches nimmt übrigens auch Lola Montez für sich in Anspruch, wenn man den von August Papon in Stuttgart herausgegebenen *Memoiren* glauben kann.[62] Allerdings war darin der Schauplatz wieder Warschau. Dort wäre nämlich

Die Wassili-Kathedrale in Moskau. Historische Aufnahme von 1860

bei einer Tafel ihr Strumpfband zerteilt und Stück für Stück den versammelten Gästen für teures Geld verkauft worden.

Das politische Klima von St. Petersburg und seine Bewohner boten für eine Frau, wie Lola Montez sie war, sicher wenig Anreiz zu einem längeren Aufenthalt. Bei ihrer Europa-Tournee ging es ihr nämlich gerade um jene in Rußland unbekannten weichlichen Genüsse des Lebens. Und die größten Genüsse bereiteten ihr anscheinend immer wieder die zahlreichen Verehrer. Nur fällt es schwer, ihren Berichten über diese Verehrer im Detail zu glauben, auch wenn sie in ihren *Memoiren* – dezent, wie das besonders in Frankreich üblich war – nur mit Abkürzungen genannt werden: Fürst v. B., Fürst v. K., Prinz L. oder Graf v. K. Zu deutlich folgen ihre Ausführungen einem standardisierten Muster, das nur dazu da ist, dem Leser von ihrer überragenden Schönheit und von ihrer großartigen Tanzkunst aus dem Munde Dritter Kunde zu geben: »Sie tanzen himmlisch, göttlich, sagte er. Ihr Fuß verdient es, neben dem einer Taglioni, einer Elßler zu stehen ...«[63] Immer wieder enden die Nachstellversuche ihrer Verehrer ganz rituell damit, daß Lola Montez sie nach allen Regeln der Liebeskunst foppt und damit ihre Überlegenheit ausspielt: »Die Männer bleiben sich aber wenigstens hierin eisern consequent: Sie mögen sein, was sie wollen, in gewissen Momenten kann man sie Alle zu Kindern machen.«[64] Immer wieder versucht sie, aller Welt zu beweisen, daß es ihr nie und nimmer um das Geld ihrer Verehrer gegangen und es keinem einzigen gelungen sei, sie zu seiner Mätresse zu machen: »Ich hätte mir diesen Menschen gern als Affen gehalten, und er würde mir gewiß vielen Spaß gemacht haben, aber Gott behüte jede Frau vor einem solchen deutschen Granden, welcher in Paris war, spanisches Blut und zweitausend Thaler jährlicher Rente hat.«[65]

Die vielen Berichte über ihre Amouren legen allerdings nahe, daß sich das ›kleine liebliche Mädchen‹, das Emily Eden am Fuß des Himalaya kennengelernt hatte, im Lauf ihrer Europa-Tournee zu einer umschwärmten Schönheit verwandelte. Daß man für sie schwärmte, ist nur plausibel – wie etwa folgender Bericht verdeutlicht: »Zu den Alltäglichkeiten zählte es früher, wenn man sich um einen Schuh, der einer Tänzerin ins Parterre geflogen war, mit einer derartigen Wut balgte, daß es verschiedene Rippen-, Arm- und Beinbrüche gab ... Diese Tollheit hielt sehr lange an. Über die ›Begeisterungsausbrüche‹ beim Auftreten einer Fanny Elßler, einer Taglioni, einer Pepita und wie diese Tanzgrößen alle hießen, könnten fast gleichlautende Berichte geführt werden.«⁶⁶ Lola Montez' eigene Berichte über ihren gesellschaftlichen Erfolg zeigen aber auch, daß sie sich ihrer äußeren Reize nicht nur bewußt war, sondern daß ihr ihre herausragende Stellung zu Kopf gestiegen ist.

Über die größte Bewährungsprobe ihrer erotischen Reize hat Lola Montez allerdings nur andeutungsweise Buch geführt. Diese Bewährungsprobe nahm in Dresden ihren Ausgangspunkt. Just zu der Zeit, als sie dort angekommen war, weilte noch jemand anders in der sächsischen Metropole. Ein früher Biograph hat ihn 1841 folgendermaßen charakterisiert: »Ein ungeheuer starkes, dunkelblondes Haar überschattet seinen Nacken, wo es wie rund abgeschnitten ist ... Sein Blick ist durchbohrend und hat etwas Unheimliches, Erhabenes, das aber nie erschreckt, weil er zugleich auf eine wilde Versöhnung deutet ... Überhaupt deutet seine ganze persönliche Erscheinung unmittelbar auf das Innewohnen des hohen, wunderschönen Genius, vor dem die Welt erstaunend, anbetend zusammensinkt. Sein Auftreten im Konzert entlockt deshalb auch meistens den unwillkürlichen Ausruf, besonders bei Damen: ›Ach, welch ein interessanter Mann! welch interessante Figur!‹«⁶⁷

Bei der interessanten Figur handelte es sich um Franz Liszt.

Franz Liszt war nicht nur einer der berühmtesten Komponisten, sondern auch einer der größten Frauenlieblinge des 19. Jahrhunderts. Er muß mit seiner Anziehungskraft seine Anbeterinnen zu beispiellos leidenschaftlichen Szenen hingerissen haben. So wird etwa von einer Verehrerin erzählt, daß sie, da sie seiner selbst nicht habhaft werden konnte, den Überzug des Stuhls, auf dem er gesessen hatte, eingerahmt und an der Wand aufgehängt habe. Selbst im hohen Alter ist er noch von Frauen umschwärmt worden und konnte zu seiner Verteidigung eigentlich nur vorbringen, daß er in seinem Leben noch nie ein junges Mädchen verführt habe. Dies dürfte auch der Wahrheit entsprechen, denn Franz Liszt hatte keine Verführungskünste nötig. In Liszts Nähe wurden die strengen Moralvorschriften seiner Zeit allemal auf den Kopf gestellt. Adelheid von Schorn ist eine von vielen, die es aus nächster Nähe ansehen mußten: »Leider habe ich ja nur zu oft gesehen, wie sich ihm die Weiber aufdrängten, daß man hätte denken sollen, die Rollen wären vertauscht.«⁶⁸ Und auch Lola Mon-

Franz Liszt. 1856 von Franz Hanfstaengl fotografiert

tez hat es gesehen. Wenn er ein Taschentuch fallen ließ, dann sei es auf der Stelle von den Damen rundherum in Fetzen gerissen worden, erzählt sie.[69]

Der gebürtige Ungar Franz Liszt, damals Hofkapellmeister in Weimar, war am 29. Februar 1844 nach Dresden gekommen, um eine eigens für ihn von seinem Kollegen, dem Königlich Sächsischen Hofkapellmeiter Richard Wagner, angesetzte Aufführung des großen Opernerfolgs *Rienzi* zu sehen. Die Reise diente dem damals Dreiunddreißigjährigen aber auch dazu, Abstand zu seiner langjährigen Liebe, der Gräfin d'Agoult zu finden, mit der er schließlich drei Kinder hatte, unter anderem Cosima, die später die Ehefrau ebenjenes sächsischen Kollegen werden sollte. Diese Suche nach einer inneren Distanz zu seiner damaligen Vergangenheit wurde Liszt nun durch eine Frau sehr erleichtert, die in puncto erotischer Anziehungskraft vermutlich das weibliche Pendant zu Franz Liszt darstellte – natürlich Lola Montez. Franz Liszt hatte eine Affäre mit ihr. Die beiden, die im Hotel du Saxe logierten, wurden kurzzeitig zu einem Paar. Und so bekam Lola Montez auch binnen kurzem Zugang zu Richard Wagner, der aber viel weniger als Liszt von ihr angetan war. Insbesondere fand Wagner, daß Lola ausnehmend unverschämte Augen hätte.

Jahrzehnte später sollte sich übrigens noch herausstellen, daß auch Wagner mit Lola weniges gemein hatte. So wie sie mit allen Kräften mithelfen sollte, den Bayernkönig Ludwig I. in den Ruin zu treiben, so ähnlich verhielt sich auch Richard Wagner zu Ludwig II. Ein Vierteljahrhundert nach ihrer Begegnung kannte ganz München Richard Wagner nicht mehr mit seinem eigentlichen Namen, sondern – die Erinnerung an Lola war noch frisch – nur noch als *Lolus* oder auch *Lolotte*.

Das Verhältnis von Franz Liszt zu Lola Montez muß recht stürmisch und letztlich einseitig verlaufen sein. Der Liszt-Biograph Guy de Pourtalès[70] berichtet, daß Liszt nach seinem Dresdner Aufenthalt noch ein paar Tage mit Lola Montez zusammen war. Bald gab es Unfrieden, Streit und Zank. Das Ende vom Lied war, Guy de Pourtalès zufolge, daß Franz Liszt zu einer genialen List griff oder, wenn man es mit Lola Montez' Augen sieht, zu einem schäbigen Trick. Er hat dafür gesorgt, daß Lola Montez ganze zwölf Stunden in ihremn Hotelzimmer eingesperrt wurde,

Dresden. 1856 von F. A. Oppenheim fotografiert

und auch noch Geld für den zu erwartenden Schaden zurückgelassen. Wenn man sich vor Augen hält, welcher Zornesausbrüche Lola Montez in späteren Jahren fähig war, so hätte es sich um eine recht beträchtliche Summe handeln müssen.

Nachdem sich beider Wege erst einmal getrennt hatten, schien Lola den Verlust des allseits umschwärmten Musikers aber doch nicht verschmerzen zu können. Wie später noch zu sehen sein wird, sollte es in Bonn zu einem skandalösen Nachspiel kommen.

Paris – ein Duell in der Hauptstadt des 19. Jahrhunderts

Als Lola Montez 1844 aus der deutschen Kleinstaaterei in der französischen Hauptstadt angekommen war, befand sie sich endlich da, wo sie ihre Vorliebe zum Unkonventionellen und auch ihre beruflichen Ambitionen bestens entfalten konnte. In Paris herrschte eine regelrechte Tanzwut, die besonders zur Karnevalszeit immer wieder orgiastische Ausmaße angenommen und als deren Organisator sich Philip Musard hervorgetan hatte. Zehn Jahre zuvor hatte man beispielsweise den Karneval der Einfachheit halber gleich um drei Wochen verlängert, um das Vergnügen auch bis zur allerletzten Neige auskosten zu können. Seit dieser Zeit ergötzte sich das frivole Publikum am Can-Can, einem Quadrille-Tanz, der ursprünglich aus Algerien gekommen war. Das Publikum war verwöhnt und somit kritisch. Natürlich konnte sich Lola Montez sicher sein, daß sie hier wieder einmal an der Wiener Tanzkünstlerin Fanny Elßler gemessen werden würde, die ein Alexandre Dumas in seinem Roman *Les Mohicans de Paris* bereits unsterblich gemacht hatte.

Paris war für Lola auch insofern ein besonders geeignetes Pflaster, als es hier zuhauf wohlhabende Mäzene und künstlerisch begabte Förderer gab, die sich liebend gern auf ambitionierte Tänzerinnen und Schauspielerinnen einließen. Die alte Mätressenwirtschaft des 18. Jahrhunderts hatte jetzt ein bürgerliches Fundament erhalten. Im Pariser Jargon hatten sie jetzt auch einen neuen Namen erhalten. Man nannte sie *les horizontales,* die Horizontalen. Was früher eine Madame de Pompadour oder eine Dubarry war, das war jetzt Madame Schneider oder Madame Lachman. Mit seiner *Nana,* für die ihm Blanche d'Antigny zum Vorbild gedient hatte, beschrieb Emile Zola in späteren Jahren noch sehr eindringlich den unermeßlichen Luxus, zu dem es ehemalige Schauspielerinnen und Tänzerinnen mit Hilfe ihrer Galane bringen konnten.

Paris, die Hauptstadt des 19. Jahrhunderts, wie sie später Walter Benjamin nannte, strahlte. Unter dem Bürgerkönig Louis

Philippe war besonders das bürgerliche Paris zu einem nie gekannten Aufschwung gekommen. Louis Philippes Außenminister Guizot hatte der Epoche auch den einprägsamen Wahlspruch »Enrichissez-vous!«, »Bereichert euch!«, mitgegeben. Für die Neureichen und für die, die schon immer reich waren, wurde das Leben zu einem einzigen Fest.

Berühmtheiten wie Balzac, Dumas, Hugo, Musset oder Sue gaben den Salons der Rothschilds, Girardins oder Montpeniers zusätzlichen Glanz. Die Champs-Élysées hatten sich zu einem schillernden Mittelpunkt der Geldaristokratie entwickelt. Das neu erbaute Hôtel de Ville war zum prunkvollen Aushängeschild der Stadt geworden. An der Seine waren repräsentative Paläste entstanden.

Der Gestank aus der Abdeckerei von Montfaucon war Welten entfernt. Das andere Paris der Tagelöhner, kleinen Händler und Wäscherinnen war in den Salons und auf den von Gaslicht bestrahlten Boulevards nur aus den Schauerromanen von Eugène Sue oder Victor Hugo bekannt. Es war dies das Paris, wie es noch Jules Janin erlebt hat: »Es gibt in Paris Orte, die nur der Flaneur kennt, abstoßende Durchgänge, Labyrinthe, Ruinen, Anwesen, in denen alle Diebe der Stadt hausen. Das nächtliche Paris ist ab-

Paris. Hôtel de Ville. 1855 von Edouard Baldus fotografiert

scheulich. Dann kommt die im Untergrund lebende Bevölkerung zum Vorschein.«[71]

Es sollte nur noch bis zum Jahr 1848 dauern, und dann kam dieses andere Paris auch bei hellem Tageslicht zum Vorschein.

Lola Montez war in dieser Stadt mit den zwei Gesichtern vorerst bestens aufgehoben. Ihr auf zweifelhafte Weise gewonnener Ruf, aber auch der Beistand eines Joseph Méry halfen ihr bald weiter, die Neugierde der Salons und Cafés zu erregen. Diesmal waren es keine Grafen und Fürsten und auch keine Provinzpotentaten, Könige und Zaren. Es waren Geistesfürsten wie Honoré de Balzac, Théophile Gautier oder Eugène Sue, die im *Café de Paris* zu Bewunderern ihrer Schönheit wurden.

Möglicherweise klingt es sonderbar, daß eine Skandaltänzerin, die in Warschau noch dadurch aufgefallen war, daß sie dem versammelten Publikum ihr Hinterteil gezeigt hatte, so schnell Zugang zur geistigen Elite des damaligen Frankreich fand. Selbst die Zeitgenossen, die ihr nicht wohlgesonnen waren, kommen aber nicht umhin, ihren scharfen Verstand herauszustellen. In der Biographie ihres späteren Todfeindes August Papon wird beispielsweise folgendes konzediert: »Wenn sie auch durch ihre ungewöhnlichen, von ihren Verehrern als einzig bezeichneten Geisteskräfte, durch ihren ungewöhnlich scharfen Verstand imponierte, und wohl auch Männerherzen bezauberte...«, worauf allerdings noch eine ausführliche Darstellung ihrer Nachteile folgt, »so legte man ihr doch zwei Dinge zur Last, die eine steigende Abstoßung förderte, namentlich übermäßige Leidenschaftlichkeit, vorzüglich im Zorne, und einen vorwiegenden Hang zur Gewinnung eines Einflusses im Staatsleben.«[72] Gustave Claudin ist sie für ihre Pariser Tage hauptsächlich wegen ihrer Schönheit in Erinnerung geblieben: »Lola Montez war eine Verführerin. Sie hatte in ihrer Person etwas anziehend Provozierendes und Sinnliches. Sie hatte eine weiße Haut, wallendes Haar, ungebändigte und wilde Augen und einen Mund, den man nur mit einem Granatapfel vergleichen konnte. Fügen Sie noch eine Taille hinzu, die verrückt machte, reizende Füße und eine vollendete Grazie. Leider hatte sie aber als Tänzerin keinerlei Talent.«[73] Bei Alexandre Dumas war es aber nicht nur Bewunderung, sondern auch ein leichter Schauder, der ihn später zu prophetischen Worten hinriß. Er war der Ansicht, daß Lola Montez den bösen Blick habe und jedem Mann Unglück bringen würde, der sein Schicksal an ihres kettet.

Hervorzuheben ist die flüchtige Bekanntschaft mit einer anderen Pariser Geistesfürstin, die in ihrem Selbstverständnis Lola Montez nicht unähnlich gewesen sein dürfte. Aurore Dupin, die unter dem Künstlernamen George Sand bekannt geworden ist. Beide einte nicht nur die Tatsache, daß sie ein kurzes Verhältnis mit Franz Liszt gehabt hatten. Sie zeichneten sich auch dadurch aus, daß sie in extremem Maß von den damals vorgezeichneten Frauenrollen abwichen.

George Sand hatte schon 1832 mit der Veröffentlichung ihres ersten Romans, *Indiana,* die gottgewollte Unterordnung der Frau unter den Mann radikal in Frage gestellt. Mit fast hundert Erzählungen und Romanen, die darauf folgten, konfrontierte sie die ganze Welt mit ihren emanzipatorischen Gedanken. Die Ideen und Geschehnisse, die sie schriftstellerisch umsetzte, waren aber kein Produkt theoretischer Reflexion. Sie waren autobiographisch eingefärbt und stammten geradewegs aus dem skandalösen Leben einer Frau, die der Nachwelt vor allem dadurch in Erinnerung geblieben ist, daß sie Männerkleider trug, Zigarren rauchte und zahlreiche Liebesaffären hatte – unter anderem mit Frédéric Chopin und Alfred de Musset.

Lola Montez war schon rein äußerlich George Sand ähnlich. Auch sie war sehr exzentrisch gekleidet und hatte schon längst damit begonnen, in aller Öffentlichkeit dicke Zigarren zu rauchen. Daß eine Dame vor aller Welt eine Zigarre schmaucht, war damals jedoch unerhört. Aber wie schrieb im Jahre 1844 die scharfsichtige und scharfzüngige Delphine de Girardin? »Man könnte ein ganzes Buch mit folgendem Titel machen: *Über die Emanzipation der Frauen durch die Zigarre.* Dieses Buch würde den Nutzen der Arbeit verständlich machen, von der wir gerade sprechen. Wir halten zwar nicht viel von den Frauen, die die Angelegenheiten selbst in die Hand nehmen wollen. Aber da sie nun einmal dazu aufgerufen sind, sie in die Hand zu nehmen, sollten sie sich auch darauf verstehen.«[74] Lola Montez verstand sich darauf. Die glimmende Zigarre in ihren feinen Händen gehörte bald genauso zu ihrem Markenzeichen wie die Reitpeitsche.

Lola hat zeitlebens die Aufmerksamkeit ihrer Mitmenschen erregt. Es ist ihr nie besonders schwergefallen, mit ihren berühmten Zeitgenossen in Kontakt zu kommen. Ein weiterer Zeitgenosse, den sie in Paris kennenlernte, war der von der katholischen Kirche abgefallene und von George Sand umschwärmte Abbé Félicien de Lamennais. De Lamennais hatte sich mit Papst Gregor XVI. überworfen, weil dieser die russische Unterdrückung des katholischen Polens stillschweigend geduldet hatte. Als Lola de Lamennais kennenlernte, hatte er sich längst republikanischen Kreisen zugewandt und war zu einem erbitterten Gegner der katholischen Amtskirche und insbesondere der Verquickung von Staat und Kirche geworden. Lola Montez ist durch de Lamennais nachhaltig in ihrer Meinung gegenüber der katholischen Amtskirche geprägt worden. Und als dann eines Tages die Jesuiten leibhaftig vor ihrer Tür standen, um sie in eine Intrige einzuspannen, richteten sich ihre Wutausbrüche zum ersten Mal auch ganz direkt gegen die katholische Kirche und insbesondere gegen die Jesuiten.

Es ging um den russischen Grafen Medern, einen Verehrer von Lola Montez. Die Jesuiten hatten nämlich den Ehrgeiz entwickelt, ihn zum katholischen Glauben zu bekehren. Das dabei verfolgte Ziel war, auch im orthodoxen Rußland Fuß zu fassen. Als Mittel der Missionierung dachten die Jesuiten ausgerechnet an die skandalträchtige Lola Montez, die Medern sehr nahestand. Natürlich sagte Lola zu diesem Ansinnen nein, aber sie ging noch weiter. Ein anderer Zeitgenosse, General von Heideck, berichtet, daß sie daraufhin sogar beim Außenminister Guizot vorgefahren sei, um sich über die Intrige zu beschweren. Was damals noch eine Anekdote war, sollte aber fatale Folgen zeitigen. Es war der Anfang für Lolas lebenslangen Haß gegen die Jesuiten, der sich noch zu schierem Verfolgungswahn steigern sollte. »Es waren schon mehrere Bekehrungen russischer Edelleute vorgekommen und in Petersburg übel aufgenommen worden«, schreibt von Heideck. »Einige Zeit darauf wurde der Orden in Frankreich fortgeschickt. Lola aber, deren Revelation wohl diese Maßregel nicht verursacht, aber vielleicht einen Tropfen mehr ins volle Maß geschüttet hatte, wurde von nun an als Feindin des Ordens angesehen ...«[75] Der lebenslange Haß und Verfolgungswahn beruhte also auf Gegenseitigkeit.

Bevor ihr aber die Jesuiten zu schaffen machen konnten, genoß Lola Montez ihre Tage in Paris. Dies war der Ort, wo sie vermutlich ihre glücklichsten Monate erlebte. Sie war die Geliebte von Alexandre Henri Dujarier geworden, dem einflußreichen Redakteur der republikanisch gesinnten Zeitung *La Presse,* wo auch die damals vielbeachtete Delphine de Girardin schrieb. Dujarier hatte Anteile an dieser Zeitung und war gerngesehener Gast der literarischen Zirkel, zu denen dann auch Lola Montez Zugang fand. Dujarier entwickelte immer mehr Interesse an der spanischen Tänzerin. Letztendlich war die eigenwillige Schöne mehr als nur seine Mätresse, sondern seine Geliebte geworden. Anfang 1845 war von Heirat die Rede. Méry und Dumas sollten das Brautpaar auf ihrer Hochzeitsreise in die angebliche Heimat Lolas, Spanien, begleiten.

Auch wenn sie ihre Liebe zu Dujarier nicht davon abhalten konnte, anderen Herren, etwa besagtem Graf Medern, schöne Augen zu machen, und umgekehrt Dujariers Flirts sogar aktenkundig wurden, so hat Lola sich doch nur an eine Zeit vollendeter Liebe erinnert: »Dujarier verbrachte fast jede Stunde, die er sich von seinen Redakteurspflichten absparen konnte, bei Lola Montez ... Und während sie und Dujarier politische Entwürfe machten, verliebten sie sich und wollten sich sofort verheiraten.«[76]

Dujarier war vermutlich auch Zeuge gewesen, als sie unmittelbar nach ihrer Ankunft Zugang zur berühmtesten Bühne von Paris hatte. Lola Montez hatte am 30. März 1844 zwischen den Akten der Oper *Il Lazzarone* ihr Debüt auf der Bühne der Pariser Oper. Aber selbst ihre einflußreichen Freunde konnten nicht verhindern, daß der Auftritt der vor Ehrgeiz leicht verkrampften Tänzerin vor einem verwöhnten Publikum zum Reinfall wurde. Am nächsten Tag mußte Lola dann im *Courier des Théâtres* aus der Kritik von Charles Morice folgendes entnehmen: »Ist Mlle. Lola Montès wirklich Spanierin? Wir erlauben uns, daran zu zweifeln. Ihre Aufführung erinnert eher an die eines Gardesoldaten. Wenn wir den Geschichten über sie glauben können, etwa ihrem mit der Reitpeitsche ausgetragenen Kampf mit der preußischen Polizei, dann ist ihr Platz viel eher in einem Pferdestall als auf den Brettern der Oper.« Um etwas mehr Objektivität bemühte sich drei Jahre später am 14.11.1847 der Theaterkritiker der *Tribune Dramatique,* der sich an folgendes erinnern konnte: »... in Deutschland, unter dem Schutz von Liszt, scheute sie dieses laute und nebensächliche Glück, das man Ruhm nennt. Später in Paris wurde sie wegen ihrer Schönheit und ihres Esprit beneidet und konnte sich nur auf ihre fast männliche Energie verlassen, wobei sie nicht das gleiche Glück hatte. Die Offenheit ihrer Allüren, die sich bis in den Ausdruck ihres Tanzes abzeichnete, riefen ebenso viel Haß hervor wie ihre persönlichen Qualitäten Neid entstehen ließen.«

Lola Montez war am berühmtesten Opernhaus der damaligen Welt durchgefallen. Wenn sie schon nicht erstklassig sein konnte, dann wollte sie aber zumindest zweitklassig sein. Sie brachte es nach ihrem Debakel fertig, im 11. Arrondissement im Théâtre de la Porte-Saint-Martin ein Engagement zu erhalten. Von Garvani gestaltete Lithografien mit dem Konterfei der Tänzerin prangten an den Wänden. Lola gab Proben ihrer Spanischen Tanzkünste, ohne allerdings sonderlich großen Zuspruch zu finden. Bald kam sie zur Überzeugung, daß sie ihrem geringen Bekanntheitsgrad in Paris mit anderen Mitteln nachhelfen müsse. Also machte sie das Theater wieder einmal zum Ausgangspunkt eines Skandals.

Paris. Die Oper. 1865 von Achille Quinet fotografiert

Lola entschloß sich in der Garderobe des Théâtre de la Porte-Saint-Martin nämlich zu einem Schritt, der selbst die an orgiastische Feste gewöhnten Pariser außer Fassung brachte. In einer Zeit, als sich die Damen in taillenbetonende Fischbeinkorsetts zwängten, hochgeschlossene Kleider trugen, das Haar hinter Häubchen verbargen und die Beine unter großen weiten Röcken und vielen Unterröcken versteckten, trat in Paris eine Frau mit langem schwarzem Haar auf die Bühne. Ihr nur knielanger Ballettrock ließ die Waden frei. Das Dekolleté enthüllte ihre Schultern und den Ansatz ihrer Brüste. Dies alles wäre in Paris noch tragbar gewesen. Völlig unfaßbar war aber, daß sie unter ihrem Ballettkleidchen nicht einmal das übliche Trikot trug. Lola Montez war darunter nackt. Für damalige Augen war sie ganz nackt. Das hatte es selbst in Paris noch nicht gegeben.

Lola Montez wurde sofort zum Stadtgespräch von Paris. Der damalige Skandal ist beispielsweise in den Erinnerungen von Alfred Delvau noch sehr anschaulich präsent: »Ohne Trikot! Welche Schande! Bei den unsterblichen Göttern! Was hätte der so tugendhafte M. de Larochefoucauld gesagt, der die Kleider der Tänzerinnen der Oper um einen ganzen Fuß verlängert hatte ... Und es geschah in der Porte-Saint-Martin, wo die Übertretung der Polizeigesetze und der einfachsten Regeln des Anstands stattfand ... Dennoch applaudierten die glatzköpfigen und auch die behaarten Ehrenmänner des Orchesters der Porte-Saint-Martin der Tänzerin ganz beherzt zu. Wenn das die Burschen aus der dritten Reihe hätten sehen können, wie hätten sie gejohlt. Man sprach noch tagelang von dieser Ballett-Revolution, man entflammte für oder auch gegen sie, und schließlich gelangte auch ihr bisher unbekannter Name über die Rampe und über den Saal hinaus und wurde zum Mittelpunkt der Gespräche auf den Boulevards. Zweifellos war es das, was Mademoiselle Lola Montez gewollt hatte.«[77]

Dennoch sollte ihr mit ihrer Tanzkunst in Paris kein Erfolg mehr vergönnt sein. Und auch die Idylle mit Dujarier sollte nach ungefähr einem Jahr zu einem Ende kommen. Im März 1845 fand ein schicksalhaftes Abendessen statt. Alexandre Dumas, Roger de Beauvoir, Arthur Bertrand, Anaïs Lhévienne und auch Alexandre Dujarier und Rosemond de Beauvallon trafen sich unter den Arkaden des Palais Royal, im Restaurant *Les Trois Frères Provencaux*. Lola Montez war nicht dabei. Das Essen war arrangiert worden, um Dujarier mit Beauvallon zu versöhnen. Beide waren erbitterte Gegner. Dujarier war, wie gesagt, Redakteur der republikanischen *La Presse*, Beauvallon beim gegnerischen monarchistischen und bonapartistischen *Le Globe*. Noch dazu hatte *La Presse* dem *Le Globe* immer mehr Abonnenten abspenstig gemacht. Das Treffen nahm bald eine Wendung, die nicht beabsichtigt, aber dennoch vorauszusehen war. Dujarier fiel schon einmal nichts anderes ein, als mit der Vaudeville-Tänzerin Anaïs Lhévienne einen heftigen Flirt zu beginnen, um ihr schließlich anzukündigen, daß auch sie binnen kurzem seine Mätresse werden würde. Auf die entrüstete Antwort von Anaïs Lhévienne und auf das Einschreiten von Roger de Beauvoir hin blieb Dujarier nur noch übrig, sich in aller Form bei der Dame zu entschuldigen. Im Lauf der Nacht nahmen aber die Spannungen, wohl auch unter dem Einfluß des konsumierten Weins und Champagners, weiter zu.

Man entschließt sich, Karten zu spielen. Dujarier und Beauvallon lassen es sich nicht nehmen, zu gleichen Teilen die Einsätze für die Bank zu übernehmen. Dujarier verliert immer mehr. Am Ende kommt es zum Streit angesichts von Dujariers enormen Spielschulden. Beleidigungen gehen hin und her. Beauvallon beschuldigt Dujarier des unehrenhaften Verhaltens beim Kartenspiel.

Nach dieser verhängnisvollen Nacht kommt es am nächsten Tag zum Eklat. Im Redaktionsbüro von Dujarier erscheinen Comte de Flore und Victome d'Ecquevillez. Sie stellen sich als Sekundanten von Beauvallon vor, der Dujarier für den 11. März 1844 zum Duell im Bois de Bologne herausfordert.

Dujarier bleibt nichts anderes übrig, als sich bereitzuhalten. Er bestellt seinerseits die Sekundanten Charles de Boignes und Arthur Bertrand und zieht auch noch Alexandre Dumas' Sohn ins Vertrauen, der den im Gegensatz zu Beauvallon in Waffenhändeln völlig unerfahrenen Dujarier beschwört, den Degen zu nehmen. Dujarier läßt sich aber nicht davon abbringen, die ihm genausowenig vertrauten Pistolen zu wählen. Für Lola läßt er noch folgenden Brief zurück: »Meine liebe Lola, ich werde jetzt mit Pistolen kämpfen. Deshalb bin ich auch heute morgen nicht zu Dir gekommen. Ich brauche meine ganze Ruhe. Um zwei Uhr wird es vorbei sein. Tausend Küsse ...«[78] Seiner Mutter schreibt er: »Meine liebe Mutter, wenn Dich dieser Brief erreichen sollte, bin ich entweder tot oder schwer verletzt. Ich werde morgen mit Pistolen kämpfen: das hat mit meiner Position zu tun und ich akzeptiere das auch als Ehrenmann ... Es geht um meine Ehre, und wenn Du, meine liebe Mutter, Tränen vergießen mußt, dann wirst Du sie lieber über einen Dir würdigen Sohn als über einen Feigling vergießen.«[79]

Am Morgen eines kalten Märztages hat Dujarier im Bois de Boulogne den ersten Schuß. Er trifft daneben. Beauvallon hat den zweiten Schuß. Er trifft Lola Montez' Liebhaber tödlich.

In der Mitte des 19. Jahrhunderts waren Duelle zwar nicht unbekannt, sie waren aber auch nicht an der Tagesordnung oder von Gesetzes wegen vorgesehen. Beauvallon blieb recht wenig von seinem Triumph über Dujarier. Er mußte nach Spanien fliehen, und als er über die Grenze zurückgekommen war, wurde ihm im Palais de Justice in Rouen der Prozeß gemacht. Besonderen Stellenwert hatte dabei, daß Beauvallon beim Duell seinen Gegner bei beißender Kälte eineinhalb Stunden im Bois de Boulogne hatte warten lassen. Zum zweiten stellte sich heraus, daß die Duellpistolen von Beauvallon entgegen der Regel schon vorher benutzt worden waren. Ein Ehrenhandel also mit sehr unehrenhaften Hintergründen, die dem völlig unerfahrenen Dujarier nur sehr wenig Chancen gelassen hatten. Allerdings schaffte es sein Verteidiger Berryer, daß Beauvallon wegen Totschlags nur zu einer Wiedergutmachung in Höhe von 20 000 Francs für Dujariers Mutter verurteilt wurde.

Es war einer der aufsehenerregendsten Prozesse der damaligen Justizgeschichte. Fast alles, was auf den Pariser Boulevards Rang und Namen hatte, war zugegen. Alexandre Dumas mußte in den Zeugenstand treten. Schließlich trat Lola Montez auf. Ganz in Schwarz gekleidet, gab sie bei der Angabe ihrer Personalien folgendes zum besten: »Lola Montez. 21 Jahre alt, dramatische Künstlerin.«[80] Zum Vorspiel des Duell konnte sie zwar nicht viel mehr erklären, als daß sie im *Restaurant Les Trois Frères Provencaux* nicht zugegen gewesen sei. Wenn sie aber vom Duell erfah-

Blick von Notre Dame auf Paris. Von Charles Nègre 1851 fotografiert

ren hätte, dann hätte sie es verhindert. Wie sie das hätte bewerkstelligen wollen, wurde sie dann vom Richter gefragt. Lola: »Ich hätte mich selbst auf den Kampfplatz gestellt, wenn es hätte sein müssen. Ich hätte lieber mit meiner Person bezahlt.«[81] Später hat sie dann noch behauptet, Dujarier hätte ihr fast sein ganzes Vermögen vermacht, worauf sie aber großzügigerweise verzichtet und alles seiner Familie überschrieben hätte.[82]

Obwohl diesmal vollkommen unschuldig, war Lola Montez wieder einmal in einen Skandal verwickelt. Die eigentlichen Zusammenhänge gerieten allmählich in Vergessenheit, aber unvergeßlich blieb der Öffentlichkeit, daß ihr Name im Zusammenhang mit einem Duell und einem erschossenen Geliebten stand. Die Tage von Paris waren vorbei. Das kleine liebliche Ding aus Indien hatte sich im Lauf ihrer Tournee durch ganz Europa zu einer exzentrischen Persönlichkeit entwickelt, die wegen ihrer Skandale überall bekannt geworden war. Gerade vierundzwanzig Jahre alt, kannte sie so viele Länder und Menschen und hatte so extreme Situationen durchlebt, daß sie selbst altgedienten Diplomaten und hohen Staatsmännern imponieren mußte. Ihre Vergangenheit muß in der ›guten alten Zeit‹ eine unerhörte Herausforderung dargestellt haben. Es dürfte nur wenige gegeben haben, die sich mit ihren bisherigen Erfahrungen messen konnten.

Ein Geheimnis von Lola Montez war ganz einfach ihre völlig aus dem Rahmen fallende und den meisten Kontinentaleuropäern unfaßbare Biographie, die sie – eigentlich unnötigerweise – nochmals in hochstaplerischer Absicht stilisierte. Zu dem Dunkel, das ihre Person umgab, hat es dann bestens gepaßt, daß die Schönheit durch die Bevorzugung schwarzer Kleidung ebendieses Dunkel auch äußerlich signalisierte. Mit Lola Montez war ein Nimbus verbunden, der weit über dem Denkhorizont ihrer meisten Zeitgenossen lag und sie für viele Männer nur um so begehrenswerter machen mußte. Dies gab ihr wiederum Freiheit, ohne Rücksicht auf die gegebenen Konventionen ihr exzentrisches Wesen voll auszuleben, wobei sie aber immer wieder so weit ging, daß ihre Mißachtung der gegebenen Konventionen zum Skandal geriet und für sie ein ums andere Mal kein Bleiben war.

Bonn und Baden-Baden – Skandal, Skandal!

Schon vor dem Prozeß im März 1846 hatte Lola Montez von Paris aus eine Reihe von Reisen in Richtung Deutschland unternommen. Im August 1845 stattete sie Bonn einen denkwürdigen Besuch ab.

Vom 10.–12. August 1845 fand in Bonn ein imposanter Festakt statt. Königin Viktoria von England, Prinzgemahl Albert, König Friedrich Wilhelm IV. von Preußen, der österreichische Erzherzog Friedrich, die Komponisten Giacomo Meyerbeer und Hector Berlioz, Alexander von Humboldt – um nur die wichtigsten Namen zu nennen – waren zugegen. Es ging um die Enthüllung des Denkmals für eine mindestens genauso berühmte Person: Ludwig van Beethoven. Die Seele des Ganzen war ausgerechnet Franz Liszt, der sich schon seit Jahren für ein Beethoven-Denkmal eingesetzt hatte. Als es 1845 nicht zuletzt dank seiner finanziellen Zuwendungen soweit war, sorgte er nicht nur für das angemessene musikalische Beiwerk, indem der gebürtige Ungar Beethovens Symphonien auch für die ihm eher mißgünstigen

Königin Viktoria und ihr Kammerdiener John Brown. Aufnahme aus dem Jahr 1863

Deutschen zur glanzvollen Aufführung brachte. Er kümmerte sich ebenso um Organisation und bauliche Maßnahmen.

Wenn dies auch nicht Liszts Schuld war, so haperte es dann doch genau am organisatorischen Umfeld. Als das Denkmal enthüllt wurde, mußten Königin Viktoria und König Friedrich Wilhelm feststellen, daß sie von ihrem Platz aus nur das Hinterteil von Beethoven sehen konnten. Dann verspäteten sich die Majestäten auch noch um viele Stunden bei den Musikaufführungen, weshalb das Publikum bei hochsommerlichen Temperaturen ebenso viele Stunden warten mußte. Am launischsten erwies sich die englische Königin Viktoria, die den zu Anfang noch herzlichen Beifall des Volkes ungerührt an sich abgleiten ließ, für den Bau des Kölner Doms gerade noch eine Spende von 500 Pfund übrig hatte und im übrigen eine ›königlich-englische‹ Kuh mitgebracht haben soll, da sie angeblich gegenüber preußischer Milch sehr skeptisch war.

Lola Montez war es vorbehalten, noch mehr Aufsehen als Königin Viktoria zu erregen. Nicht nur von den hohen Zelibritäten, sondern vor allem von Franz Liszt angezogen, war auch sie in den Augusttagen von 1845 auf der Rheinpromenade anzutreffen. Sie gab sich als zweite Soubrette von der Pariser Oper und als Freundin von Liszt aus. Ihren Zeitnossen fiel sie vor allem durch Aussehen und Auftreten auf: »Ohne daß man dort (im Bonner Gasthof zum Stern) etwas von ihr wußte, fiel sie dort durch ihre fremdartige Erscheinung und provozierendes Wesen besonders auf. Obgleich von kleiner aber sehr zierlicher Statur und in äußerst einfacher, fast armseliger schwarzer Kleidung, mußte sie mit ihrem dunkel wallenden Haar, mit ihren feurigen Augen, und ihren in südlicher Gluth strahlenden Blicken Jedermann auffallen, und zwar um so mehr als sie sich ganz allein befand.«[83]

Die meisten Blicke zog sie dann aber beim zentralen Diner im Festzelt auf sich. Obwohl sie keine Eintrittskarte besaß, hatte sie es als einzige Frau schon einmal geschafft, Zutritt zu den vielen hundert männlichen Ehrengästen zu erhalten. Dem ihr auch nach Bonn nachgeeilten Ruf der ›Skandaltänzerin‹ blieb sie vor allem anläßlich von Liszts Toast auf die versammelten Gäste treu.

Liszt hatte nämlich vergessen, neben Engländern, Holländern und Österreichern auch die angereisten Franzosen hochleben zu

Lola Montez um 1845. Zeitgenössische Lithographie

lassen. Darauf ergab sich geharnischter Protest der versammelten Franzosen. Schmähungen gingen hin und her. Und als sich im Tumult Professor Wolff mit versöhnenden Worten Gehör verschaffen wollte, griff endlich Lola Montez ein. In den Lebenserinnerungen des damaligen Justizreferendars Karl Schorn hört sich das so an: »Da geschah denn das Unglaubliche, daß die in der Mitte des Saales placierte Lola mit der kecken Gewandtheit einer Tänzerin zwischen Flaschen und Gläsern auf den Tisch sprang, und heftig gestikulierend dem Prof. Wolff zurief: ›Parlez donc, Monsieur Wolff, parlez donc je vous en prie‹ u.s.w. ›Hurrahs und Bravos‹ folgten diesem, alles bisherige in den Schatten stellenden frech-komischen Auftreten der kühnen Halbweltdame und unsre Kölner Gesellschaft ... ließ ihrem kölnischen Humor die Zügel schießen und erging sich in allerhand Scherzen über die tolle Scenerie. Dagegen erhob sich nun ein gewaltiger Sturm der nicht an Kölnische Ausgelassenheit gewöhnten Umgebung; es ertönten Rufe ›Hinaus‹, und man sah schon drohende Arme in der Luft; kurz es entstand ein solcher Tumult und solch betäubender Lärm im Saale, wie man es sonst in einer gebildeten, festlichen Gesellschaft nicht für möglich gehalten hätte.«[84]

Glücklicherweise brach aber dann ein Gewittersturm über die im Festzelt versammelten Franzosen, Holländer, Österreicher und Deutsche herein, worauf sich alle mehr um das leibliche als um das nationale Wohl sorgten.

Ein anderes internationales Pflaster war im damaligen Deutschland das mondäne Baden-Baden. Lola Montez war hier in den Jahren 1845/46 mindestens zweimal zu bewundern. Ein Einwohner von Baden-Baden hat seine Eindrücke über die fremdartige Schönheit so zusammengefaßt: »Wer ist in den letzten Tagen und Wochen nicht dem Namen Lola Montez in den Zeitungen begegnet? Wer hat ihn nicht aus der Conversation der Kaffeehäuser und sonstiger Gesellschaften herausgehört ... Jene mächtigen Haare, die tiefblauen Augen, die kühn geschwungenen Augenbrauen, die zierliche, gehobene Gestalt lockte allzeit einen Kreis von Bewunderern um sie, sie mag am Spieltisch leichtfertig das Gold ausstreuen, oder im dunklen Reitkleid mit wehendem Schleier hoch zu Roß durch die Lichtenthaler Allee, oder fort zu den Hetzjagden fliehen.«[85]

Das Ende vom Lied las dann auch ein bayrischer König zwei Jahre später im Februar 1847 in der *Mannheimer Rheinzeitung*, Nr. 28, nach, wobei er sich glücklicherweise vergewissern konnte, daß diese Zeitung in München ansonsten nicht mehr auflag:

»Münchner Korrespondenten nehmen häufig eine ziemlich berüchtigte Weibsperson, die spanische Tänzerin Lola Montez, zum Gegenstand ihrer Berichte und rühmen sogar ihre feine Bildung ...
Hier in Baden-Baden wurde sie nach ihrem zweimaligen Erscheinen polizeilich ausgewiesen. Ihre Bildung mag man darnach messen, daß sie während einer Réunion vor zwei Jahren im Sommer einem der sie umkreisenden Herrn das eine Bein auf die Schulter schlug, um eine tour à force zu machen, und ein andermal im großen Saale für neben ihr sitzende Herrn ihr eines Bein über den Schenkel entblößte.« Letzteres geschah übrigens

Baden-Baden. Das Konversationshaus. 1858 von Adolph Braun fotografiert

deshalb, weil sie diesen Herren beweisen wollte, daß sie immer einen Dolch im Strumpfband mit sich führte.

Wieder einmal war für Lola kein Bleiben. Die Tänzerin besann sich auf ihre Talente, wobei ihre Anziehungskraft auf Männer ihr tänzerisches Können weit übertraf. Sie suchte wieder einmal ihr Glück in der Fremde und machte sich auf den Weg nach München.

München –
ein König wird im Sturm genommen

Als Gottfried Keller Anfang der 40er Jahre im biedermeierlichen München angekommen war, um das Studium der Malerei aufzunehmen, hatte er folgendes vor Augen: »Mit dem Sonnenuntergange des zweiten Tages erreichte ich das Ziel meiner Reise, die große Hauptstadt, welche mit ihren Steinmassen und großen Baumgruppen auf einer weiten Ebene sich dehnte ... Da glühten im letzten Abendscheine griechische Giebelfelder und gotische Türme; Säulenreihen tauchten ihre geschmückten Häupter noch in den Rosenglanz, helle gegossene Erzbilder, funkelneu, schimmerten aus dem Helldunkel der Dämmerung ... Steinbilder ragten in langen Reihen von hohen Zinnen in die dunkelblaue Luft, Paläste, Theater, Kirchen bildeten große Gesamtbilder in allen möglichen Bauarten, neu und glänzend, und wechselten mit dunklen Massen geschwärzter Kuppeln und Dächer der Rats- und Bürgerhäuser. Aus Kirchen und mächtigen Schenkhäusern erscholl Musik, Geläute, Orgel- und Harfenspiel; aus mystisch-verzierten Kapellentüren drangen Weihrauchwolken auf die Gasse; schöne und fratzenhafte Künstlergestalten gingen scharenweise vorüber, Studenten in verschnürten Röcken und silbergestickten Mützen kamen daher, gepanzerte Reiter mit glänzenden Stahlhelmen ritten gemächlich und stolz auf ihre Nachtwache, während Kurtisanen mit blanken Schultern nach erhellten Tanzsälen zogen, von denen Pauken und Trompeten herabtönten. Alte dicke Weiber verbeugten sich vor dünnen schwarzen Priestern, die zahlreich umhergingen; in offenen Hausfluren dagegen saßen wohlgenährte Bürger hinter gebratenen jungen Gänsen und mächtigen Krügen; Wagen mit Mohren und Jägern fuhren vorbei, kurz ich hatte genug gesehen, wohin ich kam.«[86]

Das war noch das München Carl Spitzwegs, die sprichwörtliche gute alte Zeit. Das öffentliche Leben vor den Fassaden der engen, immer noch mittelalterlichen Häuser war von Handwerkern und Händlern geprägt, die sich abends in einfach eingerichteten Gaststätten versammelten. Tagelöhner und Arbeiter, die in der aufkommenden Industrialisierung immer mehr gebraucht wurden, etwa in der Lokomotivenfabrik Maffei, hatte man wohlweislich auf das andere Ufer der Isar, in die Vorstadt Au verbannt.

Die Polizei wachte mit strengem Auge über die Sittlichkeit der rund 90 000 Einwohner. Übereiltes Gehen, schnelles Reiten und sogar Tabakrauchen auf den Straßen waren bei Strafe verboten. Ein anderes waches Auge hatte der in München überall anzutreffende Klerus. Seit der ultramontan gesinnte Karl von Abel 1838 das Innenministerium fest in seine Hand genommen hatte, war sichergestellt, daß die katholische Kirche überall ein entscheidendes Wort mitzureden hatte. Für Gegner der Kirche und Gegner

Blick auf München. 1853/54 von Franz Hanfstaengl fotografiert

der Monarchie, für Republikaner oder gar Sozialisten war in Bayern seit dem Hambacher Fest und nach den anschließenden Kundgebungen im fränkischen Gaibach sowieso kein Platz mehr. Die einzigen Gefahren gingen eigentlich nur von der Cholera aus, die bei den unhygienischen Verhältnissen in München – der Abfall wurde einfach in die vielen Bäche oder gleich auf die Straßen geschüttet – periodisch immer wieder ihre Opfer fand.

Der Mann, der diesem biedermeierlichen Staatswesen vorstand, war König Ludwig I. Obwohl er vor 1830 liberale Züge hatte erkennen lassen, hatte er sich seit der Juli-Revolution immer mehr zu einem pedantischen Autokraten entwickelt, der sich von morgens um sechs bis spät in die Nacht hinein in vielen, vielen Anweisungen auch um die winzigsten Angelegenheiten in seinem Königreich kümmerte. Die Obstbaumzucht Bayerns lag genauso in seinen Händen wie die Bestellung von Ministern. Er verfaßte die Inschriften der Denkmäler und scheute nicht einmal davor zurück, das Zehennägelschneiden seiner Königlichen Soldaten zu regeln. Auch die Umänderung der Schreibung von ›Baiern‹ in das von ihm als griechisch aufgefaßte ›Bayern‹ war das Werk des philhellenischen Monarchen gewesen. In seiner Regierungszeit hatte er es vor allem mit seiner Sparsamkeit fertiggebracht, den von Karl Theodor und Max I. Joseph übernommenen Staat aus totaler Verschuldung herauszuführen und stabile wirtschaftliche Verhältnisse zu schaffen.

Ludwig I. war kein vom Volk mit Herzen geliebter König – wie noch sein Vater Max Joseph. Aber unter das Volk mischte er sich schon. Nur im Straßenanzug ging er ohne Begleitung durch die Straßen und Gassen Münchens und fand auch immer wieder ein paar Worte für seine Untertanen. Hungernde, heruntergekommene Kinder schickte er zur Residenz, um sie dort verköstigen zu lassen. Daß den Passanten aber kein Demokrat, sondern ein Monarch entgegenkam, konnten am besten ahnungslose Fremde feststellen. Immer wieder geschah es, daß Neuankömmlingen zu ihrem Leidwesen von einem mittelgroßen, blatternarbigen Herrn mit dem Gehstock die Zylinder vom Kopf gefegt wurden. Es war der König, der bei seinen Ausflügen in andere soziale Schichten sehr wohl darauf bestand, daß alle Spalier standen und ehrerbietig den Hut vom Kopf zogen.

In einem Gedicht mit dem genauso schlichten wie bezeichnenden Titel *Ich* sah er sich so:

»Muß mich verschiedenen Kreisen gesellen,
Daß mannichfaltig ich werde erregt,
Auf des Lebens entströmenden Wellen
Bis in die Ewigkeit rastlos bewegt.

Gegensätze verschönern das Leben,
Geben ihm Würze und machen es reich.
Muß von dem Königsthron mich erheben,
Muß auch machen dem Bürger mich gleich.

Feurig muß das Leben mir schäumen,
soll es bekommen den Werth, der beglückt;
sehnen will ich und schwärmen und träumen,
Phantasie nur befriedigt, entzückt.«[87]

Seine besondere Liebe galt der Kunst, wo er sehr spendabel sein konnte. Hier lebte er gegenüber seiner gewöhnlichen Verwaltungstätigkeit die – wie er es sah – sein Leben verschönernden Gegensätze aus. Er fand Zeit, insgesamt vier Bände mit seinen Gedichten zu veröffentlichen – denen Heinrich Heine dann einen ›königlich bayrischen Partizipial-Stil‹ bescheinigte. Seine Liebe zur Kunst erstreckte sich aber auch auf viele andere Bereiche. Auf zahlreichen Reisen in den Süden hatte sich Ludwig von der italienischen Architektur und Malerei inspirieren lassen. In München und an den Ufern der Donau setzte er dann diese und andere Inspirationen um. Ludwig war von einer regelrechten Bauwut besessen. Er erweiterte das riesige königliche Schloß, die Residenz, um einige Anbauten und baute die nördlich an die Residenz angrenzende Straße mit Hilfe von Leo von Klenze und Friedrich von Gärtner zu einer Prachtstraße aus. Nach fast vierzigjähriger Bauzeit reichte sie schließlich von der Feldherrnhalle bis zum Siegestor und ist seitdem untrennbar mit seinem Namen verbunden – die Ludwigstraße.

Neben seiner Liebe zur Architektur frönte Ludwig noch einer anderen Leidenschaft. Der eher häßliche, auf Porträts immer geschönte König, dem ein Horn von der Stirn stand und der schon beim Wiener Kongreß dadurch aufgefallen war, daß er seine Schwerhörigkeit mit einer exaltierten Gestik und einer überlauten, noch dazu stotternden Stimme kompensierte, hatte ein Faible für schöne Frauen. Nur war dies nicht die Mätressenwirtschaft, die noch Karl Theodor am Ende des 18. Jahrhunderts betrieben hatte. König Ludwig I. hatte zu den vielen Schönen, die er in seinem Leben gekannt hatte, meist nur ein schwärmerisches Verhältnis. Sublime Erotik brachte ihn ›in Schwung‹. Er hatte schon bei seiner Heirat seine Ehefrau und spätere Königin Therese darauf hingewiesen, daß er auch weiterhin an anderen Frauen interessiert sein werde. Berichte über sexuelle Ausschweifungen sind allerdings nicht überliefert.

Das Münchner Siegestor mit Blick auf die Ludwigstraße. 1858 von Georg Böttger fotografiert

Arbeiten an einem Münchner Rundturm, nördlich der Frauenstraße. 1853/54 von Franz Hanfstaengl fotografiert.

Den Reiz weiblicher Schönheit hatte schon der Knabe bei Caroline Jagemann, der späteren Schauspielerin am Weimarer Hof, kennengelernt. In späteren Jahren setzte der König vielen der von ihm umschwärmten Frauen in seiner weltberühmt gewordenen Schönheitengalerie in Denkmal. Unter den ingesamt sechsunddreißig Damen, die hauptsächlich von Joseph Stieler gemalt wurden, ist vor allem die italienische Schelling-Übersetzerin Marchesa Marianna Florenzi hervorzuheben. 1829 war Ludwig ernsthaft in sie verliebt, hat sie auch immer wieder in Italien besucht und ihr schließlich an die 3000 Briefe geschrieben. In späteren Jahren entflammte er dann noch für die Sopranistin Karoline Lizius oder die Schauspielerin Konstanze Dahn. Umgekehrt bemühten sich die schönen Münchnerinnen sehr, von ihm einen Blick und möglicherweise einen Gunstbeweis zu erhaschen. Wenn Ludwig das Theater besuchte, dann gab es unter den jungen Damen immer wieder einen regelrechten Kampf um die Plätze, die im Blickfeld des Monarchen lagen.

Man schreibt den 7. Oktober 1846. Im schon herbstlichen München sitzt der mittlerweile 60jährige nachmittags vor dem Schreibtisch und geht seinem endlosen Tagwerk nach, indem er alle Akten sorgfältig studiert und daraufhin Anweisung auf Anweisung entweder selbst mit dem Federkiel schreibt oder sie seinem Sekretär diktiert. Schon längst war Ludwig I. zu Ohren gekommen, daß im Volk immer mehr Stimmen gegen seine Regentschaft laut würden. Durch die Mißernte von 1846 waren die Preise gestiegen, während andererseits Ludwigs Prachtbauten Unsummen verschlangen. Seine Italienreisen, seine erotischen Eskapaden standen in rechtem Widerspruch zur allseits geforderten Frömmigkeit. Vor einiger Zeit hatte Ludwig sogar Schmähschriften wie die folgende lesen müssen: »Vater unser, der du bist in Italien und Sizilien, und kommst nie in Dein Reich. Dein Wille geschehe weder im Himmel noch auf Erden, Bezahle unsere Schulden, wie wir die Deinigen bezahlen. Führe uns nicht in Versuchung durch Dahn und Lizius. Erlöse uns vom Übel Deiner Person.«[88]

Genau zu dieser Stunde bittet nun eine spanische Tänzerin um Audienz. Ludwig war schon vorher auf ihren Fall aufmerksam gemacht worden. Sie war am 5. Oktober in München angekommen, ohne irgendeinen Ausweis vorweisen zu können. Des weiteren war ihm zu Ohren gekommen, daß Lola Montez vom Intendanten des Hoftheaters abgelehnt worden war, als sie ihn um ein Engagement gebeten hatte. Auf seine Anfragen hatte ihm dieser Intendant, August von Frays, ›in aller Schuldigkeit, tiefster Ehrfurcht und Treue ersterbend‹ mitgeteilt, daß die Tänzerin – wie bereits zitiert – in Berlin und Warschau höchst unangenehm aufgefallen sei. Ludwig willigte ein, sie zu empfangen.

Die Türe öffnet sich. Lola Montez ist schwarz gekleidet, macht ihren obligaten Hofknicks und fragt Ludwig, ihre blauen Augen unentwegt auf ihn gerichtet, ob sie vor Münchner Publikum tanzen dürfe.

Die Audienz fand hinter verschlossenen Türen statt. Nähere Details stammen nur noch aus der Gerüchteküche. Demnach wäre Ludwig binnen kurzem sogar so hingerissen gewesen, daß er Lola schon bei dieser Audienz gefragt habe, ob das, was sich da unter ihrem Korsett verberge, auch wirklich echt sei. Entrüstet habe sie dann zum Brieföffner gegriffen, ihr Mieder aufgeschnitten und dem entgeisterten Monarchen eindringlich bewiesen, daß sie es nicht nötig hatte, ihren körperlichen Reizen künstlich nachzuhelfen.

Es ist auch gar nicht nötig, auf Details einzugehen. Ludwig stand seit dieser einen Stunde unverkennbar im Bann der Tänzerin. An einen seiner wenigen guten Freunde, den Freiherrn von der Tann, schrieb der König: »Ich kann mich mit dem Vesuv vergleichen, der für erloschen galt, bis er plötzlich wieder ausbrach. Ich glaubte, ich könnte nicht mehr der Liebe Leidenschaften fühlen, hielt mein Herz für ausgebrannt. Aber nicht ein Mann mit 40 Jahren, wie ein Jüngling von zwanzig, ja, comme un amoureux des quinze faßte mich Leidenschaft wie nie zuvor. Eßlust und Schlaf verlor ich zum Teil, fiebrig heiß wallte mein Blut. In des

König Ludwig I. Um 1848 von Franz Hanfstaengl fotografiert.

Himmels Höhen erhob es mich, meine Gedanken wurden reiner, ich wurde besser. Ich war glücklich, bin glücklich. Einen neuen Schwung hat mein Leben bekommen...«[89]

Keine Frage, daß Lolas Bitte positiv beschieden wurde. Noch am nächsten Tag schrieb Ludwig I. in seiner unverwechselbaren Diktion eine Anweisung an den Intendanten des Hoftheaters: »Noch heute ihr die Antwort zu eröffnen mit der Bemerkung, daß ich mich darauf freue, sie tanzen zu sehen.«[90] Die spanische Tänzerin konnte schon zwei Tage später, am 10. 10. während eines Zwischenakts von Johann von Plötz' Schwank *Der verwunschene Prinz* ihr Münchner Debüt geben. Ludwig ließ sich dafür sogar hinreißen, ihr ganze 50 Prozent vom Nettogewinn auszuzahlen, obwohl der Intendant von Frays sie schon beinahe auf 30 Prozent heruntergehandelt hatte.

Lola Montez. Porträt von 1847 von Josef Stieler

Die Posse, in der wiederum J. von Plötz' Schwank nur ein winziger Zwischenakt war, entsprach aber einem ganz anderem dramatischen Entwurf, dessen Muster längst erprobt war. Lola Montez war fest entschlossen, die Höhen und Tiefen ihres bisherigen Lebens auf Kosten eines liebestrunkenen alten Herren mit einem enormen Ausschlag nach oben fortzusetzen.

Die Dame, die anfangs im Nobel-Gasthof ›Bayrischer Hof‹ logiert und sich recht wenig um die obligatorischen Anmeldepflichten geschert hatte, sorgte bereits an ihren allerersten Tagen allein mit ihrer äußeren Erscheinung im München der Viktualienhändler, Roßhändler, Lohnkutscher, Schmiede und Schäffler für Aufmerksamkeit. Schon für den Tag nach der alles entscheidenden Audienz bei Ludwig erinnert sich Luise von Kobell an eine ungewöhnliche Schönheit: »Am 9. Oktober 1846 ging ich die Brienner Straße entlang. Da sah ich vor dem Bayersdorf-Palais eine schwarzgekleidete Dame, einen Schleier auf dem Kopf, einen Fächer in der Hand, des Weges kommen. Plötzlich funkelte mir etwas ins Gesicht. Ich blieb jählings stehen und betrachtete ver-

Lola zeigt Proben ihres tänzerischen Könnens. Zeitgenössische Straßburger Karikatur von B. Baltzer

wundert die Augen, die dieses Funkeln verbreiteten. So, dachte ich mir, müßten die Feen in den Märchen gewesen sein.«[91]

Und wiederum Luise von Kobell war Zeugin, als Lola Montez am nächsten Tag unter den Augen des Königs mit ihren spanischen Tanzkünsten ihre Münchner Premiere gab: »Lola Montez stellte sich inmitten der Bühne, nicht im Trikot, mit dem üblich kurzen Ballettröckchen, sondern in spanischer Tracht, mit Seide und Spitzen angetan, da und dort schimmerte ein Diamant. Sie blitzte mit ihren wunderbaren Augen und verbeugte sich wie eine Grazie vor dem König, der in seiner Loge saß. Dann tanzte sie Nationaltänze, wobei sie sich in den Hüften wiegte und bald diese, bald jene Haltung einnahm, voll unerreichter Schönheit. Solange sie tanzte, fesselte sie alle Zuschauer, die Blicke hafteten an ihren geschmeidigen Körperwendungen, an ihrer Mimik, die oft von glühendster Leidenschaft in die anmutigste Schalkhaftigkeit überging.«[92]

Für das Münchner Publikum, das sehr viel weniger kritisch als das verwöhnte von Paris war, folgte noch eine weitere Aufführung am 14. Oktober. Aber bald hatte es Lola nicht mehr nötig, die Gunst des Königs mit Aufführungen spanischer Tänze zu erwerben. Der sonst so herrische Ludwig I. lag der Irin längst zu Füßen. Nur sah er, auf Grund ihrer Angaben, in ihr etwas ganz anderes: nämlich eine Andalusierin mit leuchtend blauen Augen.

Schon nach wenigen Tagen hatte König Ludwigs Liebe zu einer in ganz Europa hauptsächlich durch Skandale bekannt gewordenen Tänzerin bis nach Italien Wogen geschlagen. Am 20. Oktober schrieb seine ehemalige Geliebte Marchesa Marianna Ludwig einen Brief, in dem sie ihn bat, bei seiner Verbeugung vor Lolas Schönheit auf der Hut zu sein, um dem zu befürchtenden Gerede zu entgehen. Aber zu dieser Zeit malte Hofmaler Stieler schon an einem neuen Bild, das später neben dem der schönen Marchesa Marianna hängen und zum größten Anziehungspunkt der Schönheitengalerie werden sollte.

Vierzig Jahre waren vergangen, seit Ludwig von einer geplanten Spanienreise durch die gerade ausbrechenden napoleonischen Kriege zurückgehalten worden war. Ausgerechnet in den Tagen vor Lolas Ankunft hatte er sich wieder intensiv mit spanischer Geschichte beschäftigt, und jetzt konnte er seine alte Liebe zu diesem Land gemeinsam mit einer Schönheit, die sich Maria de los Dolores Porry y Montez nannte, wieder auffrischen, indem sich beide gegenseitig die spanischen Klassiker vorlasen. Wieweit aber das Verhältnis dieses Mannes, der sich mit dem ausbrechenden Vesuv verglichen hatte, zu seiner neuen Liebe ging – darüber sind von neutraler Feder keine Unterlagen beizubringen. Was die finanzielle Seite betrifft – so ist das anders.

Der König hat sich nämlich mitnichten auf die Ratschläge von Marchesa Marianna und auch nicht auf viele noch folgende Ratschläge eingelassen. Anfang November zog er General von Heideck ins Vertrauen, fragte ihn erst einmal nebenbei, wie ihm die spanische Tänzerin gefallen habe. Noch eine Woche verging, bis es zu einem weiteren Treffen zwischen Ludwig, General von Heideck und Lola Montez kam. Dabei stellte sich heraus, daß Lola schon nach einmonatigem Aufenthalt in München Zugriff auf die Privatschatulle des Königs bekommen hatte. Sie selbst nämlich bat Heideck, für sie den Kauf eines Hauses aus dem Besitz von Gräfin Wahl in der Barerstraße in die Hände zu nehmen. Für die Einrichtung des Hauses dachte sie, die fast nur französisch sprach und dachte, an eine Summe zwischen 40 000 bis 50 000 Francs. Der in Staatsangelegenheiten so knickrige König bat Heideck im weiteren Verlauf des Abends seinerseits, sich um die Finanzen zu kümmern, da Lola mit Geld nicht umgehen könne.

Und dann dauerte es nur noch bis zum 20. November 1846, bis König Ludwig I. eine Änderung in seinem Testament vornahm, derzufolge Lola Montez im Fall seines Todes 100 000 Gulden und jährlich 2 400 Gulden Rente erhalten sollte, solange sie unverheiratet bliebe. Zu Lebzeiten ihres Galans hatte Lola aber auch so genug Unterhalt bezogen – jedenfalls bis 1848. Die Briefe[93] zwischen Ludwig und Lola bezeugen, daß es sich um 158 084 Gulden, also 4,5 Millionen Mark nach heutigen Preisvorstellungen, gehandelt hat.

Man halte sich die damaligen Einkommensverhältnisse vor Augen. Selbst Richter konnten jährlich nur über 600 Gulden verfügen, Maurer kamen auf höchstens 54 Kreuzer täglich, und für das Volksnahrungsmittel Bier mußten fünf Kreuzer ausgegeben werden. Zwei Jahre zuvor waren die Bierpreise sogar auf unerhörte sechs Kreuzer angehoben worden, worauf es postwen-

Ein Pas de deux. Zeitgenössische Karikatur auf Ludwig und Lola

dend zu einem der berühmten Münchner Bierkrawalle gekommen war.

Sicherlich sind die exakten Zahlen der Unterhaltskosten für König Ludwigs neue Liebe nicht an die Öffentlichkeit gekommen. Aber für jeden Münchner war es ganz eindeutig, daß Ludwig einen Teil seines Vermögens für eine ausländische Mätresse verpraßte. Noch viel zu gut war beispielsweise in Erinnerung, wie Ludwig einige Jahre zuvor den Münchner Magistrat damit erpreßt hatte, den Regierungssitz in eine andere Stadt zu verlegen – wenn dieser nicht sechs Siebtel zum Bau *seiner* Ludwigskirche zuzahlen würde. Weniger bekannt war wahrscheinlich, daß Ludwig die Stiftungsgelder, aus denen die bayerischen Lehrer bezahlt wurden, für nur 2 Prozent Zins verliehen hatte, damit in München endlich ein repräsentatives Hotel gebaut werden konnte. Die Folge war, daß zahlreiche der sowieso schon am Hungertuch nagenden Lehrer zur Aufbesserung ihrer Finanzen am damals entstehenden und auch schon damals als unnütz eingeschätzten Rhein-Main-Donau-Kanal arbeiten mußten.

Schon das Verhalten des gläubigen Katholiken und praktizierenden Geizlings Ludwig stellte einen Affront gegen seine Untertanen dar. Dies wurde durch das Verhalten seiner neuen Freundin aber noch um ein vielfaches verschlimmert.

Sie machte in München durch eine sehr eigenartige Verhaltensweise auf sich aufmerksam. Die Bayern waren ihr, wie sie es in Anlehnung an den bayrischen Dialekt ausdrückte, zu ›protzenhaft‹[94], also zu unkultiviert und roh. Diese Ansicht ist zwar damals und auch in späteren Zeiten von vielen Durchreisenden geteilt worden, selten dürfte jemand aber so reagiert haben wie Lola Montez. In den *Memoiren* hat sie ihre eigenartige Verhaltensweise freimütig so beschrieben: »Ich habe allerdings so manche Ohrfeige in meinem Leben ausgeteilt, – aber ich habe niemals ein Tagebuch darüber geführt, auch habe ich es nie versäumt, mir Quittungen über den Empfang geben zu lassen.«[95]

Mit Ohrfeigen traktierte Lola beispielsweise einen Münchner Tierarzt, nur weil er ihren Hund nicht so schnell heilen konnte, wie sich das Lola gewünscht hatte. Der nämliche Hund, ebenfalls ein Markenzeichen der Zigarren schmauchenden Tänzerin, war dann Anlaß einer weiteren Ausschreitung. Lola Montez gab einem Packknecht ein paar Ohrfeigen, weil er ihren Hund – übrigens ein riesiger Doggenmischling, die auf den Namen ›Turk‹ hörte – geschlagen hatte, als dieser seinen eigenen Hund anfallen wollte. Nachdem sie dort schon den Hausknecht ihre Peitsche hatte fühlen lassen, bekam auch noch der Wirt des ›Goldenen Hirschen‹ eine lolatypische Quittung ausgestellt. Als Anfang Februar 1847 die Faschingszeit anbrach, hatte sie sich vor den dortigen Festsaal gestellt und sich über die Gäste lustig gemacht. Der Wirt verbat sich dieses Verhalten, bekam seine Ohrfeige, worauf dann Lola auf der Stelle aus dem Haus geworfen wurde.

Anscheinend fühlte sich Lola wieder in die Tage ihrer kolonialen indischen Kindheit zurückversetzt – wie schon in Berlin. In Indien war die Verständigung mit den Untergebenen durch Prügel statt Argumenten an der Tagesordnung gewesen. Allerdings war München nicht Kalkutta. So war es in vieler Hinsicht ein riesiges Glück für Lola, daß sie mit unbeschränktem Kredit in der Gunst des Königs stand. Dies erlaubte es ihr, auch noch zu verbalen Attacken überzugehen, wo körperliche Angriffe selbst für

»Ah, du bayerischer Knödelfresser,
du hast an meiner Tür gehorcht!
Ich will es dir heimzahlen!«
Zeitgenössische Karikatur
aus dem Pariser ›Journal pour Rire‹

ihren Geschmack zuviel gewesen wären.»La reine c'est moi!« erregte sie sich im Modesalon Schulze am Odeonsplatz. Der Anlaß ihres hoffärtigen Auftretens war, daß man es tatsächlich gewagt hatte, Geld für ihre Einkäufe zu verlangen. Sie sei die Mätresse des Königs, ereiferte sie sich ein anderes Mal: »Je ne suis pas demoiselle, je suis Madama moi, je suis la maitresse du Roi.«[96] Der Anlaß dafür war, daß ihr am 16. November 1846 bei Artillerieleutnant Nußbaumer, der ihr zur Begleitung zugeteilt worden war, nicht geöffnet wurde, als sie mitten in der Nacht vor seiner Tür stand. Nachdem sie erst vor der verschlossenen Türe getobt und dann eingesehen hatte, daß alles nichts nützte, fiel sie in Ohnmacht. Der benachbarte Glasermeister Denk versorgte sie daraufhin in seiner eigenen Wohnung. Am nächsten Tag kehrte Lola aber nochmals zum Tatort, in die Frühlingsstrasse 19 zurück und stellte die Hausmeisterin Caroline Eichenherr zur Rede, worauf es zu dem oben zitierten Ausspruch kam. In der Zeit des biedermeierlichen München, als Übertretung der Hundeverordnung, Zechen zur Arbeitszeit und Rauchen auf der Straße polizeilich verfolgt wurden, hätte sich das eine Ausländerin eigentlich nicht erlauben dürfen.

Aber im Fall Lola Montez wurden die Verhältnisse auf den Kopf gestellt. Nicht nur daß den Anzeigen gegen sie keinerlei Erfolg beschieden war. Auf allerhöchsten Befehl wurden der Unruhestifterin seit Ende 1846 auch noch zwei Gendarmen zum persönlichen Schutz zugewiesen – der eine ein paar Meter voraus, der andere hintendrein. Als sich herausgestellt hatte, daß die beiden ihr bei ihren Kutschfahrten auch im Laufschritt nicht mehr folgen konnten, wurde für diese Fälle noch ein berittener Gendarm bereitgestellt.

In München brodelte und kochte der Haß gegen Lola Montez. Da es sich aber um die selbsternannte Mätresse des Königs handelte, mußten andere Wege eingeschlagen werden, um die ›Spanierin‹ aus dem Münchner Stadtfrieden zu verbannen.

Zwischenzeitlich hatte sich Lola in der Theatinergasse eingemietet, da es bis zur Fertigstellung ihres Hauses in der Barerstraße noch seine Zeit hatte. Als Haushälterin hatte sie Frau Ganser gewonnen, die ihr auch als Dolmetscherin diente. Genau diese Frau Ganser wurde nun als Polizeispitzel angeworben und angewiesen, über alle Gespräche, die sie belauschen, und über alle Besucher, die sie erkennen konnte, Buch zu führen. Drahtzieher dieser Intrige war Graf von Seinsheim, der Finanzminister, ebenso wohl auch der damalige Polizeidirektor von Pechmann und der oberbayrische Ministerpräsident von Hörmann. Alsbald kam Pechmann auf Grund der Berichte von Frau Ganser zur Überzeugung, daß Lola nicht nur Ludwig ihre Liebesdienste angeboten hatte.

Am 5. Dezember 1846 hielten Pechmann und seine Mitverschwörer ihre Stunde für gekommen. Zwar waren die von Frau Ganser bezeugten Übeltaten von Lola für heutige Begriffe nicht weltbewegend. Aber für die damalige Zeit war etwa die Tatsache, daß ein Student namens Desch ganze zwanzig Mal bei Lola zu Besuch war und auch noch mit einem gläsernen Pokal bewirtet wurde, doch etwas Außergewöhnliches. »Von einer Dirnen Lustbarkeit des Studenten Desch«[97] war aber selbst Frau Ganser nichts bekannt. Für Frau Ganser wurde jetzt bei König Ludwig eine Audienz erwirkt, bei der sie sich mit dem Ruf »Eure Majestät sind betrogen!« zu Boden warf und das Tagebuch und ihre Erkenntnisse, Lola Montez betreffend, präsentierte. Der König war, wie geplant, am Boden zerstört. Er setzte in größer Verzweiflung General von Heideck ins Vertrauen und erzählte ihm unter Tränen, was geschehen war. Ludwig bat ihn im weiteren, Lola Montez mit den Aufzeichnungen aus dem Tagebuch zu konfrontieren.

Als Lola um zwei Uhr bei Heideck angekommen war und das Tagebuch ihrer Haushälterin einsah, wurde der kriegserprobte General Zeuge folgender Szene: »Sie schwor bei allem was heilig bei den Gebeinen ihres Vaters, daß sie unschuldig und daß alles Vorgebrachte ein Gewebe von Lüge und Verdrehung sei, schimpfte über die Schwäche des Königs, daß er solche Lügen glaube und verfluchte ihr ganzes Verhältnis, fest entschlossen, sogleich nach Paris zurückzukehren; dabei raste sie auf dem Kanapee, wo sie neben mir Platz genommen hatte, dann aufspringend im Zimmer herum, warf Schal und Hut weg, riß an ihrem Überrock so herum, daß sie die Brust fast entblößte, kurz sie war das Bild einer Medea, ihre Augäpfel erweiterten sich, daß ihr sonst blaues Auge schwarz erschien, ihr Mund schäumte, sie war grauenhaft anzusehen.«[98]

Als dann auch noch der König auf dem Plan erschien und Lola in diesem Zustand sah, hätte man annehmen müssen, daß ihr Münchner Gastspiel endgültig vorbei gewesen sein müßte. Aber schon für den nächsten Tag mußte Heideck folgendes notieren: »Andern Tages schon sehr früh kam der König, frisch und munter aussehend und rief mir eintretend gleich entgegen: O mein wahrsagend Herz! Sie ist unschuldig und ich bin wieder glücklich.«[99] Lola Montez hatte nämlich zwischenzeitlich wieder Fassung gewonnen und schließlich den König überzeugt, daß Frau Ganser eine üble Denunziantin sei. Die schlimmen Ahnungen, die den König befallen hatten, waren verflogen.

Lolas Stellung wurde nach Überwindung dieser Intrige nur noch stärker: Sie konnte jetzt zur Abrechnung mit ihren Feinden übergehen. Ihr erstes Opfer wurde der Münchner Polizeidirektor Pechmann. Dieser hatte wegen einer Beleidigung auch noch die Stirn gehabt, vor dem Münchner Stadtgericht gegen Lola Klage zu erheben. Um Weihnachten 1846 wurde ihm seine Rückversetzung ins Amt des Landrichters von Landshut mitgeteilt. Ludwig ging sogar soweit, ihn »an einen kleinen, katholischen Gottesdienst habenden Ort« versetzen lassen zu wollen – mußte sich aber von seinem Innenminister Abel belehren lassen, daß dies aus beamtenrechtlichen Gründen nicht möglich war. Bald gab es weitere Eingriffe in die Personalpolitik König Ludwigs I.. Lolas Leibarzt Dr. Curtius sollte beispielsweise auf Kosten von Dr. Handschuch zum Oberstaatsarzt befördert werden – was allerdings nicht geschah, weil Dr. Curtius seinerseits bei Lola in Ungnade fiel. Ihr Hauptaugenmerk galt aber bald den ultramontanen Ministern in Ludwigs Kabinett und insbesondere den Jesuiten.

»Andererseits hat Lola manche Fehler, welche die Geschichte auch von anderen Personen in ähnlicher Stellung erzählt«, schrieb 1847 in bemerkenswert sachlichem Ton der englische Schriftsteller Francis, nachdem er Lola Montez in München besucht hatte. »Sie liebt die Macht um ihrer selbst willen; sie ist zu heftig, zu unversöhnlich in ihren Abneigungen, sie hat nicht genug Kraft, ihre Leidenschaften unter das, was spanisches Blut heißt zu beugen, sie ist capriziös, und fast fähig, wenn ihr Temperament entflammt ist, Roheiten zu begehen, welche sie indeß die Erste ist zu bedauern und zu entschuldigen. Sie hat einen ihr Inneres verzehrenden

Gedanken, der den Frieden ihrer Seele stört. Sie hat ihr Leben der Ausrottung der Jesuiten in Bayern gewidmet.«[100] Ein erster Schritt zu jener ›Ausrottung der Jesuiten‹ wurde schon am 1. Januar 1847 vollzogen. Ludwig löste die Abteilungen Schulwesen und Kirche aus Abels Innenministerium heraus.

Karl von Abel war allseits als hervorragender Jurist bekannt. Er hatte der bayrischen Politik seit seinem Amtsantritt eine entscheidende Wendung in Richtung Katholizismus gegeben. Selbstverständlich ist anzunehmen, daß die Lola so verhaßten Jesuiten auch auf ihn Einfluß hatten. Die Verkleinerung seines Ministeriums war so ein erster Schritt gegen die von ihm vertretene Richtung, auch wenn ihn Ludwig wegen seiner Sachkompetenz immer noch schätzte und vor allem zu würdigen wußte, daß er sich mit Bemerkungen über Lola bisher zurückgehalten hatte.

Nicht nur wegen dieses ersten Schrittes gegen die ultramontane Richtung, sondern mehr noch wegen der Hörigkeit des katholischen Königs gegenüber der jungen spanischen Tänzerin ließ die Reaktion der katholischen Seite nicht lange auf sich warten. Die österreichische Kaiserin Karoline Auguste ließ im Stephansdom Messen für ihren ›verirrten Bruder‹ lesen und redete ihm in ihren Briefen eindringlich ins Gewissen. Erzbischof von Reisach machte seinen Protest nicht nur in Worten kund, sondern erdreistete sich sogar gegen Ludwigs ausdrücklichen Wunsch, nicht zum Hofball zu kommen. Die Reaktion des Königs darauf ist fast sprichwörtlich geworden: »Bleib er bei seiner Stola, ich bleib bei meiner Lola.«

Lola Montez selbst berichtet, daß eines Tages ein fremder Herr vor ihrer Tür gestanden sei und versucht habe, sie auf die katholische Seite zu ziehen.[101] Im Groben dürfte das tatsächlich stimmen, denn später wurde bekannt, daß Ludwigs Stiefschwester, die sächsische Königin, Lola mit Hilfe eines Gesandten zu verstehen gegeben hatte, daß sie 2 000 Pfund Rente erhalten würde, wenn sie von Ludwig abließe. Ebenso wurde später ein schließlich nicht durchführbarer Bestechungs- und Entführungsversuch durch den Geheimbericht eines Technikers aus Regensburg bekannt: »Ich wurde durch dritte Hand, welche mir übrigens unbekannt ist, aufgefordert, eine in München wohnende Dame, die sich der Protektion Euer Majestät erfreut hat, gegen gute Bezahlung aufzuheben, respective sich ihrer Person ohne Aufhebens zu bemächtigen und sie an einen mir später zu bestimmenden Ort, an mir, wenigstens unbekannte Hände abzuliefern.«[102]

Die Gegner Lolas arbeiteten tatsächlich mit allen Mitteln. Sie selbst hat später behauptet, man hätte zweimal versucht, sie zu erschießen, und einmal sie zu vergiften. Insbesondere die österreichische Regierung hätte viel Gold geboten, um sie zu beseitigen.[103] Bei Ludwig selbst dürfte aber die Intervention des Fürstbischofs von Breslau, Freiherr von Diepenbrock, am nachhaltigsten Wirkung gezeigt haben. Als der von Ludwig geachtete Bischof ihm Mätressenwirtschaft vorhielt, ließ sich der bayrische König zu einem beispiellosen Schritt hinreißen. Ludwig schrieb am 9. Februar 1846 folgenden Brief: »Mätressenwirtschaft mochte ich nie und mag sie nicht, Bekanntschaften hatte ich aber fast immer, welche meine Phantasie angeregt, und gerade sie waren mein bester Schutz gegen Sinnlichkeit. Ich besitze ein poetisches Gemüt, was nicht mit dem gewöhnlichen Maßstab gemessen werden darf. Wie der Schein trügt, will ich Ihnen sagen, indem ich hiermit mein Ehrenwort gebe, daß ich nun im vierten Monat weder meiner Frau noch einer anderen beigewohnt, und vorher es beinahe fünfe waren, in welchen ich mich dessen enthalten ...«[104] König Ludwig I. von Bayern machte dieses Ehrenwort über seine sexuellen Gewohnheiten dann sogar noch den Bischöfen und Erzbischöfen seines eigenen Landes zugänglich.

Dennoch konnte er selbst mit Ehrenworten die Wogen nicht mehr glätten. Lola Montez war nun einmal wie ein Wirbelsturm und ließ in der bayrischen Politik die Wellen hoch aufschlagen. Und Ludwig war wie im Auge des Wirbelsturms. Er war in seiner Liebe für Lola selig und wurde für alles andere blind. Er schrieb wieder Gedichte wie folgendes, die später auch noch der Öffentlichkeit zugänglich gemacht wurden:

»Ich glaub dir, und wenn der Schein auch trüget,
Du bist getreu und du bist immer wahr,
Die Stimme in dem Innern mir nicht lüget,
Sie sagt: dein liebendes Gefühl ist wahr ...

Die Apotheose der Lola Montez. Zeitgenössische Karikatur von W. Stek, auf der Lola von Preußen, Reuß und Bayern symbolisierenden Polizisten in den Himmel erhoben wird

> Erhärt' vom Hammerschlag wird das Eisen,
> Es bildet selbst das härteste: den Stahl.
> Wenn zugesetzt mir wird sie zu entreissen,
> Nur fester kettet's mich an meine Wahl.«[105]

Daran zeigt sich auch, in welcher Alchemie der Gefühle Ludwig gefangen war. Der König war es gewohnt, mit herrischen Worten zu befehlen. Daß er sich geirrt haben sollte und andere sich anmaßten, ihn deshalb zu berichtigen, war in seinem Denkhorizont nicht vorgesehen. Ludwig hielt immer störrischer zu Lola Montez, und tatsächlich: je mehr man ihm zusetzte, desto mehr wurde er durch das Zutun sowohl seiner gutmeinenden Helfer wie auch der böswilligen Gegner an sie gekettet. Diese Verkettung wurde noch durch ein anderes wirkungsvolles Bindemittel komplettiert, nämlich durch das für ihn lebensnotwendige Bedürfnis, seiner Neigung zur Pedanterie ein Gegengewicht zu setzen – durch die Liebe zur Kunst und vor allem durch die Liebe zum schönen Geschlecht: »Ohne Liebe, ohne Dichtung / Ist das Leben ohne Schwung, / Sie nur geben hehre Richtung. / Freudige Begeisterung.«[106] Lola Montez hatte ihm Schwung, Richtung und Begei-

Ein wider eine Mauer rennender Esel. Karikatur auf Ludwig

sterung gebracht. König Ludwig I. war somit auf fatale Weise von außen wie auch von innen an Lola Montez gekettet. Nicht wenige Zeitgenossen sahen in ihm einen Esel, der gegen die Mauer rannte.

Diejenige, die sich selbst als Mätresse des Königs bezeichnete, hatte mit diesem König leichtes Spiel, um ihre hochfahrenden Wünsche endlich erreichen, um ihr exzentrisches Wesen ungestraft in aller Öffentlichkeit ausleben und um ihren zahlreichen und mächtigen Feinden endlich einmal das Fürchten lehren zu können. Allerdings ist es sehr wahrscheinlich, daß auch sie Zuneigung für Ludwig empfand – selbst wenn sie in ihm wahrscheinlich mehr den König als den Menschen sah. Es gibt in späteren Jahren kein einziges schlechtes oder spöttisches Wort über ihre ehemalige Marionette. Sie hat ihn im Gegenteil immer als einen freisinnigen, großmütigen und erhabenen König verherrlicht.

München –
das Ende der guten alten Zeit

In Lolas Selbstverständnis und Rückblick stellt sich die anbahnende Katastrophe, die mit der Liebe eines Königs zu einer Tänzerin ihren Anfang genommen hatte, folgendermaßen dar. Demnach hätte sie nur versucht, den Armen zu ihrem Recht zu verhelfen und ihnen auch einen Großteil ihrer Zuwendungen vermacht.[107] Sie hätte nur versucht, im immer noch grundherrschaftlichen Bayern den liberalen Code Napoleon einzuführen,[108] also bürgerliche Rechte, Bauernbefreiung, freie Meinungsäußerung, Gewerbefreiheit erreichen wollen. Das Merkwürdige an dieser Selbsteinschätzung ist aber, daß letzteres in einer gewissen Weise stimmt.

Als nämlich im Februar 1846 endlich die einflußreichsten Feinde Lolas, der jesuitenfreundliche Karl von Abel und sein Kabinett, aus ihren Ämtern verdrängt worden waren, brach in Bayern tatsächlich eine liberale Zeit an. Nur hatte dafür nicht Lolas mildtätiges Herz für die Armen, sondern ihr hoffärtiges Wesen gesorgt.

Nachdem er sie erst vor einem Vierteljahr kennengelernt hatte, war nämlich auch Ludwig I. zu dem Entschluß gekommen, den Lola Montez schon seit ihrem Londoner Debüt gefaßt hatte. Lola Montez sollte endlich in aller Form (und nicht nur durch Angabe falscher Tatsachen) den Platz einnehmen, den sie als den ihr angestammten ansah. Sie sollte in den Adelsstand erhoben werden. Rein rechtlich gesehen war es aber dafür in Bayern nötig, daß sie erst einmal Bürgerin dieses Staates wurde. Sie brauchte dafür das sogennante Indigenat, wofür auch der Staatsrat und insbesondere Abel zuständig war.

Ludwig wies also erst einmal den Staatsrat an, seine Meinung und vor allem die Zustimmung zum Indigenat für die gerade von katholischer Seite so verhaßte Fremde auszustellen. Zu Anfang behalf sich der Staatsrat noch mit juristischen Finessen. Lola Montez hatte ja keinerlei Papiere vorzuweisen. Es sei nicht einmal gesichert, ob sie volljährig sei. Ludwig setzte daraufhin für den 9. Februar 1848 eine weitere Sitzung an. Die Minister mit Ausnahme von Georg Ludwig von Maurer, blieben bei ihrer Meinung und sprachen sich generell gegen das Indigenat aus. Der König reagierte wie ein absolutistischer Fürst. Er ignorierte die Meinung des Staatsrats und gab folgende Anweisung: »Den Staatsrat vernommen habend, erteile ich der Senora Lola Montez (Maria de los Dolores Porrys y Montez) das bayerische Indigenat hiemit ...«[109]

Die Minister waren düpiert. Abel tat einen letzten dramatischen Schritt. Der Minister, der sich bisher in Hinsicht auf Lola Montez wohlweislich zurückgehalten hatte, schrieb Ludwig I. ein Memorandum, in dem er um die Entlassung des Staatsrats bat. Man konnte darin in einer Mischung aus Staatskanzleideutsch, biblischen Bildern und klassischer Rhetorik folgendes lesen:

»Allerdurchlauchtigster, Großmächtigster König! Allergnädigster König und Herr!
Es giebt Augenblicke im öffentlichen Leben, in welchen den Männern, die das unschätzbare Vertrauen ihres Monarchen zur obersten Leitung der Staatsverwaltung in ihren verschiedenen Zweigen berufen hat, nur noch die betrübende Wahl offen steht, entweder der Erfüllung der heiligsten, durch den geleisteten Eid, durch Treue, Anhänglichkeit und heiße Dankbarkeit besiegelten Pflichten zu entsagen, oder in gewissenhafter Erfüllung dieser Pflichten, die schmerzliche Gefahr des Mißfallens ihres geliebten Monarchen nicht zu beachten.
In dieser Lage sehen die treugehorsamst Unterzeichneten durch den Allerhöchsten Beschluß, der Sennora Lola Montez das bayerische Indigenat durch Königliches Decret zu verleihen, sich versetzt ... Seit dem Monat October v. J. sind die Augen des ganzen Landes auf München gerichtet, und es haben sich in allen Teilen Bayern's über das, was hier vorgeht und was beinahe den ausschließlichen Gegenstand des Gespräches im Inneren der Familien, wie an allen öffentlichen Orten bildet, Urtheile festgesetzt, und es ist aus diesen Urtheilen eine Stimmung entwachsen, die zu den bedenklichsten gehört.
Die Ehrfurcht vor dem Monarchen wird mehr und mehr in den Gemüthern ausgetilgt, weil nur noch Aeußerungen des bitter-

sten Tadels und der lautesten Mißbilligung vernommen werden ... Die ausländischen Blätter bringen täglich die schmerzlichsten Anecdoten und die herabwürdigsten Angriffe gegen Euere Königliche Majestät. Das anliegende Stück Nr. 5 der Ulmer Chronik enthält eine Probe davon. Alle polizeiliche Aufsicht vermag die Einbringung solcher Blätter nicht zu verhindern. Sie werden verbreitet und mit Gier verschlungen. Der Eindruck, der in den Gemütern lebt, kann nicht zweifelhaft sein, er erneut sich täglich und wird bald nie und durch nichts mehr erlöscht werden können. Eine gleiche Stimmung besteht von Berchtesgaden und Passau bis Aschaffenburg und Zweibrücken, ja sie ist über ganz Europa verbreitet, sie ist ganz dieselbe in der Hütte der Armen, wie im Palaste der Reichen ... In allertiefster Ehrfurcht und mit unverbrüchlicher Treue und Anhänglichkeit etc.
 v. Abel, v. Gumppenberg, Graf Seinsheim, v. Schrenk.«[110]

Dieser Brief wurde im damals wichtigsten bayerischen Blatt, der *Augsburger Zeitung,* den Untertanen des bayrischen Königs zugänglich gemacht. Aber auch in der Londoner *Times* konnte man sich bald nach dem Verfassen des Memorandums über die Verhältnisse in einem kontinentalen Mittelstaat mokieren. Dies war für König Ludwig I. nur ein Grund mehr, von der durch zahlreiche Flugblätter und Karikaturen bezeugten öffentlichen Meinung keinerlei Notiz zu nehmen und sich noch mehr auf seinen Standpunkt zu versteifen. Karl von Abel, Freiherr von Gumppenberg, Graf von Seinsheim, Karl von Schrenk wurden in den Ruhestand geschickt.

Ludwig setzte das sogenannte ›Ministerium der Morgenröte‹ ein. Sein wichtigster Minister wurde jetzt der protestantische Georg von Maurer, der als einziger Abels Memorandum nicht unterschrieben hatte. Der antiklerikal eingestellte Freiherr von Zu Rhein und Freiherr von Hohenlohe wurden weitere Minister, die das zehn Jahre währende ultramontane Regime Abels ablösten, und tatsächlich liberalere Zeiten einläuteten. Unter den Gegnern des bisherigen katholischen Kurses ging der schadenfrohe Spruch ›Kainsfeld hat den Abel erschlagen‹ um.

In atemberaubender Geschwindigkeit hatte Lola Montez jenes München auf den Kopf gestellt, in dem noch vor Jahresfrist den

Ariadne auf Turk. Zeitgenössische Leipziger Karikatur auf Ludwig und Lola, die es sich auf ihrem Hund ›Turk‹ bequem gemacht hat

Fremden anheimelnde Giebelfelder und gotische Türme, Kirchen und mächtige Schankhäuser in Erstaunen und Verzücken versetzt hatten. Und bald sollte es zum vorläufigen Höhepunkt der Ereignisse kommen. Wer am 1. März 1847 in München war, konnte einen Vorgeschmack auf die Revolution bekommen.

Vorzeichen dafür hatte es schon genug gegeben. Am 24. Februar wurde gemeldet, daß Hauptmann Zehrer ein anonymes Sendschreiben mit folgendem Inhalt zugestellt worden war: »Eilen Sie zu des Koenigs Rettung! – Ein Schuss mit Schiessbaumwolle ist zu seinem Ende bestimmt. Mit Bangen und Eile. Lola ist kaum mehr zu retten.«[111] Schon Anfang Januar waren die Fensterscheiben zu Lola Montez' Schlafzimmer mitten in der Nacht eingeschlagen worden. Anfang Februar hatten ihr selbst die Gendarmen nicht mehr helfen können, als ihre riesige Dogge auf dem Schrannenplatz, dem heutigen Marienplatz, wieder einmal einen Passanten biß. Diesmal mußte sie sich in höchst spektakulärer Weise mit einer Leiter über den Zaun in Richtung Weinstraße retten, um der aufgebrachten Menge zu entgehen. Unmittelbar vor dem 1. März wurde aber, entsprechend einem langen und ausführlichen Polizeibericht vom 2. März 1847, ein ›großer schwarzer Vogel‹ gesichtet, der im morgendlichen München durch die Gassen und Straßen flog, ab und zu gegen die Schaufenster prallte und den abergläubischen Zeugen das Fürchten lernte.[112]

Aus der Sicht von Lola Montez stellte sich der 1. März so dar: »Der erste März des Jahres 1847 war einer der bewegendsten Tage meines Lebens. Zum ersten Male während meines unruhigen Lebens war ich inmitten eines Volkstumultes, ja ich war der Mittelpunkt, das Ziel desselben.«[113]

Dieser Tag war knapp eineinhalb Wochen zuvor eingeleitet worden, als am 19. Februar Professor Ernst von Lasaulx von der Münchner Ludwig-Maximilians-Universität den Antrag gestellt hatte, Abel für seine Leistungen für den bayrischen Staat den Dank auszusprechen. Die Antwort von König Ludwig auf diesen Affront ließ nicht lange auf sich warten. Eben am Vormittag des 1. März konnten Lasaulx' Studenten am Schwarzen Brett der Universität die Anordnung für seine Entlassung lesen. Die Menschentrauben, die sich davor bildeten, insbesondere katholische Theologiestudenten, beschlossen, ihrer Entrüstung auch in der Öffentlichkeit Ausdruck zu geben. Es kam zur ersten Studentendemonstration in der Geschichte Münchens. Erst einmal ging es zu den Häusern anderer Professoren, die der ultramontanen Richtung nahestanden. Vor dem Haus von Joseph von Görres, der vor Jahrzehnten noch Anhänger der Französischen Revolution gewesen war, dann als Vertreter der Heidelberger Romantik immer mehr auf einen deutschnationalen Kurs eingeschwenkt war, um schließlich Vordenker der ultramontanen Richtung zu werden, wurden die ›Vivat Lasaulx‹- und ›Pereat Lola‹-Rufe besonders laut.

Inzwischen hatten sich zu den Studenten auch schon Handwerksburschen, sogar ehrenhafte Bürger gesellt. Der Haß auf Lola Montez einte alle. Es ging zur Residenz. Die ›Vivat‹-Rufe galten jetzt Königin Therese. Dann geschah etwas, was bisher undenkbar gewesen war. Aus dem harten Kern der Aufrüher, der ungefähr zwanzig Personen umfaßte, flogen Steine gegen das Schloß des Königs. Fensterscheiben zersplitterten. Später wurde ein Theologiestudent aus Dillingen als Übeltäter identifiziert. Als aber dann Militär eingriff und den Platz räumte, schien der Tumult doch noch ein schnelles Ende zu nehmen. Jedoch versammelte sich die Menge am Nachmittag wieder in der Theresienstraße, wo eine Dame zwischenzeitlich Quartier bezogen hatte, die immer noch auf den Einzug in die Barerstraße 7 wartete, weil die Einrichtung ihren Ansprüchen nicht entsprach.

Eine rund zweitausendköpfige Menge johlte vor Lola Montez' Haus. Verwünschungen gegen ihre Person wurden laut. Erst waren es Schneebälle, dann folgten Steine. In dieser Situation bewies Lola allerdings fast unglaublichen Mut. Vielleicht kann man es auch Tollkühnheit nennen. Die Tänzerin, die schon durch die Feuertaufe zahlreicher Bühnenauftritte gegangen war, die oft genug Buh-Rufen hatte standhalten müssen, ging auf den Balkon ihres Hauses, nahm ein Champagnerglas und prostete der Menge provozierend zu. Als die Reaktion ihres Publikums darauf allzu heftig ausfiel, griff sie zu einem anderen Mittel – zur Pistole. Glücklicherweise wurde ihr von ihrem Begleiter, Leutnant Nußbaumer, noch im letzten Moment die Pistole entwunden. Rettung vor der immer aufgebrachteren Menge kam aber von anderswoher.

Während dieser Vorgänge wurde ein paar hundert Meter entfernt in der Residenz folgende Anweisung mit dem Federkiel zu Papier gebracht, ohne daß noch Zeit gewesen wäre, Rücksicht auf die Eigenheiten der deutschsprachigen Grammatik zu nehmen: »Haben vernommen daß heute um 4 Uhr Nachmittags Zuhörer Lasaulx vor die Wohnung Lola Montez in Masse kommen sollen von ihr zu verlangen sie solle dessen Wiedereinstellung bey mir bewirken. Sehr wünschenswert wenn der Polizeidirektor selbst sich bey ihrer Wohnung befände u. Fürsorge für ihre Sicherheit u. der ihres eigenen Hauses träfe, damit nicht als denn der Haufe sich hin traue.«[114] Derjenige, der diese Anweisung reichlich atemlos zu Papier gebracht hatte, begnügte sich aber nicht damit, den Polizeidirektor und dann noch die Schweren Reiter in die Theresienstraße zu schicken. König Ludwig I. bewies nämlich ebenfalls eindrucksvollen Mut. Er ging zu Fuß und ohne Begleitung zur Theresienstraße, bahnte sich mitten durch die Menge der Steinwerfer einen Weg, bis ihn schließlich die dort versammelten Militärs erkannten. Unter dem Spalier der Kürassiere, unter den Pfiffen der Demonstranten, aber auch unter manchen Hoch-Rufen auf den mutigen König schritt Ludwig durch die Eingangstüre von Lolas Haus.

Der Tumult kam zu einem Ende. Die noch verbleibenden Demonstranten wurden später von den Schweren Reitern auseinandergetrieben.

München –
die Ruhe nach dem Sturm

Nach den Krawallen vom März 1847 kehrte erst einmal äußerlich Ruhe ein. Die Semesterferien begannen, weshalb von den Studenten nicht mehr viel zu befürchten war. Vom Dekan der Philosophischen Fakultät Thiersch waren sie am 5. März in einer Abschlußrede zum Wintersemester nochmals besonders eindringlich ermahnt worden, dem König die Treue zu halten. Und obwohl sich im Volk allmählich die Meinung ausbreitete, er wäre verrückt geworden, konnte Ludwig I. dann tatsächlich besonders laute Vivat-Rufe hören, als er am 7. März mit Königin Therese in seiner Theaterloge erschien. Vermutlich galten die Ovationen aber mehr der beliebten Königin als dem König. Ansonsten versuchte man den Keim des Aufruhrs dadurch von vornherein abzutöten, daß man die Pressezensur nochmals verstärkte und sogar deutsche Zeitungsseiten plötzlich da große rechteckige Löcher aufwiesen, wo einmal etwas für Ludwig Kritisches gestanden hatte.

Der offene Aufruhr war zu einem Ende gekommen. Aber die Geschehnisse vom 1. März hatten den Haß gegen Lola und Ludwig nur noch verstärkt, der sich jetzt vornehmlich in Schmähschriften, Karikaturen, anonymen Briefen und natürlich in Gerüchten und Anekdoten unter König Ludwigs Untertanen seinen Weg bahnen mußte. Gestrenge Rektoren Münchner Gymnasien konnten sich jetzt überlegen, ob die Entfernung von der Schule oder die Bestrafung mit dem Karzer ausgesprochen werden sollte, wenn wieder einmal obszöne Lola-Montez-Karikaturen unter den Schulbüchern ihrer Zöglinge gefunden wurden. Hohe Militärs wußten ebenfalls nicht so recht, wie sie gegen die Stimmung im Offizierskorps vorgehen sollten, zumal sie sich in der gleichen Stimmungslage befanden, wenn wieder einmal anonyme Briefe wie folgender auftauchten: »Ehmals großer Koenig Ludwig jetzt gefangen wegen einer Spanischen überall ausgepeitschten Hure, sogar das Militär muß zu ihrer Schande ausrücken, und die Gendarmen die Hurenwache machen. So weit ist es jetzt in Bayern gekommen.«[115] Eine Möglichkeit, dem Loyalitätskonflikt mit Ludwig zu entgehen, bestand dann darin, daß im bayrischen Offizierskorps nicht mehr über Ludwig, sondern über einen gewissen ›Herrn Maier‹ und sein skandalöses Verhältnis zu einer ›Pepi‹ die wildesten Geschichten in Umlauf kamen.

Aber auch an ›Herrn Maier‹ gingen die Aufregungen nicht spurlos vorbei. Er wurde krank. So wie er kurz nach der Intrigengeschichte vom Dezember 1846 kurz und schwer erkrankt war, so zeigte sich jetzt wieder, daß bei Ludwig Aufregung und Unsicherheit auch körperliche Folgen hatten. Im März bekam Ludwig eine Flechtenkrankheit, wie schon siebzehn Jahre zuvor. Damals war es nur das Knie gewesen, jetzt war es aber sein Gesicht. »Es ist kein Wunder, daß ich die Flechten bekam«, schrieb er an von der Tann, »die fünf Monate Hetze, welche auf mich gemacht wurden, verderben meine Säfte.«[116] Ludwig sah sich als »Stubengefangenen«[117]. Er war so entstellt, daß es ihm wochenlang nicht möglich war, sich in die Öffentlichkeit zu begeben. Nur die vertrautesten Bediensteten und Freunde zusammen mit Hofarzt von Breslau waren um ihn. Und Lola Montez.

Sie ließ es sich nicht nehmen, ihn trotz seiner entstellenden Krankheit tagtäglich zu besuchen, wofür sie einen Geheimgang benutzte. War es ein echter Liebesbeweis, vielleicht ein Zeichen der Zusammengehörigkeit nach den überstandenen schlimmen Tagen? In jedem Fall konnte Ludwig die Besuche seiner Geliebten als weiteren Vertrauensbeweis für seine Person und als Zeichen dafür auslegen, daß sich die ganze Welt in Lola Montez getäuscht hatte.

So war Ludwig vermutlich auch vom Irrtum der übrigen Welt überzeugt, als nach den Tagen des März von England aus wieder Zweifel an Lolas Identität laut wurden. Man bezweifelte wieder einmal ihre spanische Herkunft. In der Londoner *Times* vom 9. April 1847 erschien daraufhin folgende Richtigstellung über die Herkunft von Lola Montez, die so vermutlich auch Ludwig plausibel war: »Ich wurde in Sevilla im Jahr 1823 geboren, mein Vater war spanischer Offizier im Dienst von Don Carlos; meine Mutter, eine Dame mit irischem Hintergrund, wurde in Havannah geboren und zum zweiten Mal mit einem irischen Gentleman

Das neueste Blatt aus der Gunstgeschichte Bayerns.
Karikatur aus der ›Deutschen Brüsseler Zeitung‹ vom April 1847

verheiratet, weshalb ich vermutlich für eine Irin und manchmal Engländerin, für ›Betsy Watson‹, ›Mrs. James‹ etc. gehalten wurde. Glauben Sie mir, daß mein Name Maria Dolores Porris Montes ist, und ich diesen Namen nie geändert habe.« Das gleiche war schon am 30.3.1847 in der *Kölnischen Zeitung* zu lesen gewesen.

Allmählich kehrte der Sommer ein. Ludwigs Flechtenkrankheit ging zurück. Lola Montez war zwar immer noch Gesprächsstoff von Berchtesgaden bis Aschaffenburg, Zweibrücken, Paris und London. Aber kurzzeitig war es doch etwas ruhiger um sie geworden. Maria Dolores Porris y Montes, die jetzt zum bayrischen Volksstamm gehörte, konnte sich endlich daranmachen, in ihr neues Domizil in der Münchner Barerstraße einzuziehen.

Die Monate zuvor hatte Kupferschmiedemeister Daxenberger schon funkelnde Kupferkessel und andere Kücheneinrichtungsgegenstände hergestellt. Spiegelmacher Gander hatte dem Palais ebenfalls viel Glanz gegeben und die damals sündteuren Spiegel geliefert. Die edel getriebenen Schalen stammten vom Silberschmied Bartholomä Mayerhofer. Tischlermeister Glink hatte formschöne Fauteuils, Chaiselongues, Kanapees, Spieltische, Stühle geliefert, wobei für Schlafzimmer und Salon besonderer Wert auf schwarzes Palisanderholz gelegt wurde. Tapezierer Krebs hatte die Zimmer nach französischem Vorbild mit jeweils verschiedenfarbigen Tapeten ausgestattet. Andere Einrichtungsgegenstände, wie eine etruskische Vase oder Bücher, nahm sich Lola der Einfachheit halber gleich aus der Hofsammlung bzw. aus der Königlichen Bibliothek.

Lola Montez bestand auf besonders hochwertigen Einrichtungsgegenständen, die ihrer Ansicht nach in München nicht immer zu erhalten waren. Die Folge war, daß ein Teil ihrer Einrichtung für teures Geld auch noch aus Paris herbeigeschafft werden mußte. Pariser Porzellan mußte über viele Zollstationen hinweg nach München importiert werden, wo die Nymphenburger Porzellan-Manufaktur immerhin längst weltberühmt war. Eine besonders elegante Equipage aus Paris gehörte ebenfalls zur ›Hauseinrichtung‹.

Kurz, Lola Montez war dabei, in puncto Luxus die Kurtisanen von Paris zu übertreffen. Jeden Wunsch konnte sie sich allerdings nicht erfüllen. General von Heideck, der für die finanziellen Angelegenheiten zuständig war und die Ausgaben in Grenzen zu halten versuchte, hatte es bei der Diamantenbrosche aus dem Haus des Hofjuweliers Opitz und bei der Livreekleidung der Diener gerade noch geschafft, diese Posten nicht in den Etat für die Einrichtung des Hauses übernehmen zu müssen. Damit bewirkte er bei Lola Montez aber nur, daß ihr bald schon die bloße Nennung seines Namens verhaßt wurde. Als ihn beispielsweise der Silberschmied Mayerhofer in ihrer Gegenwart aussprach, zerschlug sie mit bloßen Händen eine Glasvitrine, worauf ihre blutenden Hände von den hochgestellten Herren, die zugegen waren, verarztet werden mußten.

Als Heideck dann am 2. Juni 1847 die bisherigen Kosten überschlug, mußte er einsehen, daß er seinen Auftrag nicht erfüllt hatte. Statt der vorgesehenen 20 000 Gulden beliefen sich die Einrichtungskosten auf mindestens 23 622 Gulden.[118] Darin waren aber die Umbaumaßnahmen durch den Architekten Metzger in Höhe von 33 000 Gulden noch längst nicht enthalten.

Als Lola dann Anfang Juni 1847 endlich ihr neues Haus bezogen hatte, war sie von edlen und geschmackvoll ausgesuchten Einrichtungsgegenständen umgeben. Einer ihrer Besucher hatte das Gefühl, daß sie mit ihrem Geschmack jede andere Münchner Einrichtung übertreffen würde – was allerdings bei den damals karg eingerichteten Wohnungen nicht schwierig war. »So ein Tigerweib«, schrieb dieser Besucher, »sollte man denken, sollte doch wohl keinen so herrlichen Käfig sich herausgeputzt haben. Die Zierlichkeit des Hauses ist entfernt von Glanz und Pracht. Seine Räume sind verziert mit französischer Eleganz, Münchner Kunst und englischem Comfort.«[119]

Die Fenster waren mit hohen Baumvollvorhängen verdeckt, weshalb nur gedämpftes Licht von außen nach innen fiel. Im Halbdunkel konnte man an den Wänden des Salons allmählich Zeichnungen entdecken, die denen aus Herculaneum und Pompeji nachempfunden waren. Das Piano und die Gitarre gaben von Lola Montez' musikalischen Fähigkeiten Kunde. Mit dem Stickrahmen zeigte sie, daß sie auch über traditionelle hausfrauliche Kenntnisse verfügte. Es gab ein im spanischen Stil gehaltenes Zimmer, um auch die letzten Zweifler von ihrer Abstammung zu überzeugen. Im Palais in der Barerstraße, das damals noch lange nichts mit ›Schwabing‹ zu tun hatte, ist auch ein Rauchzimmer für die passionierte Zigarrenraucherin eingerichtet worden. Für ihre Kutscher, Küchenangestellten und Diener existierten noch fünf weitere Zimmer. Lola Montez war bestens gerüstet, in der Barerstraße hofzuhalten. Ihren eigenen Worten zufolge, nahmen an ihren Soireen Männer aus allen Ländern und aus allen Ständen teil. Die Besucher müssen miteinander in ihrem Geist und in ihrer weltmännischen Erfahrung gewetteifert haben. In ihren *Memoiren* hat Lola Montez jedenfalls Berichte eines Amerikaners über eine Reise zu den Niagarafällen zum besten gegeben, auf der die Tänzerin Fanny Elßler durch ihren besonderen Hang zur Gefühlsduselei aufgefallen seit.[120] Anekdoten über den französischen Marineoffizier Cornic[121] hätten sich in ihrem Salon mit Geschichten über einen ›Neger-König‹[122] abgewechselt. Und natürlich wäre Lola Montez immer der Mittelpunkt der geistrei-

Dem Verdienste seine Kronen.
Zeitgenössische Berliner Karikatur auf Ludwig und Lola

chen Gesellschaft gewesen, der durch König Ludwig noch besonderer Glanz verliehen wurde.

König Ludwig war tatsächlich fast jeden Tag bei ihr – zumeist am späten Vormittag und am Abend. Ansonsten verhielt es sich aber so, daß man Lola Montez' Palais eher mied. War es vor einem Jahr noch die höchstmögliche Ehre gewesen, beim König eingeladen zu werden, so wehrten sich die besseren Münchner jetzt mit Händen und Füßen, einer Einladung bei Ludwig und Lola nachkommen zu müssen. Als beispielsweise die berühmte Tänzerin Maria Taglioni im Mai anläßlich ihres Münchner Gastspiels bei Lola Montez eingeladen war, nutzten Ludwig auch Drohungen und Bitten nichts, um den bis dahin noch loyal an seiner Seite stehenden General von Heideck zu einem Besuch zu bewegen. Dem König blieb nichts anderes übrig, als seinen Kriegsminister Hohenhausen in Form eines militärischen Befehls zur Teilnahme an der Soiree zu verpflichten.

Nicht daß Lola Montez überhaupt keine Besucher empfangen hätte. Nur gehörten diejenigen, die bei ihr verkehrten, nicht zur guten Münchner Gesellschaft. Es waren Glücksritter und Karrieristen, die über eine Mätresse nach oben zu kommen versuchten. Baron Poißl etwa war oft in ihrem eleganten Salon und brachte es dadurch binnen kurzem zum Intendanten des Hoftheaters. Ihr Architekt Metzger schrieb sogar Huldigungsgedichte auf sie und erhoffte sich davon vermutlich die Gunst des bauwütigen Königs. Oberst Spraul und vor allem Regierungsdirektor Berks, auf den später noch ausführlicher einzugehen sein wird, huldigten ebenfalls der neu entstandenen Weltanschauung, dem sogenannten ›Lolismus‹. Des weiteren verkehrten noch Professor Hermann, der Bildhauer Leeb, der Polizeidirektor Marck, Zolladministrator Hopfen und die Schauspielerin Angioletta Mayer, die daraufhin wieder als Hoftänzerin auftreten konnte, bei Lola Montez.

Obwohl sich die Gäste sehr rar machten, war es nun nicht so, daß Lola Montez die Freundschaft mit den ihr verbliebenen Günstlingen sonderlich gepflegt hätte. Wenn sie sich der Loyalität ihrer Besucher nicht mehr ganz sicher war, dann konnte sie sehr schnell ungnädig werden. Das hatte schon ihr früherer Gönner Baron von Maltzahn erfahren müssen. Noch schlimmer ging es dem Schriftsteller und Korrespondenten der *Augsburger All-*

gemeinen Zeitung von Ploetz. Als sie von einem ihr mißliebigen Artikel aus seiner Feder erfahren hatte, lud sie ihn zum Essen ein und erklärte ihm am Ende seelenruhig, daß er jetzt vergiftet sei. Der kreidebleiche Ploetz mußte tatsächlich feststellen, daß sein Verdauungsapparat ganz ungewohnt reagierte. Schließlich ließ ihn die blendend aufgelegte Lola wissen, daß es doch kein Gift gewesen sei, sondern ein Abführmittel.

Mit ihren Gegnern oder denen, die sie dafür hielt, machte sie wenig Federlesens. Ein Sohn des Haus- und Hofarchitekten Klenze wurde beispielsweise von Ludwig I. höchstpersönlich von einem Ball verwiesen, nur weil Lola ihn zu ihren Feinden zählte. Leutnant Krailsheim wurde auf allerhöchsten Befehl in eine andere Garnison versetzt, weil sich Lola während einer Tanzvorführung durch seine Lorgnette beobachtet gefühlt hatte. Und auch vor Ausländern machte Lola nicht halt. Der Engländer Bridgeman mußte binnen vierundzwanzig Stunden die Residenzstadt verlassen, weil er sich gegenüber Leutnant Nußbaumer abfällig über sie geäußert hatte.

Freilich mußte Lola Montez keineswegs mutterseelenallein gegen eine Phalanx von unerbittlichen Gegnern ankämpfen. Der Regierungswechsel und die Zuwendung zu einer antiklerikalen, fast liberalen Richtung wurden schließlich auch als ihr Werk angesehen. Beispielsweise wurden unter dem ›Ministerium der Morgenröte‹ endlich der ehemalige Würzburger Bürgermeister Behr und der Publizist Eisenmann aus dem Kerker entlassen. Im Zuge der Juli-Revolution von 1830 waren sie von Ludwig I. als mögliche Gegner der Monarchie ausgemacht worden und schließlich vor allem unter Mitwirkung des späteren oberbayrischen Ministerpräsidenten Hörmann in Passau eingekerkert worden, um ein Exempel zu statuieren. Lolas Sympathiepotential wuchs erheblich an, als ebendieser im Volk verhaßte, opportunistische Ministerpräsident Hörmann dann im März 1848 entlassen wurde. Am Rande ist auch zu erwähnen, daß das berühmt-berüchtigte Rauchverbot auf Münchner Straßen aufgehoben wurde.

Vor allem die Religionspolitik hatte sich unter dem Kabinett Maurer dramatisch verändert. Unter Abel hatte die katholische Kirche noch fast unbeschränkte Macht gehabt. Beispielsweise

»Erster Lichtfreund: Doch unerklärlich bleibt mir dieser Zwiespalt der Natur!? Zweiter Lichtfreund: Hier der alte Luther – dort die neue Pompadur.«
Mainzer Karikatur auf Ludwigs Pläne mit der Walhalla

war die bayrische Beamtenschaft den Land- und Stadtpfarrern so weit ausgeliefert gewesen, daß deren Berichte über das Verhalten der Beamten über Wohl und Wehe entschieden. Der einst von seinem Lehrmeister Sambuga streng katholisch beeinflußte Ludwig I. erließ jetzt das Gebot, daß katholische Prediger sich auf der Kanzel in politische Angelegenheiten nicht mehr einzumischen hätten. Nach Jahren streng katholisch ausgerichteter Politik war in der Walhalla die Büste Luthers aufgestellt worden. Nonnen bekamen jetzt beispielsweise bis zum dreißigsten Lebensjahr Zeit, sich ohne äußeren Zwang für ihr Gelübde zu entscheiden.

Ludwig I. und direkt oder auch indirekt Lola Montez bekamen durchaus Zuspruch für ihr Tun. Der als Spitzel eingesetzte Polizeikommissar Hineis berichtete nach Wien, daß der größte Teil Münchens von den Veränderungen sogar eher beglückt sei.[123] Dr. Erdmann aus Hamburg, ein Liberaler, schrieb: »Das Heulen der Schakale, das Schleichen der Füchse, das hinterlistige Lob witterte der König von der Ferne, und Lolas Spürsinn war ohnehin eine stets fertige Waffe gegen die feindseligen Umtriebe. Zum ersten Mal hatte der König vielleicht Gelegenheit gehabt, seine Umgebung kennen zu lernen.«[124] Der österreichische Dichter Franz Grillparzer bestärkte Ludwig in einem schlicht ›Lola Montez‹ betitelten Gedicht, zu ihr zu stehen:

> »Drum kehrt euch nicht verachtend von dem Weib,
> In deren Arm ein König ward zum Mann,
> Sie gab dem besseren Gedanken Leib,
> Verlor sich selbst, allein die Welt gewann.«[125]

Und sogar König Friedrich Wilhelm IV. unterstützte Ludwig I. in seiner Haltung. Vermutlich nicht ganz ohne Hintergedanken schrieb der preußische und protestantische König an seinen bayrischen Amtskollegen: »Dein heldenmütiger Sieg über das nächtliche Treiben der unwürdigen Jünger des spanischen Ignaz hat dir hier, wie in ganz Deutschland, ungezählte Herzen gewonnen. Wo ich hinhöre, ist nur ein Aufatmen und Loben.«[126]

Dennoch waren nicht alle so des Lobes voll wie der preußische König. Schließlich verdankte man den politischen Wandel des Königs nur dem betörenden Reiz einer Tänzerin. Eisenmann selbst schrieb noch aus dem Gefängnis heraus: »Ich halte mich durchaus auf dem konstitutionellen Standpunkt und nach diesen haben wir das Privatleben des Königs nicht einem Urteil oder gar einer Mißbilligung zu unterwerfen und mit ihm darüber zu rechten. Dazu ist nur ein Mann befugt – sein Beichtvater.«[127] Sehr viel deutlicher waren die Worte des in Paris lebenden Publizisten Venedey, der allerdings große Schwierigkeiten mit der Veröffentlichung seiner Meinung hatte: »Wenn die Freiheit, wenn die Entfesselung der Presse in Deutschland von der Zwischenkunst einer feilen Tänzerin abhängt, dann ist diese Freiheit den Lohn nicht werth, den man für sie fordert.«[128]

Während nun das Für und Wider der neuen politischen Verhältnisse abgewogen wurde, machte sich Lola Montez daran, auch ihre letzten Befürworter mit ihrem exzentrischen Wesen zu düpieren. Wie im Märchen vom *Fischer und seiner Frau* wurden ihre Forderungen immer größer. Nachdem sie in einem ersten Schritt endlich bayrische Staatsbürgerin war, sollte sie nun auch

»Vivat Lola! Pereat Loyola!« Kariaktur aus den ›Leuchtkugeln‹ auf Lolas Kampf gegen die Jesuiten

eine bayrische Gräfin werden. ›Freifrau‹, wie das Ludwig angeboten hatte, war ihr zuwenig.

Die ungewöhnliche Ernennung fand anläßlich des sommerlichen Kuraufenthalts des Königs statt. Am 25. August 1847 ließ Ludwig I. das Adelsdiplom veröffentlichen. »Wir Ludwig von Gottes Gnaden König von Bayern, Franken und in Schwaben«, hieß es darin, »urkunden und bekennen hiermit, daß Wir beschlossen haben, die aus Spanischem Adel geborene Maria von Porris und Montez, Lola Montez, in den graflichen Stand unter der Benennung einer Gräfin von Landsfeld allergnädigst zu erheben.« Das Diplom war am 14. August in Aschaffenburg unterzeichnet worden, wohin Ludwig von seinem alljährlichen Urlaubsort, Bad Brückenau im Kreis Kissingen, gereist war. Dort hatte er Minister Maurer mit allen Mitteln gezwungen, ebenfalls seine Unterschrift darunter zu setzen. Maurer hatte aber bei seinem nur mit äußerstem Widerwillen durchgeführten Dienst durchblicken lassen, daß ihm als Gegenleistung die Ernennung zum erblichen Reichsrat und für seinen Sohn die Ernennung zum Universitätsprofessor recht wäre.

Im weiteren machte er seine Unterschrift aber auch noch davon abhängig, daß er und seine Minister nicht mehr bei der nunmehrigen Gräfin verkehren mußten. Auch er hatte also seinen Widerwillen gegen Lola Montez bekundet – was ihm noch schlecht bekommen sollte.

*Die Erhebung der Lola Montez zur Gräfin von Landsfeld.
Zeitgenössische Karikatur*

Daß Lola auch als Gräfin von Landsfeld – ein im übrigen nicht existenter Ort – nicht salonfähiger werden würde, hätte sie eigentlich schon vor dem Antritt der Reise ins mainfränkische Bad Brückenau wissen müssen. Wieder einmal fand der verzweifelte König kaum noch jemanden, der sich in die Gesellschaft von Lola Montez begeben wollte. Schließlich standen ihm am 22. Juni 1847 für die Reise nach Bad Brückenau gerade noch Kammerherr Scherer, Rittmeister Blom, Baronin Kaunitz, Doktor Curtius, Franz von Berks und Freiherr von der Tann zur Verfügung. Letzterer war der einzige, der König Ludwig von seinen früheren Getreuen noch geblieben war. Aber nachdem Lola Montez eine Woche später nachgekommen war, war es auch bald um die Gefolgschaft der letzten Getreuen des Königs geschehen. Es gab wieder riesigen Streit. Schließlich sagte sich auch von der Tann noch vom König los. Ludwig selbst suchte Zuflucht in Aschaffenburg, wo er sich vor allem um den Bau des Pompejanums kümmerte.

Lola Montez kehrte schon am 8. August nach München zurück. Ihre Popularität beim fränkischen Volksstamm hatte sie bei ihrer Hinfahrt testen können. In Bamberg war sie wieder einmal Ziel eines kleinen Volksaufstandes. Sie selbst berichtet davon: »Es war gewiß ein ergötzlicher Anblick für diese Keulenschläger, als in Bamberg, in der Residenz eines Erzbischofs, der Pöbel meinen Wagen umringte und mir seine Complimente machte, die etwas linkisch und roh ausfielen. Sie waren gewiß schlecht einstudirt, diese armen Volksmenschen. Sie warfen weder die Stein geschickt genug, daß sie mich treffen konnten, noch trafen mich ihre rohen Schimpfworte.«[129] Nürnberger und Würzburger Bürger hätten sie dagegen freundlich aufgenommen und sie zur Vertreibung der Jesuiten beglückwünscht – schreibt sie.

Würzburg war der Schauplatz eines weiteren Lola-Skandals. Als dort ein Soldat ihrem Hund den Zugang zum Hofgarten verweigern wollte, gab sie dem Posten nach gut einstudiertem Rezept eine Ohrfeige. Es kam zu einem Auflauf und heftigem Wortwechsel. Das Ende vom Lied war, daß sie natürlich recht bekam. Dafür wurde der Würzburger Platzmajor Pernwerth auf allerhöchsten Befehl seines Postens enthoben.

Als Ludwig dann Ende September von seinem Erholungsurlaub in Bad Brückenau wieder zu seinen Amtsgeschäften nach

München zurückkehrte, war es noch nicht einmal ein Jahr her, daß er Lola Montez in einer schicksalhaften Stunde kennengelernt hatte. Kaum ein einziges turbulentes Jahr hatte die jetzige Gräfin gebraucht, um in München mit ihren Verführungskünsten und ihrem skandalträchtigen Verhalten das Oberste zuunterst zu kehren. Und natürlich begnügte sich Gräfin von Landsfeld nicht mit dem Erreichten. Der nächste Schritt war, den mittlerweile offen lolafeindlichen Minister Maurer und sein Kabinett zu stürzen.

Schon längst hatten manche Machthungrige die Zeichen der Zeit erkannt und auf Lola Montez gesetzt. Der Appellationsgerichtsdirektor von Bamberg war beispielsweise im Sommer eigens nach Bad Brückenau gereist, um durch Lola Staatsrat zu werden. Er ging dafür sogar soweit, Lolas Gesellschafterin, die Tochter eines Bayreuther Parapluiemachers, die Heirat zu versprechen. Franz von Berks hatte es dagegen mit seinen Salon-Besuchen in der Barerstraße schon im Juli zum Staatsrat gebracht. Nach der Juli-Revolution von 1830 war er als Belohnung für seine Spitzeldienste schon einmal vom Würzburger Privatdozenten zum Ministerialrat befördert worden. Er avancierte bald darauf zur rechten Hand des Fürsten von Wallerstein. Wallerstein war schon in den 30er Jahren Minister gewesen, konnte aber dann als der erklärte Intimfeind von Abel nicht mehr zu Amt und Würden kommen. 1840 hatten Abel und Wallerstein sich sogar ein groteskes Duell beim Aumeister im Münchner Englischen Garten geliefert, wobei sie absichtlich aneinander vorbeischossen. Als Abel 1848 auf ganz andere Weise doch noch gestürzt und abzusehen war, daß auch Maurer sich nicht lange halten würde, hielten Wallerstein wie auch Berks ihre Stunde für gekommen. Sie beide sollten von Lola am meisten profitieren.

Beide intrigierten beim König gegen Maurer, der spätestens nach der Verleihung des Adelsdiploms an Lola in Ungnade gefallen war. Am 30. November war es dann soweit. Hofmarschall Graf Yrsch überbrachte Maurer die Entlassungsurkunde. Das ›Ministerium der Morgenröte‹ war am Ende. Für das neue Ministerium war auch schon bald der passende Name gefunden: ›Lola-Ministerium‹.

Die treibende Kraft dieses Ministeriums wurde Graf Wallerstein, seit je ein Gegner des politischen Katholizismus. Einer sei-

Neumodische Windfahnen. Karikatur von F. Dyk von 1847 auf das Lola-Minsterium aus den ›Fliegenden Blättern‹

ner ersten Schritte, ganz im Sinne Lolas, bestand darin, eine Untersuchung über die Rolle der Jesuiten in Bayern durchzuführen. Viel bemerkenswerter war aber, daß er federführend auf die Einführung der Pressefreiheit hinzuwirken begann – nach siebzehn Jahren striktester Zensurpolitik eine Sensation. Lola Montez beschwerte sich aber deswegen bei Ludwig. Insbesondere beklagte sie sich darüber, daß für die Aufhebung der Zensur am 16. Dezember 1847 nicht ihr Ratschlag eingeholt worden war.

Nutznießer dieser neuen Politik waren nämlich auch die Gegner von Lola, die jetzt um so ungenierter auf die mit ihr verbundenen Mißstände hinweisen konnten. Aber auch die Sturzflut der zumeist immer noch verbotenen und offen staatsfeindlichen Flugschriften, Schmähschriften und Karikaturen, die sich mit dem Thema ›Lola Montez‹ beschäftigten, nahm nochmals zu. Die Texte wurden immer eindeutiger. Das um die Wende zum Jahr 1848 kursierende ›Lola-Montez-Vaterunser‹ war beispielsweise nichts anderes als eine Anstiftung zum Totschlag: ›Lola Montez, leider Gott noch die Unsere, die du bald lebst in, bald um München, bald in China, bald in Sendling, die du das Volk nennst Canaille, und die du selbst eine Canaille bist, du Verpesterin der Ruhe und Ordnung, der Sitte und Zucht, des Vertrauens und der

Liebe, du Teufel ohne Hörner und Schweif, aber mit sonst allen Teufelskünsten und Attributen, du Babylonische, die nirgends fast mehr leben kann, weil sie dich schon überall hinausgehauen, verwünscht sei dein Name, zerrissen dein Adelsbrief, verdammt bis du von den Guten und den Schlechten, von Groß und Klein, von Nieder und Hoch!(...) Kein Versprechen, kein Geld und Gut, kein gestickter Kragen und Orden verführt uns, deine Partei zu nehmen, mach dir also keine Müh', komm und laß dich massakrieren oder bleib draußen und laß dich wo anders totschlagen, aber bleib uns vom Leib, dazu hoffet man's zu bringen durch Gewalt der Pflastersteine und den festen Willen der Stände, und daß wir erlöst sind von dir und allen dran hängenden Übeln. Amen.«[130]

Ein beliebtes Objekt der Schriften und Zeichnungen wurde auch eine bis dahin völlig unbekannte Spezies, die sich dank ihrer Protektion gebildet hatte und in Lolas, Ludwigs und Wallersteins Bayern für besonderen Zorn sorgte: die Alemannen.

Schon bei ihrem Einzug in die Barerstraße im Frühsommer hatte sich Lola Montez nämlich nicht nur mit weltgewandten und geistreichen Herren umgeben. Vermutlich, um sich auch mehr mit Leuten ihres Alters und möglicherweise auch mit Herren zu umgeben, die mit ihrer sexuellen Ausstrahlungskraft mithalten konnten, war sie dazu übergegangen, Studenten von der Münchner Universität in ihren Salon einzuladen. Einer davon war der oberpfälzische Jura-Student Elias Peißner, der damals im siebten Semester stand und Mitglied der Studentenverbindung Palatia war. Als die für Lola-Angelegenheiten immer sehr aufmerksamen Münchner zu vorgerückter Stunde Lola Montez hinter den Fenstern ihres Palais' entdeckten, wie sie sich das Käppi des Palatia-Studenten auf ihr rabenschwarzes Haar setzte, war es um Peißners Zugehörigkeit zu seiner Verbindung geschehen. Schon am nächsten Tag wurde er aus der Palatia ausgeschlossen. Der 1. März war besonders in Studentenkreisen nicht vergessen, und noch weniger war vergessen, daß nach dem 1. Mai etwa Professor Döllinger aus der Universität entfernt oder dem Privatdozenten Dr. Merz die venia legendi entzogen worden war.

Peißner ließ sich dadurch nicht vergrämen. Unter der Protektion von Lola gründete er zusammen mit Eustach Karwawski einfach eine neue Studentenverbindung: die Alemannia. Ihre Farben waren rot/gold/braun. Sie trugen rote Käppchen, die angeblich aus Lolas Unterröcken genäht waren. Ihr Stammlokal war das Rottmann'sche Kaffeehaus unter den Arkaden am Hofgarten. Über viel mehr als rund zwanzig Mitglieder, zu denen auch noch Berks' Sohn gehörte, kam die neue Verbindung nicht hinaus. Selbstverständlich war ihnen von Anbeginn der Haß der alten Verbindungen Suevi, Bavaria, Palatia, Isaria und Franconia sicher. Wenn Mitglieder der neuen Studentenverbindung im Hörsaal saßen, dann verließen die Mitglieder der alten demonstrativ den Raum. Dabei ging es aber nicht nur um die Ehre, sondern auch um die späteren Berufsaussichten.

Die protektionierten Mitglieder der neuen Verbindung rechneten sich viel bessere Chancen als andere aus, um in Bayern später zu Amt und Würden zu kommen.

Der Wahlspruch der Alemannen war: Virtus omnium vincat quodque malum. (Durch männliche Tatkraft vor allem muß jedes Übel fallen.) Diese männliche Tatkraft setzten sie vor allem gegen die üblen Feinde Lolas ein. Die Alemannen wurden Lolas Leibwache. Im Volksmund wurden sie treffend Lolamannen genannt. Einer von ihnen hat seine männliche Tatkraft in einer Art und Weise eingesetzt, die sich König Ludwig nicht hätte träumen lassen.

Als Ludwig schon um sein Königreich gebracht worden war, mußte er nämlich aus der Feder von Elias Peißner nachträglich folgendes Geständnis lesen: »Im Monat November 1847 befand ich mich einmal alleinig bei der Gräfin in dem kleinen Schlafzimmer und nach längerem Liebkosen küßte und drückte sie mich und fragte mit fingierter Überraschung plötzlich: Qu'avez vous? Que voulez vous? Vous êtes si rouge ..., berührte mich alsdann, und bahnte mir einen Weg, sie (zu) genießen, worauf, um kurz zu sein, ich fühlte, was ich nie zuvor gefühlt. Ich wußte nicht, wie mir geschehen, bei dem heiligen Crucifix mußte ich kniend schwören, ihr nie untreu zu sein; sie that dasselbe. – Es waren entsetzlich heilige Augenblicke. Die Folge davon, daß ich noch bis über die Ohren in sie verliebt wurde, daß ich in jener Zeit selbst mein Leben für sie gegeben hätte.«[131]

Noch vor kurzem hatte Ludwig folgendermaßen gereimt: »Hast wegen mir Du alles aufgegeben, / So habe ich gebrochen auch mit Allen. / Mir kann, gefährlich, keine mehr gefallen, / Gehöre Dir, Du meines Lebens Leben.«[132] Lola Montez hatte mitnichten alles aufgegeben. Sexuelle Bedürfnisse befriedigte sie auch ohne den 61jährigen Monarchen mit einem 23jährigen Studenten.

München –
ein furioser Abschied

Am 29. Januar 1848 war Joseph Görres gestorben, der Vordenker der ultramontanen Richtung, dem schon zu Lebzeiten, am 1. März 1847, die Vivat-Rufe der Studenten gegolten hatten. Jetzt versammelten sich die katholisch gesinnten Studenten wieder, um ihm ein letztes Mal zu huldigen. Der von Professor Sepp angeführte Trauerzug wurde binnen kurzem zu einem Demonstrationszug der ultramontanen Studenten. Niemand anders oder, wenn man so will, *natürlich niemand* anders als Lola Montez hatte nämlich die Stirn gehabt, sich mitten durch den Trauerzug hindurch einen Weg zu bahnen. Die Folge war sogleich, daß in den Tagen darauf auf den Straßen und in den Hörsälen die feindliche Stimmung zwischen den vielen lolafeindlichen und den wenigen lolafreundlichen Studenten zum Kochen kam. Alsbald sollten die Drohungen des Lola-Montez-Vaterunsers Wirklichkeit werden. Auslöser war ein erster ernsthafter Zwischenfall.

Mittwoch, den 9. Februar 1848, vormittags: Auf dem Odeonsplatz, vor dem Stammlokal der Alemannen, dem Rottmann'schen Kaffeehaus, kommt es erst zu lauthals ausgetragenen Streitereien, dann zu handgreiflichen Auseinandersetzungen. Mitten im Tumult greift der Alemanne Graf Hirschberg zum Dolch, sticht auf einen Gegner ein und verletzt ihn. Hirschberg und seine Kumpane fliehen daraufhin in ihr Stammlokal, wo sie rasch von der um viele hundert Studenten angewachsenen Menge belagert werden. Als endlich Gendarmen eintreffen, geht es aber mitnichten darum, Hirschberg zu verhaften. Vielmehr sind sie gekommen, um die Alemannen vor der Menschenmenge zu schützen. Der Haß der Menge gegen die Alemannen, gegen Lola Montez und gegen Ludwigs Politik nähert sich dem Siedepunkt.

Mittags: Eine Dame mit großem Schal und blauem Hut kommt die Theatinerstraße herunter und will am Kaffeehaus vorbei Richtung Schwabing weitergehen. Lola Montez, von Neugierde und Lust an der Provokation getrieben, nähert sich der Menge.

Theatinerkirche und Feldherrnhalle in München.

1853/54 von Franz Hanfstaengl fotografiert

Sie wird sogleich erkannt. Es beginnt eine Verfolgungsjagd. Die Menge will ihr ans Leben. Erst will sie sich mit gezogener Pistole ins Arcosche Palais retten, wendet sich aber dann in hellster Verzweiflung der Theatiner-Kirche zu. Friedrich Haering, der Actuar vom Zeughaus, und zwei Polizisten schützen die Jesuiten-Feindin, damit ausgerechnet sie nach altem Brauch im Schoß der Kirche Zuflucht finden kann. Draußen tobt die aufgebrachte Menge. Militär schreitet ein, räumt den Platz und ermöglicht Lola Montez unter den gellenden Pfiffen ihrer vielen hundert Todfeinde das Geleit zur sicheren Residenz, die auf der gegenüberliegenden Seite des Odeonplatzes liegt.

18.30 Uhr: Wie ein absolutistischer Monarch erläßt König Ludwig I. die Order, die Universität bis zum Oktober zu schließen. Die Studenten haben spätestens bis zum 21. Februar Zeit, die Stadt zu verlassen.

Donnerstag, den 10. Februar 1848, 9 Uhr: Die versammelten Studenten erfahren am Schwarzen Brett der Universität von König Ludwigs Order. Fassungslos marschieren sie erst zum Haus des Rektors der Universität, Thiersch, der sie vom Balkon aus ermahnt, Ruhe zu bewahrten. Dann geht es weiter. Ein Zeitzeuge berichtet von den weiteren Ereignissen: »So ging es über den Karlsplatz durch die Neuhausergasse bis vor das Gebäude der Akademie (das ehemalige Jesuitencollegium), wo sich das Amtslokal des Cultusministeriums befindet, um die gleiche Ehre, wie dem Rektor, auch dem Fürsten von Wallerstein zu erweisen. Etwa 800 Studenten und ungefähr die gleiche Zahl Zuschauer (unter diesen auch Referent) mochten sich hier versammelt haben. Kaum war das erste Vivat erschollen, niemanden war das mindeste Leid geschehen, die öffentliche Ordnung nicht im Mindesten gestört, oder eine Störung auch nur in Aussicht gestellt, als Hauptmann Bauer von Breitenfeld (dessen Name in Bayern, wie in der Pfalz ›Melac‹ und in Hamburg ›Davoust‹, vielleicht einst noch als Hundsname in der Geschichte fortleben wird), an der Spitze von 20–25 Gendarmen, zwischen der St. Michaelskirche und dem Mauthgebäude hervorstürzte, sogleich einem der seinigen die Pike aus der Hand riß und einem harmlos in dem Vorplatz des Gebäudes, wohin er sich zurückgezogen, stehenden jungen Manne mit derselben (wir konnten nicht unterscheiden, ob in den

Hals oder in den Kopf) stach, so daß er besinnungslos niederstürzte und weggetragen werden mußte.«[133]

13. Uhr: Über tausend Münchner Bürger und Studenten versammeln sich im Münchner Rathaus. Für die Münchner Bürger geht es nicht nur um Protest gegen die Politik des Monarchen. Genauso schwer wiegt, daß nach der Ausweisung der Studenten ein wichtiger Wirtschaftsfaktor für die Stadt ausfallen würde. Die (falsche) Nachricht vom Tod eines Demonstranten macht die Runde, worauf die Studenten unter keinen Umständen mehr bereit sind, der Ausweisung nachzukommen. Unter der Führung des Bürgermeisters von Steinsdorf kommt es dann zu dem Entschluß, König Ludwig eine Deputation Münchner Bürger zu schicken. Der autokratische Monarch, der längst den Zugang zur Wirklichkeit verloren hat, lehnt aber eine Audienz für die Abordnung mit folgenden Worten ab: »Kommt eine Deputation bittlich zu dem König mit 2 000 Mann im Rücken? Ich lasse mir nichts abtrotzen. Die Landshuter haben sich nicht beschwert, als ich die Universität nach München verlegte; die Münchner aber gebärden sich, als hänge ihr Leben daran, weil ich die Universität für einige Monate schließe und ihnen Einnahmen entgehen. Die Münchner Bürger sind sehr undankbar; sie vergessen, was ich seit 23 Jahren für die Stadt getan habe. Ich kann aber meine Residenz auch verlegen, nichts hindert mich daran.«[134]

Abends: Nachdem die Deputation noch einen zweiten vergeblichen Anlauf gemacht hat, bei seiner Majestät vorgelassen zu werden, erscheint schließlich von Berks im Rathaus und erklärt, daß die Universität schon nach Ostern wieder geöffnet werden könnte.

Nachts: Die Ausschreitungen nehmen zu. Die von Militär abgesperrte Barerstraße, ebenso der Max-Joseph-Platz kann gegen die johlende und mit Pflastersteinen werfende Menge gerade noch gehalten werden. In der Weinstraße zerbersten dagegen schon die Fensterscheiben. Die Stürmung der dortigen Polizeistation durch eine Menge, die über die Vorfälle vom Vormittag außer Kontrolle geraten ist, kann gerade noch abgewehrt werden.

Freitag, den 11. Februar 1848, 9 Uhr: Eine vielhundertköpfige Menge belagert das von Militär geschützte Palais von Lola Montez. Die Gräfin lehnt es ab, mit Oberkriegskommissar Mussinan zu sprechen, der ihr eine Botschaft des Königs überbringen will. Nach einiger Zeit geht sie tollkühn in den Garten vor ihrem Haus und zeigt sich der Menge. Steine fliegen. Lola Montez wird getroffen. Sie schreit: »Wollt ihr mein Leben, da nehmt es!« Von der nicht abgesperrten Rückseite des Hauses dringen die ersten Belagerer in das Grundstück ein. In höchster Not wird die widerstrebende Lola in die bereitstehende Kutsche gehievt, worauf ihr Kutscher sich in rasanter Fahrt mitten durch die Menge hindurch Bahn schafft. Die Kutsche umkreist die Residenz, wo Lola Montez aber keinen Einlaß bekommt. In mörderischer Fahrt geht es schließlich die Sendlinger Straße hinaus zu dem beliebten Ausflugsziel Großhesselohe. Lolas Kutsche wird von Graf Arco Valley verfolgt, der sich vergewissern will, daß sie die Stadt tatsächlich verläßt. Er hat 5 000 Gulden für die Armen der Stadt versprochen, wenn dies geschieht.

Unterdessen wird Lolas Palais gestürmt, die erlesen ausgesuchte Einrichtung weitgehend zerstört, die Essensvorräte geplündert. In den Räumen des Palais' wird der völlig verängstigte Schokoladenfabrikant Mayrhofer gefunden und verprügelt. Alles wird nach persönlichen Unterlagen abgesucht, um die Schützlinge und Günstlinge von Lola Montez identifizieren zu können.

Mittags: Eine Delegation Münchner Bürger wird endlich bei König Ludwig vorgelassen. Seine Familie hat Ludwig schon vorher bestürmt, den Bitten der Bürger nachzugeben. Erstmals seit dem Beginn der Affäre mit Lola Montez schließt sich auch Ludwigs Ehefrau, Königin Therese, den Lola-Gegnern an. Schließlich wird klar, daß auch auf das Militär kein Verlaß mehr ist. Der Wille des Königs ist gebrochen. Er willigt schweren Herzens ein, die Universität sofort wieder zu öffnen und Lola Montez aus der Stadt München auszuweisen. Bürgermeister Steinsdorf verkündet den jubelnden Münchner Bürgern: »Niemand ist mehr zwischen König und Volk!« Der Aufruhr auf den Straßen, der sich immer mehr gegen die berittene Polizei gerichtet hat, kommt zum Stillstand.

Nachmittags: Lola Montez kommt als Mann verkleidet nach München zurück, wird von der Wirtin der *Blauen Traube* erkannt, aber nicht enttarnt. Nachdem sie vergeblich versucht hat, unerkannt in die Residenz zu gelangen, fährt sie mit dem Fiaker

*Karikatur von Franz Seitz, Februar 1848.
In der Mitte Lola Montez auf den Schultern des verhaßten Hauptmanns
Bauer auf dem Weg in die Hölle.
Im Himmel Studenten und Professoren der Münchner Universität.*

Nr. 45 nach Blutenberg, ein kleines Wasserschloß im Münchner Westen.

Nachts: In der Blutenburg haben sich bereits zehn Alemannen versammelt. Nachts um 23.30 Uhr stößt Lola zu ihnen und fällt Peißner um den Hals. Sie beschwört ihn, sie nach München zurückzubringen. Als Peißner sich weigert, ohrfeigt sie ihn und hält ihm vor, wie sie sich für seine Familie, etwa für seinen Vater, der durch sie Bote beim Innenministerium geworden ist, eingesetzt habe. Peißner weigert sich immer noch und will sich umbringen. Aber Lola kann ihn schließlich doch für sich gewinnen und ihm das Versprechen abnehmen, nach München zurückzukehren. Sie gehen gemeinsam in ein Schlafzimmer.

Samstag, den 12. Februar 1848, frühmorgens: Schäfer, der Pächter der Blutenburg, macht sich heimlich auf den Weg nach München, um von Lolas Versteck zu berichten. Von Berks abgewiesen, wendet er sich an Wallerstein, der ihm zwei Polizisten mitschickt. In Schloß Nymphenburg gesellt sich eine halbe Eskadron Reiter dazu. Nachdem Lola Montez um acht Uhr aufgestanden ist und noch einmal ihren unsinnig gewordenen Willen »Je veux maintenant la couronne!« beteuert, treffen Polizei und Militär ein.

Lolas und Peißners letzte Konferenz in der Blutenburg. »Ich will die Krone. Du wirst Minister!« oder was? Zeitgenössische Karikatur

Vormittags: Lola Montez wird ein Paß auf den Namen ›Mrs. Bolton‹ ausgestellt und sie im nahen Pasinger Bahnhof zusammen mit drei Alemannen in den Zug nach Lindau gesteckt. Der französisch sprechende Dichtl und der Diurnist Weber begleiten sie bis nach Lindau. Oberkriegskommissar Mussinan folgt ihr nach, um von Lindau aus König Ludwig Bericht über Lola Montez erstatten zu können.

Lola Montez' Abschied von München hatte sich ähnlich furios wie ihr Entree vollzogen. Innerhalb von nur drei Tagen war sie von der überkochenden Volkswut aus München vertrieben worden. Mit der Eisenbahnfahrt von München nach Lindau war ihr Münchner Gastspiel endgültig beendet. Ihre Ausweisung wurde mit zahlreichen Spottversen und Karikaturen genüßlich nachgefeiert, unter anderem auch mit einer besonders originellen Menukarte, dem ›Neuen Speisezettel‹: »Aufgeschmalzene Sevenkraut- und Brennesselsuppe. Abfahrenden Passagieren zu empfehlen ... Durchgetriebene Lola-Montez-Krebssuppe. Den Freunden der edlen Spanierin zu empfehlen ... Gespicktes Lolawildpret von jüngst gehaltener Jagd. Sehr mürb und trefflich gebeizt. Schlechten Zähnen zu empfehlen, besonders denen, die etwa noch falsche Gebisse tragen ... Spanischer Lendbraten. Für Leute, die gerne Mageres essen. Schon sehr vergriffen. Wer davon haben will, muß sich beeilen ... Englischer Braten, nicht gar gekocht. Für Leute, die der Lola nicht die Intrigen allein zutrauen ... Spinat mit brennheißen Kastanien, von den couragierten Leuten aus dem Feuer geholt. Für Leute, die kreuzfidel sind, wenn die Sache durchgefochten ist ... Bayerische Dampfnudel à la sans Canons. Für Leute, die das Pulver für eine bessere Sache verschossen haben wollen, als für eine fahrende Theaterprinzeß.«[135]

Lola Montez war mittlerweile in Lindau, schließlich in der Schweiz angelangt. ›Spanischer Lendbraten‹ konnte also in München nicht mehr serviert werden. Aber ihr Geist ging in München immer noch um. »Schau' nicht um, die Lola geht 'rum!« hieß es am 19. März im Münchner *Punsch*.

Ihr Geist war vor allem unter denjenigen Münchner Bürgern zugegen, die, wie es im Speisezettel geheißen hatte, ihr Pulver für bessere Sachen verschießen wollten als für fahrende Theaterprin-

Wie die im Verschiesz erklärten Allemanen ins College gehen, gebührend von den honorisch akademischen Bürgern empfangen werden u. wie darob ein grosz Getümmel entstund, und alles Volk ganz gräulich zusammen laufen thäte.

Sodann die verschieszenen Allemanen bei ihrer Protectrice Schutz suchen wollen, wie dieselbe jedoch selbst scheuszlich geholzt, und endlich totaliter fangeux die Flucht ergreifen thun thäte.

Wie dann die Studenten endlich aus München sollen, aber mit den braven biedern Bürgern Münchens das Gegentheil bezwecken.

Wie dann die spannisch allemanische Lola in gänzlicher humilition das verlorene bene beweinend, – abkrutzen thut.

Schlieszlich, wie sich das spannisch allemanische Volk in ein fremdes Land begiebt, und von den dortigen Einwohnern famos empfangen, und höchst gastfreundschaftlich aufenommen werden thate.

zessinnen. Nur drei Wochen nach der Ausweisung der Gräfin von Landsfeld hatte, von Frankreich kommend, die 48er Revolution die schon längst sturmreif geschossene Residenzstadt erfaßt. Zwei Ereignisse, nämlich die fast ganz Europa erfassende Revolution und die tumultartige Vertreibung von Lola Montez, sind also eng miteinander verquickt. Die Vertreibung Lolas war ein Vorspiel auf eine veritable Revolution gewesen – die aber, wie das Nachspiel in der Frankfurter Paulskirche zeigte, letztendlich doch nicht zum Ziel führte.

In München begann die Revolution am 2. März 1848, als sich die immer noch vorhandene Volkswut gegen den schlimmsten Lola-Günstling entlud, Innenminister Franz von Berks. Aber schon am nächsten Tag standen Forderungen nach bürgerlichen Freiheiten im Vordergrund: neues Polizeigesetz, Bauernbefreiung, vollständige Pressefreiheit, Öffentlichkeit bei Gericht, sofortige Einberufung des Landtags. Als dann am 4. März das Münchner Zeughaus gestürmt wurde, ohne daß das Militär oder die Polizei noch ernsthaften Widerstand geleistet hätten, sprang Prinz Karl in die Bresche und versprach schon für den 16. März die Einberufung der Ständeversammlung.

Damit war eigentlich schon das Ende der 48er Revolution in München erreicht. Aber der Geist von Lola Montez ging immer noch um, möglicherweise sogar sie selbst. Schon Mitte März war ein Wiederaufflammen der Unruhen zu befürchten, weil das Gerücht aufgekommen war, Lola Montez sei wieder in der Stadt. Nach einem Polizeibericht vom 14. März soll sie sich südlich von München in Fürstenried aufgehalten haben. Nach anderen Berichten wurde sie im Schlößchen des ›Mayer-Ziegelstadels‹ in Haidhausen, später auch noch in Berg am Laim beim Kunstmaler Muth vermutet.[136] Ebenfalls in Berg am Laim wurden sogar die Türme der Michaelskirche durchsucht, weil sie aufgeschreckte Münchner auch dort noch in luftiger Höhe gesehen haben wollten. Am folgenschwersten war aber das Gerücht, daß sie sich in der Wurzerstraße 8 beim Boten Wegerer versteckt habe. Nachdem es vor diesem Haus zu einem großen Auflauf gekommen war, konnte die Polizei bei einer Hausdurchsuchung zwar keine Spur von der angeblich in ›schwarze Frauentracht‹ gekleideten Lola finden. Dennoch hielt sich das Gerücht, daß Lola doch gefunden und jetzt im Polizeigebäude arretiert sei. Die Folge war, daß die respektablen Gendarmen von den aufgebrachten Münchnern belagert wurden. Unter der Forderung ›Die Hur muß heraus!‹ gingen sämtliche Fensterscheiben zu Bruch. Dann wurde das Polizeigebäude gestürmt und verwüstet. Erfolg war dem bis dahin beispiellosen Unternehmen aber nicht beschieden. Lola Montez wurde nicht gefunden.[137]

Sehr viel mehr Erfolg hätte man aber in der Nacht vom 8. auf den 9. gehabt, als Lola Montez als Mann verkleidet heimlich nach

Der Genius der Sittsamkeit verläßt das gelobte Land und Alle Mannen, welche der Tugend und Freiheit anhängen, begleiten sie; dasselbe thun zwei Tugendritter. Zeitgenössische Leipziger Karikatur

München zurückgekehrt war, sich zu ihrer Freundin Caroline geflüchtet und Ludwig dann folgenden Brief zugeleitet hatte: ›Mi querido Louis, ich bin im Haus meiner guten und treuen Caroline, die Dir das bringen soll. Kannst Du nicht hierherkommen?...‹[138] Es war tatsächlich noch zu einem letzten Treffen in den Räumen der Polizeiwache an der Weinstraße gekommen. Lola Montez hat Ludwig I. dabei noch einen schicksalsschweren Rat gegeben: Er solle zurücktreten.

Aber der einstige Autokrat Ludwig hätte auch so schon einsehen müssen, daß seine besondere Form des Regierens zu Ende war. Durch seine Affäre mit Lola Montez zutiefst kompromittiert, durch die revolutionären Märzereignisse erschüttert, resignierte König Ludwig I.. Ohne äußeren Zwang leistete er am 19. März 1848 vor den erwachsenen Männern des Hauses Wittelsbach den Thronverzicht.

Der alte Charon transportiert eine Gesellschaft von Individuen, die sich selbst überlebt, über den Styx in die Unterwelt. Zeitgenössische Karikatur von Kajetan, auf der Lola Montez inmitten der Symbole des Vormärz in den Hades gebracht wird

Die Schweiz – brisante Briefe

Nachdem sie sich ungefähr eine Woche in Lindau aufgehalten hatte, konnte der Oberkriegskommissar Mussinan aus Lindau die Abfahrt Lola Montez' in die Schweiz melden.[139] Die drei Alemannen, die sie dorthin begleitet hatten, waren schon früher abgereist. Lola Montez wandte sich zuerst nach Zürich, dann nach Bern und schließlich nach Genf. In der für damalige Verhältnisse liberalen Schweiz konnte sie sich vor den Nachstellungen ihrer katholischen Feinde sicher fühlen und nach den turbulenten Münchner Ereignissen aufatmen. Das neue Reiseziel kam ihr aber auch deshalb gelegen, weil es nicht allzuweit von München weg war, so daß es gut zu einem neuen Treffen mit dem mittlerweile schon zurückgetretenen König Ludwig hätte kommen können. Dies trat aber dann doch nicht ein. Dafür blieb ihr der Briefkontakt mit Ludwig. Auch das war mit Hilfe des Münchner Bankiers Hirsch und des Genfer Hotelier Rufenacht relativ problemlos zu gestalten. Die Briefe bezeugen, daß Lola Montez sich zum damaligen Zeitpunkt auf dem Tiefpunkt ihres Lebenswegs befunden hat – ebenso Ludwig. Handelte es sich aber im Falle Ludwigs eher um die Depression eines abgedankten Königs, der in revolutionären Zeiten mit den mißtrauisch beäugten neuen demokratischen Zeiten haderte, so war es im Fall Lola Montez auch ein moralischer Tiefpunkt. »Schon vor einigen Tagen habe ich Dir wegen dem Geld für meine Hotelrechnung geschrieben, so daß ich nicht aufs Land ziehen kann, wo alles für mich fertig ist. Ich brauche 3000 Franken für die Möbel und 2000 Franken für die Hausreparaturen. Für das Hotel brauche ich 4000 Franken ... Ich bin in einer unerträglichen Lage, ich habe keinen Kreuzer. Wenn es Dir wirklich ernst mit mir ist, kannst Du es beweisen, indem Du mir das versprochene Geld zu meinem sofortigen Gebrauch gibst. Ohne es bin ich verloren und kann mich nur selbst zerstören. Ich kann keinen anderen Lebensstil mehr führen als den, den ich gewohnt bin.«[140] So Lola Montez, als sie Ludwig in ihren in einem merkwürdigen Spanisch geschriebenen Briefen ein ums andere Mal im Frühjahr 1848 aus Genf um enorme Summen angeht, um die aus reiner Verschwendungssucht entstandenen Schulden zu begleichen. Der zu diesem Zeitpunkt immer noch liebeskranke König kann ihr schlecht plausibel machen, daß er nach der Abdankung nur noch über ein dramatisch verringertes Einkommen verfügt. Allerdings ist Lola Montez auch unfähig, in der erdrückenden Flut von Hotel-, Handwerker- und Dienstbotenrechnungen auf Ludwigs Angebot einzugehen, ihr für die Zinsen von 400 000 Gulden eine lebenslängliche Rente zukommen zu lassen. Lola Montez' im Schriftbild hoch nach oben ausschlagenden Bitt-, Droh- und Liebesbriefe ermöglichen es ihr aber schließlich, das feudale *Château de l'Impératrice* am Genfer See zu beziehen, wo schon Kaiserin Eugénie residiert hatte. Alsbald können die biederen Schweizer Lola Montez auch noch in einem prächtigen Boot bestaunen, auf dem sie sich von ihrem Besitztum aus von muskulösen jungen Männern auf den Genfer See hinaus rudern läßt. Was früher die Alemannen gewesen sind, werden jetzt die sogenannten *Korsaren*. Den sich immer noch in Liebe verzehrenden Ludwig speist sie dagegen mit Appetitanregern auf ihre erotischen Künste ab: »Wie kannst Du fragen, ob ich mit Dir ›besar‹ will? Du weißt, daß ich Dir ganz ergeben bin, daß ich Dich mehr und mehr für alles liebe, was Du für mich geopfert hast – natürlich will ich, und es gefällt mir, wenn ich daran denke, daß mein geliebter Ludwig mit seiner Lolitta schlafen will… Mein lieber Ludwig, ich bitte Dich, mir treu zu sein, wenn Du zu mir kommst, und dann kannst du mit mir mit großem Gusto und Vergnügen schlafen. Mein Herz gehört Dir, auch mein cuno, alles. Deine treue, zärtliche Lolitta.«[141] Ludwig antwortet ihr in einem dem Brief vom 16. Juni beigefügten Kärtchen: »Ich habe Deinen Brief vom 8. dreimal gelesen, und jedesmal habe ich eine Erektion bekommen. Morgen nacht (vom 17. auf den 18.) ist die einzige Nacht, in der ich mit Dir geschlafen habe. Außer einmal, am 1. Dezember, am Nachmittag, als ich in Dir war. Wenn Du diesen Zettel gelesen hast, dann verbrenne ihn sofort. Auch wenn seine Erektionen sehr stark sind, ist Dein Luis seiner Lolitta treu.«[142]

Der rund 400 Briefe umfassende Austausch von Liebesschwüren, Liebesschmerz, Kabalen und Schreckensmeldungen bezeugt Ende August 1848 auch, daß ein Treffen des ungleichen Liebespaares im nahe Liechtenstein gelegenen Malans in greifbarer Nähe gewesen wäre. Nur herrschte genau zu diesem Zeitpunkt wieder einmal Lola-Montez-Skandal in München. Um den 20. August ging nämlich das Gerücht um, daß Ludwig den gesamten Staatsschatz an Lola Montez verschenkt hätte. Nach neuerlichen blutigen Ausschreitungen konnte zwar amtlicherseits bewiesen werden, daß dies tatsächlich ein Gerücht gewesen war. Allerdings bedeutete dies für den damals in Berchtesgaden weilenden Ludwig auch, daß er sich in keinem Fall auf die Reise zu Lola Montez in die Schweiz begeben konnte. Hatte er in einem Brief vom 13. August noch sehnsüchtig herbeigewünscht, Lola Montez' nackte Füße in seinen Mund zu nehmen, so mußte *Luis,* wie er sich nannte, *Lolitta* am 28. August folgendes melden: »Muy querida Lolitta. Tränen kommen mir in die Augen. Anstatt Dich an mein Herz zu halten, anstatt mit Dir über meine Gefühle zu sprechen, muß ich Dir schreiben...
Die Revolutionäre haben das Gerücht ausgegeben, daß ich Dich mit Schmuck beschenkt hätte, der dem Staat gehört. Dein Luis ein Dieb!!... Neue blutige Kämpfe werden erwartet und die schlimmsten Folgen, wenn ich nach Tirol gehe... Es ist schrecklich, schrecklich. Es ist mehr als schlimm, solchen Schmerz zu verursachen, wenn Du in diesem Moment auf so einer langen Reise bist. Aber liebe mich nicht weniger! Es ist nicht mein Fehler... Dein treuer Luis.«[143]

Während im Briefwechsel weitere Treffen, etwa in Ludwigs Villa Malta in Rom, ins Auge gefaßt wurden, betrat ein weiterer Mann die Bildfläche im Leben der Gräfin von Landsfeld: Monsieur Papon. »Er ist um die dreißig... Er war Anwalt in Marseille, wo er eine Menge Schulden hinterließ, die ihn manchmal quälen... Er hat mit Auszeichnung am Seminar von Toulouse studiert, wo er Protégé des Erzbischofs war, aber er wurde stattdessen Anwalt, ich habe sein Diplom gesehen... Er läßt keine Chance aus, beliebt zu sein, aber ich glaube, er hat kein Herz zum Lieben. Ich weiß nicht, was er in der Gräfin inspiriert, aber ich zweifle, daß es Liebe ist.«[144] schrieb der von Ludwig als Informant eingesetzte Alexandre Rufenacht.

Ursprünglich hatte Lola Montez den Marquis de Sade, wie sich Auguste Papon in hochstaplerischer Absicht auch noch nannte, als eine Art Gesellschafter, Vermögens- und Hausverwalter in ihrem *Château de l'Impératrice* eingestellt. Im Oktober schickte sie ihn sogar noch eigens nach München, um Ludwig auch auf diese Weise von ihren Geldsorgen zu klagen und um vor allem neue Geldbeträge einzutreiben. Dann ging Gräfin von Landsfeld aber immer mehr auf Distanz zu Monsieur Papon, beschuldigte ihn sogar der Homosexualität und warf ihn schließlich aus ihrem Haus. Papon revanchierte sich dafür, indem er versuchte, König Ludwig zu erpressen. Am 1. Dezember 1848 schrieb er dem Ex-König erst einmal einen Brief, in dem er darlegte, wie er sich lange sechs Monate um Lola Montez gekümmert habe und wie schäbig er mit seiner in Armut lebenden Familie dafür entlohnt worden sei. Andererseits würden ihn seine Freunde drängen, einen ganz bestimmten Brief Ludwigs mit sehr pikanten Einzelheiten zu veröffentlichen. Papon schließt erstens damit, daß er die Wiederherstellung seiner Ehre fordert – der Titel eines Kammerherrn wäre ihm dafür recht. Zweitens fordert er Geld – sechstausend Franken. Papon machte seine Drohung dann dadurch wahr, daß er im französischen Nyon am 1. Februar 1849 eine Kurzbiographie von Lola Montez nebst einer Briefauswahl veröffentlichte. Als Ludwig auch darauf nicht reagierte, kam es am 13. März zu einer zweiten Lieferung, in der auch zu Sprache kam, daß Ludwig für Lola Montez eine Million Franken als Lebensrente vorgesehen hatte. Allerdings verstieg sich Papon in seinem Pamphlet zu einem derart frechen und selbstgefälligen Ton, so daß vor allem er, nicht aber Lola und Ludwig, in aller Öffentlichkeit diskreditiert war. Die Affäre war ausgestanden, zumal klar war, daß Papon zu hoch gepokert hatte und keinerlei verfängliches Material mehr in Händen hatte.

Das einsetzende Jahr 1849 brachte auch das allmähliche Ende einer beispiellos verhängnisvollen Affäre. Peißner war an Ludwig herangetreten und hatte ihn um Geld für ein Studium und für die

Ausreise nach den USA gebeten. Ludwig ging darauf ein – aber mit einer Bedingung: Peißner sollte ihm Klarheit über sein Verhältnis zu Lola Montez bringen. So konnte Ludwig erfahren, daß Lola Montez schon im Sommer 1847 ein intimes Verhältnis mit dem Lolomannen gehabt hatte. Peißner war auch des öfteren Gast von Lola Montez in der Schweiz gewesen. Und schließlich mußte Ludwig erfahren, daß Lola Montez in den Tagen des März 1848, als er um eine Entscheidung über seinen Thronverzicht gerungen hatte, in Frankfurt in Peißners Armen gelegen war.

Am 22. Januar 1848 schrieb Ludwig folgendes Gedicht:

> »Das immerhin ich mich gesträubt zu glauben –
> Daß du mich hintergehst, ist dennoch wahr;
> Die Zuversicht auf Dich konnt nichts mir rauben.
> Doch endlich sehe Deine Schuld ich klar.
>
> Mit einem Königreich woll'st Du schalten,
> Und brüstest Dich, wie Herrscherin wärst Du,
> Erhaben über alles woll'st Du walten,
> Dem Niedrigen gekehret immer zu.
>
> Mit Untreu hast du meine Treu vergolten,
> Du woll'st mein Geld. Du wolltest meine Macht,
> Die Du bewirktest, daß mir alle grollten,
> Verwandelst das Dasein mir in Nacht.«[145]

In den Jahren danach wurde manchmal ein alter, gebückter Herr auf Münchens Straßen gesehen, der jungen Mädchen liebevoll die Wangen tätschelte. Noch als 71jähriger umschwärmte er eine 17jährige, Carlotta von Breidbach. 1868 ist Ludwig in Nizza gestorben.

Frankreich –
die Theorie des Männerhasses

Eine weitere Zwischenstation von Lola Montez war Paris. Auch dort hatten sich die Verhältnisse grundlegend geändert. Am 24. Februar 1848 war nach schweren Barrikadenkämpfen der Bürgerkönig Louis-Philippe durch die Arbeiter und Studenten von Paris von seinem Thron gestoßen worden – was binnen kurzem fast ganz Europa bis in die Fundamente hinein erschütterte. Sozialistische und bürgerliche Kräfte hatten daraufhin auf den Straßen von Paris um die Macht gekämpft. Auch die Pariser Feministinnen hatten daran ihren Anteil. Sie standen auf der sozialistischen Seite und scharten sich um Eugénie Nyobet, Suzanne Voilquin und Gabrielle Soumet, deren bewundertes Vorbild George Sand war. Aber schon im Juni 1848 war klargeworden, daß die sozialistische und damit auch die feministische Sache verloren war. Nach blutigen Barrikadenkämpfen und ungefähr 10 000 Toten hatte General Cavaignac die bürgerlichen Kräfte zum Sieg geführt. Die sogenannten ›Vésuviennes‹, ein Regiment, das die Feministinnen aufstellen wollten, hätte daran auch nichts mehr ändern können. Während sich die frühere Bekannte und Freundin von Lola Montez, George Sand, von Paris nach Nohant zurückzog, betrat bereits der Neffe Napoleons I. die politische Bühne, Louis Napoleon, der ab Dezember 1848 als Präsident fungierte und sich 1851 nach einem Staatsstreich auch noch zum Kaiser krönen ließ.

Als Lola Montez 1849 und 1850 in Paris war, wo man bis vor kurzem noch versucht hatte, die Männerherrschaft abzuschaffen, machte sie sich daran, ihre *Memoiren* in Angriff zu nehmen. Auch diese *Memoiren* gipfelten in einem Aufruf zum Kampf gegen die Männer. Geradezu als ob auch sie auf den Barrikaden stehen würde, hat Lola Montez darin im Schlußwort mit flammenden Worten den Männern den Fehdehandschuh hingeworfen: »Ich habe dem starken Geschlecht überall den Fehdehandschuh hingeworfen und ihm gezeigt, wie wenig Recht es hat, sich in morali-

Ehret die Frauen! Sie flechten und weben himmlische Rosen ins irdische Leben. Zeitgenössische Karikatur von Wilhelm Scholz mit Lola Montez, Emma Herwegh und Louise Aston

scher Hinsicht über uns Frauen zu erheben. Ich habe den Frauen gezeigt, daß – wenn sie verständen, die Schwäche der Männer zu nützen, sie überall aufhören würden, das schwache Geschlecht zu sein. Es wäre kein Unrecht, sich jedes Vortheils gegen die Eitelkeit und Anmaßung der Männer zu bedienen. Ich war weit entfernt, mich besser darzustellen, als ich bin, und meine Schuld ist es nicht, wenn ich dadurch besser geworden bin, als der Ruf mich gemacht hat. Der Ruf einer Frau ist oft weiter nichts, als der Widerhall der Bosheiten der Männer, welche die Frauen so gern schwach und schlecht sehen und hinterher eine moralische Entrüstung heucheln. Ihr habt gar kein Recht, über die Tugend einer Frau den Stab zu brechen, – so lange ihr nicht strenger gegen euch selbst seid. Ich habe euch den Fehdehandschuh hingeworfen und werde mit euch kämpfen, so lange ich lebe, in allen Lagen und unter jeder Form.«[146]

Auf ihre Art und Weise war Lola Montez eine Repräsentantin der feministischen Strömungen des 19. Jahrhunderts. Die

Schlußworte ihrer *Memoiren*, aber auch viele Randbemerkungen, die in die vielen hundert Seiten dieser Memoiren eingestreut sind, passen glänzend in jede Anthologie feministischen Gedankenguts. Lola Montez war eine sehr radikale Vorkämpferin, bei der sich regelrechter Männerhaß mit taktischer Schläue verband. Es ging ihr nicht um das selbstlose Einsetzen für die Emanzipation der Frau. Ihr sehr radikaler Aufruf, sich der Schwäche der Männer zu bedienen, verweist angesichts ihrer Münchner Taten sehr auf eine nachträgliche Verbrämung ihres oft skrupellosen Verhaltens und nur wenig auf den bedingungslosen Willen, Gerechtigkeit und Gleichheit unter den entrechteten Frauen dieser Welt zu ermöglichen. Allerdings ist festzuhalten, daß die auch noch per Gesetz zur ›ledigen Frau‹ verdammte Lola Montez durch ebendiese patriarchale Gesellschaft in das Dilemma geraten ist, einerseits den gegebenen Moralvorstellungen zumindest nach außen hin entsprechen, andererseits als Tänzerin und wohl auch als Kokotte ihr Leben und ihre Lebensvorstellungen meistern zu müssen. In dieser Lage hat sie es oft genug vorgezogen, den gegebenen Moralvorstellungen nicht einmal mehr nach außen hin zu entsprechen.

Es gibt zwar ein paar Ungereimtheiten an der Quellenlage ihrer Memoiren. Angesichts ihrer vielen, zumeist kurzen und fast immer im Streit endenden Beziehungen und angesichts ihrer späteren Schriften liegt aber der Schluß nahe, daß der Haß auf die Männer ein Leitmotiv ihres Handelns war – »Ich liebe die Freiheit und hasse die Männer«[147] heißt es ganz lapidar an einer anderen Stelle ihrer *Memoiren*. Und angesichts der Tatsache, daß es fast immer reiche und berühmte Männer waren, liegt auch der zweite Schluß nahe, daß Lola Montez noch einen weiteren Schritt vollzogen hat – den Schritt von der Abwertung des anderen Geschlechts zum Ausnützen ihrer vielen Liebhaber für ihre eigenen Träume von Reichtum und Ruhm.

Die ersten 50 Kapitel der *Memoiren* wurden 1851 in *Le pays* veröffentlicht und kamen dann in deutscher Übersetzung 1851 in Berlin bei Carl Schultze heraus. Zu diesem Zeitpunkt waren aber schon 1849 in Stuttgart im Verlag J. Scheible und ebenfalls 1849 in Mannheim die Übersetzungen von Papons Biographie erschienen, die sich gleichfalls der mit höchster Wahrscheinlichkeit gefälschten Leipziger Biographie aus dem Jahre 1848, *Abenteuer der berühmten Tänzerin. Von ihr selbst erzählt,* bedient haben. Zusätzlich gibt es noch eine Leipziger Ausgabe mit Lola Montez' Lebenserinnerungen, die bis zum 50. Kapitel auch mit der Berliner Ausgabe identisch ist. Für die deutschen Übersetzungen wurden sie zwar noch um einige Ausschmückungen und auch um höchst interessante Berichte aus unbekannten Federn komplettiert. Lola Montez bzw. ihr Verleger haben sich in ihren in Berlin herausgegebenen Memoiren sogar einiger Teile daraus bedient. Vieles, wie das Vorwort, stammt aus ihrer eigenen Feder. Dieses Vorwort mit einem offenen Brief an König Ludwig von Bayern datiert vom Dezember 1850 und ist in Paris geschrieben worden. Zu diesem Zeitpunkt dürften die *Memoiren* auch im wesentlichen abgeschlossen gewesen sein.

In bestimmter Weise sind die in Berlin herausgegebenen *Memoiren* immer noch das authentischste Zeugnis über die spanische Tänzerin. Authentisch in dem Sinn, daß sie etwas von Lola Montez' Charakter preisgeben. Wie bisher schon zu sehen war, enthüllten sie eher unfreiwillig ihre Eitelkeit, ihren außerordentlich großzügigen Umgang mit der Wahrheit, ihr Streben nach Ruhm und Reichtum, zeigen aber auch etwas von ihrem Charme und Witz und spiegeln ihre weltanschauliche Position und die subjektiven Beweggründe ihrer Handlungen wider. An den *Memoiren* ist mehr interessant, *wie* sie vermittelt wurden, als *was* vermittelt wurde. Insbesondere die vielen Passagen, in denen von ihrer Herkunft, von ihrem Umgang mit den vielen Liebhabern und von ihren exotischen Abenteuern erzählt wird, sind eher der fiktionalen Literatur als der Tatsachenbeschreibung zuzuordnen. Allerdings sind die in neun Bänden auf rund fünfzehnhundert Seiten angeschwollenen Berichte, Anekdoten und Schauermärchen – die im weiteren einen ungebremsten Mitteilungsdrang bezeugen – nur äußerst mühsam lesbar.

Es handelt sich weniger um eine klassische Autobiographie, sondern eher um Reiseliteratur, wie sie Mitte des 19. Jahrhunderts außerordentlich beliebt war. Die Berichte über fremde Länder und Fürstenhöfe, über schaurige Abenteuer im indischen und großstädtischen Dschungel, über Amouren und Kabalen einer von allen umschwärmten und alle zurückweisenden Hauptheldin, so wie sie in aller Breite fast ohne jeden Zusammenhalt dargeboten werden, gehören einer vergangenen Lesekultur an. Es scheint fast so, als ob ein Eugène Sue, ein Victor Hugo, ein Honoré de Balzac alle Schubläden mit ansonsten unverkäuflichen Manuskripten geleert hätten. Und möglicherweise ist es sogar so. In den schließlich vollendeten *Memoiren* heißt es anläßlich der Beschreibung ihres Aufenthalts in Paris: »... so faßte ich allerdings einen Augenblick den Entschluß, ... meine Memoiren niederzuschreiben, und trat deshalb mit einem Gelehrten in Verbindung, da ich einsah, daß ich selbst dann, wenn ich sie wirklich selbst schreiben wollte, doch wegen verschiedener Dinge eines Beistandes bedurfte.«[148]

Bei diesem Gelehrten handelt es sich vermutlich um Comte de Corial und Charles Brifaut. In einer Anmerkung[149] des ebenfalls nicht mit Namen genannten deutschen Übersetzers wird auch noch Oskar Hurt-Binet ins Spiel gebracht, der allerdings angesichts der vielen verwirrenden und widersprüchlichen Erzählungen von Lola Montez über ihr bisheriges Leben das Projekt bald wieder aufgegeben hätte. Aber in Paris gab es für ihre Wünsche auch so genügend Spezialisten, wie Ernest Blum oder Louis Huart, die z. B. für Lolas Berufskollegin, die Tänzerin Rigolboche, ebenfalls Memoiren verfaßten. Gleichfalls dürften sich auch Berliner Schriftsteller auf dieses Geschäft verstanden haben. Für ungefähr zweihundert Seiten sind aber die Autoren eindeutig benennbar, schon weil sie in den *Memoiren* auch genannt werden. Die für die damaligen Zeitgenossen besonders interessanten Teile über die Münchner Ereignisse stammen zum größten Teil von Paul Erdmann. Des weiteren hat sich Lola Montez auch nicht gescheut, einen ihrer größten Feinde, Auguste Papon, in aller Breite zu zitieren.

Entscheidend an den *Memoiren* ist, daß sie von ihr selbst autorisiert wurden. Lola hat sich mit den Schilderungen ihrer Person offenbar gut identifizieren können. Insbesondere ihre Theorie des Männerhasses, ihre Maximen zum Verhältnis von Mann und Frau klingen sehr authentisch. Was deren Kern betrifft – die Umstände ihrer Kindheit, die großen Stationen ihrer Irrfahrt, die abenteuerlichen Verwicklungen ihres Lebens –, so sind sie keinesfalls freie Erfindung.

London –
ein neuer Kreislauf beginnt

Lola Montez' Aufenthalt in der Schweiz war eher vom Aufarbeiten der furiosen Ereignisse in München geprägt gewesen. Als sie im Dezember 1848 in London ankam, hatte sich wieder einmal geographisch und biographisch ein Kreis geschlossen. Auch war jetzt die Zeit der Rückbesinnung auf ihre Taten an europäischen Fürsten- und Königshöfen vorbei. Ein neuer, im Grunde ähnlicher Kreis schloß sich an, der diesmal aber weniger von Monarchen und Majestäten, sondern viel mehr von grünen Jungen, Verlegern, Cowboys, Artisten und Pfarrern bestimmt werden sollte.

Lola richtete nach ihrer Rückkehr nach London den Blick nach vorn, nahm ihr skandalträchtiges Leben wieder auf und stürzte sich in den Geschlechterkampf, indem sie auf ihre Vorteile setzte und die Schwächen der Männer nützte. Jetzt war ihr Vorteil aber vor allem das Alter. Am 19. Juli 1849 heiratete sie in der St. Georg's Church am Hannover-Square den Leutnant George Heald am Tage von dessen Volljährigkeit. Am Morgen des 6. August wurde sie genau deshalb verhaftet und stand bereits ein paar Stunden später vor Gericht.

Gleich nach ihrer Ankunft in London war sie nämlich Hals über Kopf eine Verbindung mit dem blutjungen Heald eingegangen – das andere Extrem zu ihrer früheren Verbindung mit einem 60jährigen Mann. Die Begegnung war merkwürdigerweise über den Verkauf eines Hundes zustande gekommen – wobei sich schließlich herausgestellt hatte, daß Heald weniger an Geld für den Hund als viel mehr an Lola Montez selbst interessiert war. Und für Lola konnte es nur von Vorteil sein, daß George Heald Erbe des beträchtlichen Vermögens seines verstorbenen Vaters war. Er verfügte jährlich über etwa 7 000 Pfund Sterling. Ein guter Grund, ihn bereits eine Woche später zu heiraten.

Es muß damals um Lolas Finanzen schlecht bestellt gewesen sein. Nachdem sich Ludwig Ende 1848 von ihr verraten gefühlt hatte, konnte sie wohl keine Rente mehr von ihm erwarten. Papon berichtet sogar, daß Lola in Paris ihre gesamten Geschenke, die sie von Ludwig erhalten hatte, verkaufen mußte.[150]

Healds Familie, insbesondere seine Tante, war schockiert. Lolas Vergangenheit war auch ihr bestens bekannt. Genau darin fand sich aber ein guter Grund, die eingegangene Ehe doch wieder annullieren zu lassen. Lola Montez alias Mrs. Heald alias Gräfin Landsfeld war nämlich vor englischen Gerichten immer noch unter einem ganz anderen Namen bekannt – als Mrs. James. Am 15. Dezember 1842 war sie von Mr. James zwar von Tisch und Bett geschieden worden. Ausdrücklich war aber dabei festgestellt worden, daß sie sich vor James' Tod nicht mehr verheiraten dürfe. Die Verheiratung mit Mr. Heald war also eine strafbare Handlung gewesen. Es war Bigamie, was in der viktorianischen Welt mit Deportation oder langjähriger Haft geahndet wurde. Da auch amtlicherseits bezeugt war, daß Mr. James am 19. Juni noch am Leben war, hinderte Healds Tante nichts mehr daran, Lola Montez im Polizeigerichtshof an der Malboroughstreet wegen Bigamie den Prozeß zu machen.

In der *Daily News* vom 7. August ist ein ausführlicher Bericht über den Sensationsprozeß enthalten. Er gibt ein anschauliches Bild von Lolas damaligem Äußeren wie auch von dem ihres Gatten wieder: »In den Zugängen zu dem Polizeigerichtshof in der Malboroughstreet war gestern ein großes Gedränge, da verlautete, daß Lola Montez, die als Gräfin von Landsfeld bekannte Lady, auf Anklage wegen Bigamie verhaftet und vor dem Magistrat zum Verhör gebracht werden sollte. Man hatte Anordnung getroffen, die Überfüllung des Gerichtssaales zu verhüten. Mr. Clarkson trat als Ankläger, Mr. Bodkin als Verteidiger auf. Am 6. August, um 13.30 Uhr, erschien die Gräfin von Landsfeld am Arm von Mr. Heald, ihr jetziger Gemahl, und man stellte ihr einen Sessel vor die Schranken. Mr. Heald durfte neben ihr sitzen. Die Dame zeigte sich nicht im mindesten verlegen und lächelte mehrmals, wenn sie mit ihrem Gatten flüsterte. Sie gab ihr Alter mit 24 Jahren an, sieht aber wie eine Frau mit 30 aus. Sie trug ein schwarzseidenes Kleid mit einem den Körper eng umschließenden schwarzsamtenen Mieder, einem blau ausgeschlagenen weißen Strohhut und einem blauen Schleier. Von Gestalt ist sie mittelgroß und ziemlich rund. Mit ihrer bleichen, dunklen Gesichtsfarbe kontrastieren zwei ungewöhnlich große blaue Augen, die von langen schwarzen Wimpern umschattet sind. Ihr mutmaßlicher Ehemann, Mr. Heald, ist ein schlanker junger Mann von sehr jugendlichem Aussehen, mit straffen Haaren und dem Anflug eines blonden Schnurrbärtchens. Die aufgestülpte Nase gibt ihm ein sehr einfältiges Aussehen. Jedoch würde seine Heirat auch bei der schönsten griechischen Nase eben nicht auf geniale Begabung schließen lassen. Während des ganzen Verfahrens hielt er eine Hand der Gräfin in seinen eigenen und drückte sie zuweilen mit Inbrunst. Manchmal flüsterte er ihr mit der zärtlichsten Miene ins Ohr und preßte ihre Hand mit Wärme an die Lippen.«

Im Laufe des Prozesses trat auch wieder ein alter Bekannter in Lolas Leben: Kapitän Ingram, auf dessen Schiff sie von Kalkutta nach London gesegelt war und der schon damals großen Anstoß an ihrem Benehmen genommen hatte. Er identifizierte sie als Mrs. James. Lola gab im Lauf des Prozesses unumwunden zu, daß sie mit Mr. James verheiratet und dann von ihm von Tisch und Bett getrennt worden sei. Allerdings wäre ihr angesichts des komplizierten englischen Scheidungsrechts nicht klar gewesen, daß sie sich vor James' Tod nicht mehr verheiraten dürfe.

Bodkin erwies sich im Verlauf des Prozesses als geschickter Verteidiger. Zwar wäre Captain James im Juni noch am Leben gewesen. Wer könne aber sagen, ob er in der gefährlichen Welt Indiens nicht bis zu den Tagen von Lola Montez' neuer Heirat ums Leben gekommen sei? Daraufhin wurde der Prozeß so lange ausgesetzt, bis sichere Nachricht vom Verbleib des Captain James einträfe. Lola Montez wurde unterdessen gegen eine Kaution von 2 000 Pfund freigelassen.

So wurde es der jetzigen Mrs. Heald möglich gemacht, auf einen spektakulären Prozeß eine weitere spektakuläre Tat folgen zu lassen. Noch in der gleichen Nacht verließ sie mit ihrem Gatten englischen Boden. Das Ehepaar, bei dem unklar war, ob es überhaupt eines war, setzte von Dover nach Calais über, um sich in Frankreich vor den Nachforschungen der englischen Justiz in Sicherheit zu bringen.

Frankreich – ein Schaustück

Es folgten jetzt merkwürdige Tage, eine Art von Flitterwochen, die das Paar für ein paar Monate auf einer Irrfahrt durch Frankreich, Italien und Spanien verbrachte. Auffallend ist dabei, daß vor allem Südfrankreich, aber auch Italien und das nahe Spanien bevorzugt angesteuerte Ziele waren. Die französische Côte d'Azur und Italien waren auch immer gern besuchte Reiseziele von Ex-König Ludwig.

Es hat den Anschein, als ob Lola Montez den König geradezu gesucht hätte. Von einem tatsächlichen Treffen gibt es allerdings keine verbürgte Nachricht.

Wegen der Verfolgung durch die englische Jusitz konnte es sich das Paar eigentlich nicht leisten, durch weitere sensationelle Taten

Lola Montez, Gräfin von Landsfeld, entführt ihren Gatten Leutnant Heald. Karikatur aus dem ›Journal pour rire‹ von 1849

auf sich aufmerksam zu machen. Aber Lola Montez war nun mittlerweile eine in ganz Europa berühmte Frau geworden. Findige Journalisten machten sie deshalb immer wieder an den verschiedensten Orten ausfindig. Und schließlich war es mit ihrem Temperament völlig unvereinbar, wie eine graue Maus das strahlende Licht der Öffentlichkeit zu scheuen.

Nach einem Parisaufenthalt kam schon am 30. August 1849 aus Marseille die Nachricht, daß sich Lola und ihr Gatte dort auf der ›Marie Antoinette‹ nach Rom eingeschifft hätten. Im Oktober 1849 wurde das Paar aber schon wieder in Boulogne, dann in Spanien gesichtet.

Bei einer Streiterei mit ihrem immer noch nicht zweifelsfrei angetrauten Gatten ist ihr dabei auf dem Weg nach Barcelona wieder einmal das Temperament durchgegangen. Sie versetzte ihm einen Dolchstich, worauf der junge Held vor ihr floh, ein paar Tage später aber schon wieder reumütig zurückkam.

Selbstverständlich war Lola Montez in dieser Zeit wieder ein beliebtes Objekt von Gerüchten. Eugène de Mirecourt gab in seiner Schrift *Les Contemporains* zum besten, daß beide in den paar Monaten ihrer merkwürdigen Flitterwochen gleich zwei Kinder bekommen hätten.[151]

Mehr Glauben verdienen dagegen die Berichte von Julie de Marguerittes, wonach Mrs. Heald des öfteren am Spieltisch gesehen wurde und alles Geld verspielt hätte, worauf Mrs. Heald ihrem Begleiter, aller Wahrscheinlichkeit nach Mr. Heald, vorwarf, daß dieser kein Geld mehr bei sich hätte.[152]

Entweder war es im Frühjahr 1850 selbst für den liebestrunkenen Mr. Heald zuviel oder Mrs. Heald hatte ihm den Laufpaß gegeben. Mr. Heald kehrte jedenfalls reumütig nach England in den Schoß seiner Familie zurück und annullierte die nach englischem Recht ohnehin nicht existente Ehe. Lola Montez konnte den Nachnamen Heald wieder aus ihrem Namensrepertoire streichen.

Nach zwei Ehen und zahllosen Liebschaften war die mittlerweile noch nicht einmal Dreißigjährige wieder allein. Die Jahre 1850 und 1851 verbrachte sie hauptsächlich in Paris, wo sie alte Freundschaften pflegen und sich vor allem um die Memoiren kümmern konnte. Ein Vorabdruck, der vor allem die Passagen über Indien enthielt, erschien dann in dem von Anténor Joly herausgegebenen *Le pays*. Als aber im April 1851 Lamartine die Zeitschrift übernahm, bestand seine erste Tat darin, den Vorabdruck zu stoppen.

Anscheinend war selbst in einem auf Reiseliteratur gierigen Zeitalter mit den krausen Abenteuern im indischen Dschungel wenig Geld zu machen, auch wenn als Autorin die weltbekannte Lola Montez zeichnete. Möglicherweise hat aber der Botschafter von Nepal daran Gefallen gefunden. Man sah beide für eine kurze Zeit Seite an Seite, was Lola auch noch die Möglichkeit bot, endlich wieder in ihrer eigentlichen Muttersprache Hindustani Konversation zu üben.

Anscheinend sind in dieser Zeit ihre finanziellen Sorgen immer größer geworden. Von Heald hatte sie kein Pfund und von Ludwig keinen Gulden mehr zu erwarten. Sie besann sich jetzt wieder auf ihre eigentlichen beruflichen Qualitäten. Lola Montez begann

Paris. Blick auf Notre Dame. 1855 von Edouard Baldus fotografiert

wieder mit dem Tanzen. Sie trat nicht nur in Paris auf, sondern machte auch eine Tournee mit Stationen in Brüssel und Nîmes. Die Tage des Spanischen Tanzes waren jetzt allerdings vorbei. Lola trat als ›Danseuse de Fantasia‹, als ›Fantasie-Tänzerin‹ auf. Mangel an Zuschauern und spektakuläre Auftritte waren jetzt nicht mehr zu vermelden. Sie konnte allein schon auf Grund ihres Namens sicher sein, daß sie die Besucher ins Theater locken würde.

Davon waren auch die Theaterankündigungen bestimmt, in denen vor allem auf ihre Biographie, weniger auf ihre Tanzkünste eingegangen wurde.

So konnte man beispielsweise bei der Theaterankündigung für den Gastauftritt in Nîmes wieder eine völlig neue Variante ihres Lebenslaufes lesen. Demnach hätte sie elf Jahre lang Indien, China und Persien bereist und auf diese Weise nicht nur sieben Sprachen perfekt zu beherrschen gelernt, sondern sei auch in der Geographie, Geschichte und im Zeichnen sehr gebildet geworden.

Und dann heißt es noch weiter: »Kurz, abgesehen von ihrer Exzentrität, die man nur mit der von ungezogenen Kindern vergleichen kann, ist sie gütig, barmherzig und freundlich ... Zehn große Bände würden nicht ausreichen, um die Exzentrikerin kennen zu lernen, die diesem jungen Gehirn entsprungen sind. Aber 1847 veranlaßte die große Macht, die sie besiegt hatte, ihre Abfahrt aus Bayern und Lola Montez, Gräfin von Landsfeld, kehrte nach London zurück, wo ein großer Lord sie heiratete.«[153]

Das erinnert sehr an die Anpreisung eines Zirkusdirektors, Lola Montez war längst zu einem Schaustück geworden, das man für 75 Centimes von der vierten Reihe aus bewundern konnte. Ein sensationslüsternes Publikum strömte in die Theater, um seine Neugierde, weniger seine kulturellen Bedürfnisse zu befriedigen. Dies kann aber die Tänzerin nur wenig gestört haben. Im Gegenteil, ihre Lust zur Selbstdarstellung, die schon immer bis an die Grenzen zum Exhibitionismus gegangen war, kam dabei voll zur Entfaltung. Ihre kurze Tournee war nur der Anfang einer neuen Karriere. Ein Bufallo Bill hat es ihr später spektakulär nachgemacht. Lola versuchte jetzt aus ihrem vergangenen Leben ein Geschäft zu machen.

Lola Montez. Lithographie von 1844

Am Schluß der Ankündigung ihres Auftritts in Nîmes konnte man nämlich noch folgendes lesen: »Sie hat ihre Tournee erst zur Hälfte abgeschlossen, denn im nächsten November fährt sie nach Amerika ... Gott weiß den Rest!«[154] Lola Montez machte sich daran, durch Vermittlung amerikanischer Freunde auch dem dortigen Publikum Gelegenheit zu geben, einmal eine richtige Mätresse aus den Fürstenhöfen des alten Europa anzugaffen.

Die amerikanische Ostküste –
die Schatten der Alten Welt

Als Lola Montez am 5. Dezember 1851 erstmals amerikanischen Boden betrat, gab es tosenden Applaus, wie man ihn seit Menschengedenken nicht mehr erlebt hatte. Nur galt dieser Applaus nicht Lola Montez, sondern Lajos von Kossuth.

Kossuth war der ungarische Nationalheros, der es in Folge der 48er Revolution geschafft hatte, seinem Land gegenüber der Habsburger Monarchie für eine kurze Zeit die Unabhängigkeit zu sichern. Aber auch er hatte, wie schon Lola Montez, die Bekanntschaft mit General Paskjewitsch machen müssen. Rußland hatte auf Bitten Österreichs unter dem Befehl des polnischen Generalgouverneurs zwei Heere gegen Ungarn geschickt und binnen kurzem der ungarischen Selbständigkeit ein Ende bereitet. Nach der Flucht in die Türkei hatte dann auch Kossuth, wie viele andere Exilsuchende nach dem Ende der 48er Revolution auch, in den Vereinigten Staaten von Amerika Zuflucht gesucht. Er war auf dem gleichen Schiff wie Lola Montez nach Amerika gekommen. Es war ganz klar, daß die allen freiheitlichen Idealen aufgeschlossenen Amerikaner ihm einen triumphalen Empfang bereiteten. Von Lola Montez' Ankunft nahm dagegen an der New Yorker Battery kaum jemand Kenntnis.

Sie mußte sich erst einmal in die anonymen Scharen von Iren und Deutschen einreihen, die nach Hungersnöten bzw. politischer Verfolgung in New York den Anfang für ein neues Leben suchten. Die Handelsmetropole hatte damals ›erst‹ eine halbe Million Einwohner und reichte kaum über die 30. Straße hinaus. Aber der Randall-Plan von 1811, nach dem ganz Manhattan in ein aus jeweils 200 mal 66 Meter großen Blöcken bestehendes, geometrisches Gitter eingeteilt worden war, hatte für die vielen Volksstämme, die in den Jahren darauf ihre erste Zuflucht in New York suchen sollten, schon viele hunderttausend neue Hausnummern vorgesehen.

Lola Montez war unter denen, die in Amerika eine bessere Zukunft suchten. Auch sie war politisch verfolgt worden. Auch sie hatte in der letzten Zeit unter finanziellen Sorgen zu leiden gehabt. Sie selbst sah es so: »Das Vermögen vernichtet, gesundheitlich gebrochen, kam sie mit Neugierde und wieder auflebenden Hoffnungen an die Gestade der Neuen Welt. Dieses gewaltige Asyl der Unglücklichen dieser Welt und die letzte Zuflucht derer, die unter der Tyrannei und den Übeln der Alten Welt zu leiden hatten! Möge Gott helfen, daß sie immer so wie jetzt bleibt, die vornehmste Säule der Freiheit, die jemals unter dem Himmelszelt errichtet wurde.«[155] Nur hatte ihre Überfahrt in Gottes eigenes

Lola Montez versteigert in New York die Hüte und Stiefel der von ihr geschiedenen Gatten. Zeitgenössische Wiener Karikatur von Kajetan

Land auch damit zu tun, daß sie sich in der Alten Welt unmöglich gemacht hatte. Der Schatten der Vergangenheit sollte ihr, im Gegensatz zu vielen anderen, nachfolgen. Dies war freilich unvermeidlich. Einerseits versuchte sie diese Vergangenheit loszuwerden, andererseits war sie ihr Kapital, das sie in ihren Tanz- und Theateraufführungen umsetzen wollte.

Vermutlich hatte Lola noch gar nicht den festen Entschluß gefaßt, endgültig auszuwandern. Aber sie sollte in Amerika bleiben mit Ausnahme eines kurzen Abstechers nach Australien und England. Die letzten zehn Jahre ihres Lebens lebte die ›ewige Jüdin‹ hauptsächlich in den Vereinigten Staaten, wo sie von Ort zu Ort eilte.

Zunächst logierte Lola Montez in einem Hotel nahe dem Washington Square, dem damaligen Zentrum von New York. Insbesondere der New Yorker *Herald,* der unter dem Schotten James Gordon Bennet zu einem der wichtigsten Blätter Amerikas aufgestiegen war, setzte sich für Lola Montez ein. »Lola Montez«, konnten darin die New Yorker am 23. Dezember 1851 lesen, »der nur der Segen der Kirche und ein Paar Flügel fehlt – Lola mit den hellen Augen, die reizvolle, kluge, umgängliche und glänzende Lola wird nach der Abreise von Kossuth wie der Mond nach einer totalen Finsternis am Himmel auftauchen und um so mehr nach den vergangenen dunklen Machenschaften strahlen.« Derweil bereitete sich Lola auf ihre New Yorker Premiere vor. Sie wollte als Tänzerin in dem Stück *Betley the Tyrolean* auftreten, das schon damals etwas vom amerikanischen Deutschlandbild ahnen ließ. Lola mußte sich als Tirolerin maskieren und vor einer Staffage gut gewachsener Männer tanzen.

Allerdings stellte sich schon bei den Proben heraus, daß es mit den Tanzkünsten der mittlerweile Dreißigjährigen im argen lag. Insbesondere die Abstimmung ihrer Bewegungen auf den musikalischen Rhtyhmus bereitete ihr Schwierigkeiten. Der Dirigent gab deshalb dem Orchester die Order, immer auf die Beine der Gräfin zu schauen. Wenn sie mit dem Tanzen aufhören würde, würde auch das Orchester zu spielen aufhören – an welcher Stelle der Partitur das auch immer sein mochte. Als Lola dann am 29. Dezember vor ausverkauftem Haus ihr amerikanisches Debüt gab, konnte selbst der *Herald* nicht mehr ausschließlich Hymnen über die Tänzerin ausschütten. »Als Tänzerin«, hieß es darin einen Tag später, »ist sie tatsächlich schlechter als Cerito, Madame Augusta und andere. Aber es ist eine unbeschreiblich natürliche Grazie mit ihrer Person und ihren Bewegungen verbunden, die ihr zusammen mit ihrer Geschichte eine Anziehung verleiht, die auch eine bessere Künstlerin nicht erreichen kann, wenn sie auch nicht für Ewigkeiten halten kann.«

New York war auch schon damals eine Weltstadt. Zwar gab es noch nicht den Nimbus des Broadway-Theaters, aber europäische Sopranistinnen, wie Jenny Lind oder die ewige Rivalin Fanny Elßler, in deren Schatten Lola Montez zeitlebens stand, hatten das New Yorker Publikum anspruchsvoll gemacht. Bei der Presse wurde Lola zwiespältig aufgenommen. Dennoch gab es ein paar weitere Vorstellungen, wobei der große Besucherandrang sehr viel mehr ihrem Namen als ihren Tanzkünsten galt. Vielleicht war dies auch der Grund, noch stärker auf ihre Person zu setzen. Lola Montez tat sich jedenfalls Anfang 1852 mit dem geachteten Shakespeare-Interpreten Charles Ware zusammen, der eigens für sie das Stück *Lola Montez in Bavaria* schrieb.

Monate bevor dieses Stück zur Uraufführung kam, stand wieder einmal ein kleiner Skandal an. Durch ihr überlautes Benehmen hatte sie die ehrbare Nachbarschaft in ihrem Hotel aufgeschreckt, worauf Polizei zu Hilfe gerufen wurde. Lola Montez hatte jedoch schon vor deren Eintreffen freiwillig ihr Domizil verlassen. Die Presse griff die Affäre genüßlich auf. Jetzt folgte ihr auch noch ihr europäischer Ruf in Form von Zeitungsartikeln und Karikaturen nach, was an der Ostküste mit ihrer strengen puritanischen Moral überaus geschäftsschädigend war. Insbesondere die erotischen Eskapaden, die sich Lola Montez geleistet hatte, stießen hier auf Unverständnis – auch wenn diese Moral einen doppelten Boden hatte und die damaligen Lola-Montez-Karikaturen von verdrängten Phantasien zeugen.

Am 15. Januar 1852 ging sie mit Hilfe des New Yorker *Herald* gegen ihre Verfolger vor. Sie berichtete noch einmal aus ihrer Sicht über die Ereignisse von München, wobei sie erneut die intrigante Rolle der Jesuiten besonders herausstellte. »Ich bin mehr verleumdet, geschmäht und herabgesetzt worden«, schrieb sie, »als irgendein menschliches Wesen seit hundert Jahren. Wenn die

Hälfte davon wahr wäre, müßte ich lebend verbrannt werden. Erst kürzlich bin ich vor aller Öffentlichkeit durch Karikaturen und andere Veröffentlichungen in die New Yorker Presse hineingezogen worden. Ich weise diese schlimmen Anfeindungen und ihre Urheber aufs schärfste zurück.«

Fast als ob sie beweisen wollte, daß auch andere Städte ihre Kunst zu würdigen wissen, trat sie ein paar Tage nach dieser Gegendarstellung unter der Leitung ihres Managers Joseph Scoville mit einem Auftritt in Philadelphia eine Tournee entlang der amerikanischen Ostküste an, die sie bis nach Cleveland und Cincinnati führte. Eine weitere Station war Washington, wo sie endlich wieder mit der großen Politik Fühlung bekam. Diese Stadt war ein besonders gutes Pflaster für Tänzerinnen. Als etwa Fanny Elßler dort auftrat, wurden sogar die Tagungen des Senats gestoppt, nur um ihre Tanzkunst bewundern zu können. Auch Lola Montez' Aufführungen kamen dort gut an, und sie wäre bei den Senatoren und Kongreß-Abgeordneten auch in guter Erinnerung geblieben, hätte sie nicht wieder einmal mitten während der Aufführung ihren Tanz unterbrochen. Sie hatte sich von einem Zuschauer beleidigt gefühlt, worauf sie zu dem von ihr so geliebten Mittel einer Bühnenansprache griff, um sich energisch jede Kritik zu verbieten.

Im März 1852 fuhr sie dann nordwärts und führte in Boston vor gut besuchtem Hause ihre Tänze vor. Mittlerweile hatte sie sich auch wieder auf ihre spanischen Tanzkünste besonnen und trat jetzt in einem Stück mit dem Titel *Carneval in Sevilla* auf, wobei sie die Marquita spielte.

Der polygotten Lola Montez wurde in Boston sogar die Ehre zuteil, zu einem Besuch der renommierten *Wells School* eingeladen zu werden, um sich ein Bild vom dortigen Fremdsprachenunterricht zu machen. Aber im Zentrum des amerikanischen Puritanismus wurde dies sehr übel vermerkt. Redakteur Epes Sargent vom Bostoner *Transcript* ging in aller Öffentlichkeit der Frage nach, ob man unschuldige Schulkinder einer so berühmtberüchtigten Person aussetzen dürfe. Lola Montez schrieb daraufhin am 1. April 1852 eine Gegendarstellung, die im New Yorker *Herald* abgedruckt wurde: »Glauben Sie, Sir, daß eines dieser Kinder bei meinem Besuch einen unreinen oder unanständigen

Gedanken gehabt hat, wenn Sie ihn nicht selbst in ihre Köpfe gesetzt hätten? Es gibt Männer, die stehen vor der Venus von Medici und vor dem Apollo von Belvedere und können nichts anderes als ihre Nacktheit sehen.«

Nachdem sie wieder in der Presse für Aufregung gesorgt hatte, kehrte sie nach New York zurück, das damals noch wenig mit der späteren Wolkenkratzer-Metropole zu tun hatte. Die Stadt bestand hauptsächlich aus roten Backsteinbauten, die im gregorianischen Stil gebaut waren. Erst allmählich setzte sich ein neugotischer Stil und die Verwendung von ›Brownstone‹ durch. Am besten läßt noch das heutige Greenwich Village etwas von der Vergangenheit dieser sich rasant verändernden Weltstadt erahnen.

Klassenraum einer Mädchenschule in Boston.
1855 von Southworth und Hawes fotografiert

Im Mai 1852 stand dort im *Broadway Theatre* die Geschichte ihres Lebens in Bayern auf dem Spielplan, das Schauspiel *Lola Montez in Bavaria*. Zwar hatte es Charles Ware geschrieben, aber natürlich ließ es sich Lola Montez nicht nehmen, als Autorin aufzutreten. Die neue Version der Münchner Ereignisse hatte Lola Montez' Haus in der Barerstraße zum Hauptschauplatz und war in die klassischen fünf Akte aufgeteilt. 1. Akt: Lola Montez, die Tänzerin; 2. Akt: Lola Montez, die Politikerin; 3. Akt: Lola Montez, die Gräfin; 4. Akt: Lola Montez, die Revolutionärin; 5. Akt: Revolution in Bayern.

Wenn man diesen fünf Akten folgen will, dann war die resolute, weitsichtige Lola für König Ludwig, der über seinen Amtsgeschäften alt geworden und von seinen Untergebenen betrogen worden war, die letzte Rettung gewesen. Er habe ihr zum Dank sogar angeboten, in seinen eigenen Palast zu ziehen, was sie aber abgelehnt hätte. Lola habe es dann auch geschafft, den jesuitischen Premierminister aus seinem Amt zu vertreiben, konnte aber die Intrigen der Jesuiten letztendlich nicht stoppen. Wegen der Weigerung, ihr das bayerische Heimatrecht zu verleihen, sei es dann zu Tumulten und schließlich zur Vertreibung gekommen, wobei ihr ein befreundeter Künstler besonders hilfreich zur Seite gestanden sei.

Das Stück enthielt nicht nur viele Hinweise auf Lolas charakterliche Vorzüge, sondern auch die Botschaft an das amerikanische Publikum, daß europäische Monarchen nicht unbedingt schlecht sein müssen, dafür Minister und andere Untergebene. Erstmals versuchte sich Lola Montez darin auch als Tragödin und nicht mehr ausschließlich als Tänzerin. In New York kam die Botschaft und vor allem Lolas Darstellungskunst einigermaßen gut an. Das Stück brachte auch den erwünschten Kassenerfolg. Nach ein paar Vorstellungen wurde es aber wieder vom Spielplan abgesetzt.

Besondere Neugierde erregten dafür wieder einmal ihre privaten Verhältnisse. In einer Stadt, in der die Sklaverei zwar schon 1827 abgeschafft worden war, Schwarze aber immer noch als billige Arbeitskräfte angesehen und in das damals noch weit entfernte Harlem abgedrängt wurden, trug ein neuer Begleiter Lola Montez' zum Stadtgespräch bei. Prinz Bobo, der schwarzhäutige

Botschafter des selbsternannten Kaisers von Haiti, Faustin I., wurde in aller Öffentlickeit Seite an Seite mit Lola Montez gesehen. Das war im damaligen New York ein Skandal.

Noch ein anderer, diesmal sehr typischer Lola-Montez-Skandal erregte die Gemüter. Als sich Lola bei einer Einladung in ihrem Hotel gegenüber dem italienischen Prinzen von Como abfällig gegen dessen Geliebte äußerte, ging der Prinz vor den geladenen Gästen seinerseits auf die Schandtaten der Gastgeberin ein. Wie immer in solchen Situationen, war Lola sofort mit einer Ohrfeige zur Stelle und warf den Prinzen auf der Stelle aus ihrer Suite. Der tat sich aber an der Hotelbar mit einem anderen Italiener zusammen und kam zurück, um seine Ehre zu verteidigen, worauf unter den noblen Herren eine wüste Schlägerei entstand, bis die Polizei schließlich das Feld räumte.

Auch dies war Öl auf das Feuer der New Yorker Presse, mit der Lola Montez schon seit ihrer Ankunft eine Privatfehde ausgetragen hatte. Kurz bevor dieser Kleinkrieg vor Gericht ausgetragen werden sollte, kam Lolas Manager Scoville der rettende Einfall, im August eine Exkursion mit großem Picknick nach Yonkers zu organisieren. Einflußreiche Herren aus der New Yorker Gesellschaft und Presseleute wurden eingeladen. Tatsächlich gelang es dabei, die Wogen zu glätten, die im Streit über Lolas europäische Vergangenheit hochgeschlagen waren. Als die Tänzerin Anfang 1853 New York verließ, hatte sie ihren Frieden mit der New Yorker Presse geschlossen. Ebenso konnte sie nicht über die Einnahmen aus ihren Theater-Auftritten klagen.

Lola Montez hatte Anfang 1853 den Plan entwickelt, ihr Glück im neuentdeckten Eldorado von Kalifornien zu suchen und in San Francisco ihre Tournee fortzusetzen. Vorher legte sie noch ein paar Zwischenstationen im amerikanischen Süden ein – auch um die Reisekasse aufzufüllen. Aus St. Louis war im März 1853 zu hören, daß sie den dortigen Theatermanager Joseph Field mit ihrer Peitsche traktiert hätte, weil er sich Kritik an ihrer Tanzkunst erlaubt hatte. Von New Orleans kam die Kunde, daß sie vor der anrückenden Polizei ›Theater-Gift‹ genommen hatte, also aus einem nur zum Schein als Gift deklarierten Glas getrunken hätte, um sich darauf sehr lebensecht auf dem Boden zu wälzen. Der Grund war, daß ihre Zofe sie bei der Polizei wegen Nichtbezah-

Anlegestelle am Mississippi. Historische Aufnahme von 1880

lung ihrer Dienste verklagt hatte. Danach trat sie die Reise nach dem damals besonders goldenen und besonders wilden Westen an. Es gab drei Routen: erstens per Packwagen durch das wilde Indianerland; zweitens per Schiff rund um Kap Hoorn; drittens über den Isthmus von Panama, was seit der Entdeckung des kalifornischen Goldes 1848 die bevorzugte Passage geworden war. Auch Lola Montez entschied sich für die Schiffahrt über Panama, das damals noch kolumbianisches Territorium war. Der Kanal war noch längst nicht gebaut. Man konnte zwar mit der Eisenbahn ein paar Kilometer landeinwärts fahren, die restlichen hundert Kilometer bis zum Pazifik mußten aber mitten durch fieberverseuchte Sümpfe und tropische Dschungel per Muli bewältigt werden.

Später hat eine gewisse Mrs. Seacole behauptet, daß sie Lola Montez in Cruces gesehen hätte.[156] Lola wäre damals, wie einst George Sand, in Männerkleidung aufgetreten. Als ihr aber dann ein impertinenter Amerikaner an der Jacke gezupft hätte, hätte sie ihm sogleich mit der Peitsche eins über das Gesicht gegeben. Lola Montez hat in ihrer *Autobiographie* diesen Bericht wieder aufgegriffen und dazu angemerkt, daß sie erstens, außer bei ihrer heimlichen Rückkehr nach München, nie Männerkleidung getragen habe und deshalb, zweitens, niemand an ihrer Jacke zupfen konnte, daß sie drittens in Cruces nie eine Peitsche in der Hand gehabt habe, viertens überhaupt nie in Cruces gewesen sei und daß fünftens die Geschichte von Anfang bis Ende erlogen sei.[157]

Kalifornien –
der Wilde Westen

Nachdem es in Acapulco, San Diego und Monterey Zwischenstopps eingelegt hatten, kam am 21. Mai 1853 das Dampfschiff *Northener* in San Francisco an. An Bord waren zahlreiche demokratische Politiker, hohe Beamte und Verleger, darunter ein gewisser Patrick Purdy Hull – und Lola Montez.

San Francisco hatte in den letzten fünf Jahren einen unerhörten Aufschwung genommen. Ursprünglich eine kleine Missionsstation der Franziskaner, hatte es seit 1838 zum Reich ›Neu-Helvetien‹ gehört, das dem Schweizer Abenteurer Johann August Suter vom kalifornischen Gouverneur zugestanden worden war. In kurzem hatte er das in weitem Bogen um die Bay Aera herumführende Gebiet mit Hilfe von Südseeinsulanern urbar und zu einem blühenden Paradies gemacht. Als aber 1848 auf seinem Territorium Gold gefunden wurde, brach sein Reich im Nu zusammen. Vom Goldfieber gepackt, verließen seine Arbeiter das fruchtbare Land. Vom amerikanischen Osten kamen Hunderttausende neuer Goldsucher nach Eldorado, zu dessen schnell wachsendem Eingangstor San Francisco geworden war. Niemand scherte sich mehr um Suters Eigentumsrechte, und der ›Kaiser von Kalifornien‹, wie er später im gleichnamigen Film genannt wurde, starb nach zahlreichen Prozessen schließlich in völliger Verarmung.

Als Lola Montez an Land ging, ähnelte San Francisco noch sehr einer Wildwest-Stadt. Im Zentrum standen zwar ein paar repräsentative Steinbauten, ansonsten aber wurden die Hügel von eng an eng gebauten Holzhäusern beherrscht. Sogar die Straßen waren mit Holzbohlen bedeckt. Kein Wunder, daß die Stadt immer wieder von Brandkatastrophen heimgesucht wurde, was auch kurz vor Lolas Ankunft der Fall gewesen war.

Auch das *American Theatre* war nach der Brandkatastrophe von 1852 neu aufgebaut worden. Es war der Ort von Lola Montez' kalifornischem Debüt am 28. Mai 1853. Sieht man von ihrer

Blick auf San Francisco. 1885 von Tabor fotografiert

Schauspielkunst ab, so muß es ein gelungener Auftritt gewesen sein. Die *Golden Era* wußte am 29. Mai folgendes zu berichten: »Da die ganze Welt und die restliche Menschheit diese außerordentliche Frau schon gesehen oder von ihr gehört haben, wollen wir über sie nur so viel ausführen, wie es angesichts ihres Rufes notwendig ist.

Es genügt zu sagen, daß Lola Montez, die Künstlerin, die Politikerin, die Adelige, die ihre Hiebe nur gerecht verteilt, unter uns ist und daß ihr Name in Scharen das allerbeste Publikum angezogen hat... Wir können nicht sagen, daß wir Lolas Schauspielkunst bewundern, aber ihr Tanz ist himmlisch.«

Auch bei der Aufführung am nächsten Tag muß Lola Montez noch die Sensation der Stadt gewesen sein und noch größere Scharen angezogen haben. Aber die Attraktion hat nur bis zum 9. Juli vorgehalten. San Francisco zählte damals erst ein paar zehntausend Einwohner, und so waren die Schaulustigen schon nach kurzer Zeit auf ihre Kosten gekommen. Nach einer sehr werbewirksamen Benefiz-Veranstaltung für die Feuerwehr von San Francisco waren ihre dortigen Veranstaltungen vorerst nicht mehr profitabel.

Um das nicht allzu große Publikum ins *American Theatre* zu locken, hatte Lola schon an der Ostküste eine Folge neuer Tanz- und Schauspielnnummern eingeübt und aufgeführt. Außer *Lola Montez in Bavaria* gehörte nun auch das Stück *The School for Scandal* zu ihrem Repertoire, in dem sie die Lady Teazle spielte. Sie spielte die Charlotte Corday im Revolutionsstück *The Reign of Terror*. Neben diesen Rollen, die einen Tribut an ihr Renommee darstellten, führte sie in der Hafenstadt auch noch einen eigens einstudierten Seemannstanz auf, der sehr gut ankam. Die größte Sensation in ihrem Repertoire war aber eine Neuschöpfung, wie man sie noch nie gesehen hatte: der *Spider Dance*, der Spinnentanz.

Auf der Bühne des *American Theatre* betrat eine Tänzerin im für damalige Verhältnisse außerordentlich gewagten Tarantella-Kostüm, das die Beine und den Brustansatz sehen ließ, die Bühne und begann plötzlich in eckigen Bewegungen eine Frau zu mimen, die von Spinnen verfolgt wird, die von überall her auf sie eindringen. Dafür wurden richtige Spinnen-Requisiten eingesetzt, teilweise aus Fischbein hergestellt. Der Tanz endete damit, daß die Tänzerin alle Spinnen endgültig zertritt. Möglicherweise hätte Sigmund Freud fünfzig Jahre später an diesem merkwürdigen Tanz viel zu analysieren gehabt. Lola Montez selbst gab aber eine für sie naheliegende Interpretation zum besten. Die Spinnen sollten die Jesuiten symbolisieren.

Der *Spider Dance* gehörte ab sofort zum Repertoire von Lola Montez. Einige Zeit später, am 22. August 1856, erschien in San Francisco der Leserbrief eines gewissen ›Country Joe‹ an das *Daily Evening Bulletin*. Er gibt ein sehr anschauliches Bild vom *Spider Dance* und ebenfalls von den damaligen Wildwest-Theatersitten:

»Ich lebe auf dem Land – in einem Kuhdorf, wie Spriggins es nennt... Spriggins ist ein gewiefter junger Mann, Mr. Editor. Spriggins hat immer in der Stadt gelebt, und da er mir immer versichert hat, daß es sich nicht lohnt, das vom Leben zu kennen, was er nicht kennt, so habe ich sehr auf sein Urteil vertraut. Spriggins sagte mir, daß ich die Gräfin sehen müsse, bevor ich heimfahre. Er sagte, der Spider Dance wäre es wert, gesehen zu werden, und daß mich alle Welt danach fragen würde, wenn ich wieder zurückgekommen bin... Ich habe genug Tänze in meinem Leben gesehen und kann auch selbst tanzen, Mr. Editor. Ich bin darin auch kaum zu schlagen und glaube zu wissen, was ein ›straight-four‹ ist. Aber der Spider Dance – Mr. Editor, haben Sie ihn je gesehen? Bei uns gibt es keinen solchen Tanz und auch nicht in Illinois. Ich bin noch nicht verheiratet – und wenn ich Sarah Ann einmal beim Spider Dance erwischen sollte, dann werde ich es auch nie sein. Spriggins sagt mir, daß am Tanz der Gräfin etwas Besonderes wäre. Mr. Editor, es gibt etwas Besonderes daran. Spriggins sagte, der Spider Dance würde ein Mädchen zeigen, das mit dem Tanzen beginnt, eine Spinne auf ihren Kleidern findet und dann zum Springen beginnt, um sie abzuschütteln. Wenn es das ist, Mr. Editor, dann glaube ich, daß sie die Spinne im ersten Teil des Tanzes an der Decke sieht und daß sie dann beim Versuch, die Spinnweben herunterzuschlagen, die Spinne auf ihre Kleider bekommt. Sie schlägt in alle Richtungen um sich, und dann war es erst dieses und dann das andere Bein. Und ihre Unterröcke waren ziemlich kurz, Mr. Editor. Dann bückte sie sich nieder, um sich auszuruhen, als sie eine Spinne direkt auf sich zufallen sah, worauf sie ganz aufgeregt ihren ganzen Körper hin und her bewegte und sich wie eine Schlange wand. Dann sprang sie wieder auf und sie stieß so hoch nach oben! Well, Mr. Editor, ich zog meinen Hut über meinen Kopf... Dann, Mr. Editor, schrie ein Mann von oben ›Hey, hey!‹ und die ganzen Leute im Haus begannen ›hey!, hey!‹ und ›hi!, hi!‹ zu schreien. Da nahm ich meinen Hut wieder vom Gesicht, um zu sehen, was los war. Wenn diese Gräfin nicht verrückt ist, dann weiß ich nicht, was sonst noch mit ihr los sein soll. Sie schien so erregt worden zu sein, daß sie vergaß, daß Männer da waren, und nicht einmal die Geiger unter ihrer Nase sah. Sie machte wie verrückt weiter, hob ihre Unterrücke hoch, schüttelte sie und wirbelte herum!... Mr. Editor, ich sah mehr, als ich gewollt und gewohnt bin – so ist es.

Country Joe«

Vermutlich handelt es sich bei diesem Leserbrief von ›Country Joe‹ um eine literarisch gut gelungene Intrige gegen Lola Montez oder ganz einfach um einen Spaß, den sich die Zeitung auf ihre Kosten erlaubte. Sie ließ dann auch prompt in der Ausgabe vom 23. August 1856 eine Gegendarstellung folgen, in der sie nochmals darauf hinwies, daß es sich um eine Allegorie auf die Jesuiten handeln würde. Zur Person von ›Country Joe‹ schrieb sie: »Oh, Mr. Country Joe, sie haben sich als Wolf im Schafspelz gezeigt, oder anders gesagt, die Jesuiten mögen ›Lola Montez in Bavaria‹ nicht.« Unterzeichnet war der Brief dann mit »Lola, die Jesuitenhasserin«.

Der *Spider Dance* hat im damaligen Wilden Westen für einige Aufregung gesorgt. Schon an ›Country Joe's‹ Leserbrief ist zu sehen, daß er auch recht komische Nuancen gehabt haben muß. Es muß nicht schwierig gewesen sein, ihn zu parodieren. Genau das machte dann Dr. D. J. Robinson, der ein Stück mit dem Titel *Who's got the countess* schrieb. Der Schauspieler William Chapman gab darin eine Travestie des *Spider-Dance* zum besten. Unter Robinsons Feder hieß er jetzt allerdings *Spy-Dear-Dance*. Und seine Schwester Caroline Chapman verkörperte in diesem Stück auch noch die ›Mula‹, die sich dadurch auszeichnet, daß sie auf der Bühne immer wieder ihren Text vergißt. Robinsons Stück wurde zum weiten Schlager der Saison.

Lola Montez hat den *Spider Dance,* der an ihre frühen Tage in Paris erinnert, auf der Fahrt von Panama nach San Francisco an Deck der *Northener* eingeübt. Der Tanz wies offensichtlich einige Elemente des in Paris sehr beliebten Can-Can auf, und vielleicht ist der Can-Can auf diesem Umweg auch im amerikanischen Westen heimisch geworden? Möglicherweise ist aber auch der Herausgeber des *San Francisco Whig,* Patrick Purdy Hull, durch diese Tanzkünste auf Lola Montez aufmerksam geworden, als er sich an ihrer Seite auf der Fahrt von Panama nach Kalifornien befand? Aber die Zweiunddreißigjährige besaß auch so genügend Reize, um die Männer an sich zu ziehen. Sie muß damals immer noch Augen gehabt haben, die Zeitgenossen an verborgene Kampfstationen der Leidenschaft erinnern.[158] Patrick Purdy Hull machte jedenfalls Lola Montez den Hof, feierte ihre Kunst mit Kritiken in seiner Zeitung und wurde schließlich erhört.

Schon am 2. Juli 1853 wurden Lola Montez und Patrick Hull in der *Mission Dolores* ein Paar. Die Hochzeit wurde eigens in die

*Die Mission ›Los Dolores‹ bei San Francisco.
1855 von G. R. Fardon fotografiert*

vor den Toren der Stadt gelegene kleine Kirche verlegt und auch noch für den frühen Morgen angesetzt – um nicht zuviel Aufsehen zu erregen. Gouverneur Wainwrigth war bei der Trauung des geachteten Bürgers aus San Francisco mit einer weltberühmten Schönheit zugegen. Aber natürlich wußten genug Schaulustige Bescheid, so daß es doch eher eine für Lola standesgemäße Hochzeit im Licht der Öffentlichkeit als ein ›Ja‹ fürs Leben in romantisch anheimelnder Umgebung wurde.

Lola Montez nannte sich jetzt Maria de Landsfeld Hull. Es ist zu vermuten, daß sie sich durch ihr drittes Eheexperiment in der rauhen Männerwelt des kalifornischen Wilden Westens einen besseren Rückhalt versprach. Der dreißigjährige Selfmade-Mann, der 1850 von Ohio nach San Francisco gekommen war und es vom Drucker zum Verleger gebracht hatte, muß sehr stolz gewesen sein, mit einer der berühmtesten Frauen seiner Zeit verheiratet zu sein. Ihr zuliebe gab er seine Zeitung auf. Was es aber konkret hieß, sich an Lola Montez zu binden, das sollte auch er bald merken.

Nachdem sich Lola wieder einmal Hals über Kopf in eine Heirat gestürzt hatte – Klagen englischer Gerichte waren diesmal nicht zu befürchten –, ging das Paar gleich zur Tagesordnung über. Patrick Hull war jetzt Manager von Lola Montez geworden. In Begleitung des berühmten Violinisten Miska Hauser und der Musiker Mons Chenal und Charles Eigenschenck ging es am Tage der Hochzeit bereits um vier Uhr nachmittags mit einem Dampfschiff den Sacramento River hinauf in die kalifornische Hauptstadt, um dort eine Tournee durch den Wilden Westen anzutreten. Nachdem das Interesse in San Francisco erlahmt war, wollte Lola Montez an der Seite ihres neuen Ehegatten erst einmal in Sacramento für Männer ohne Frauen, die noch dazu dem Goldfieber verfallen waren, Proben ihres aufreizenden Könnens geben.

Für ihren ersten Auftritt in Sacramento am 7. Juli hat der norwegische Violinist Miska Hauser in seinem Tagebuch folgendes festgehalten: »Der Vorhang ging hoch und Lola erschien in einem feenhaften Kostüm, ging zur Mitte der Bühne, und, nachdem sie ihren blendenden Blick für einen Moment über die Menge schweifen ließ, begann sie zu tanzen. Auf einmal folgte unkontrolliertes Lachen auf die bisherige Ruhe. Lola stoppte mit einer Geste die Musik. Sie kam ganz mutig bis zum Rampenlicht vor, Stolz in ihrer Haltung und Feuer in den Augen, und sagte dann: ›Ladies and Gentlemen, Lola Montez hat zuviel Respekt für das Volk von Kalifornien, um nicht zu bemerken, daß dieses dumme Lachen nur von ein paar dümmlichen Püppchen kommt.‹ Erneutes Lachen. ›Ich werde sprechen!‹ schrie sie und wurde lauter, während aus ihren Augen Feuer sprühte. ›Kommt her‹, schrie sie, ›gebt mir eure Männerhosen und nehmt dafür meine Frauenkleider. Ihr seid es nicht wert, Männer genannt zu werden!‹ Dröhnendes Lachen. ›Lola ist stolz auf das, was sie ist, aber ihr habt nicht einmal den Mut, mit ihr zu kämpfen – ja, eine Frau, die keine Angst vor euch hat und euch verachtet!‹ Sie wollte weitermachen, aber der Tumult kam erst zu seinem Höhepunkt. Faule Äpfel und Eier flogen durch die Luft, und das Bombardement dauerte so lange, bis die weibliche Gegnerin gezwungen war, mehr Achtung vor dem männlichen Geschlecht zu bekommen und sich mit einem strategischen Rückzugsmanöver aus der Schußlinie brachte.«[159]

Miska Hauser erzählt dann weiter, daß er mit seinem Violinspiel das Publikum wieder beruhigt habe. Am Ende sei schließlich Lola Montez mit ihrem *Spider Dance* doch noch aufgetreten und habe sogar Applaus bekommen. In der Nacht habe dann das Publikum Lola Montez vor ihrem Hotel noch eine besondere Ehre erwiesen und ihr mit allen möglichen und unmöglichen Instrumenten ein Charivari- und Pfeifkonzert geboten.

Am darauffolgenden Abend nahm Lola etwas für sie Ungeheueres auf sich. Um die Tournee nicht von Anfang an zum Scheitern zu verurteilen, trat sie bei der neu angesetzten Veranstaltung an die Rampe und – entschuldigte sich für ihr gestriges Verhalten. Nachdem sie noch weitschweifig den *Spider Dance* interpretiert hatte, führte sie an diesem Abend vor einem begeisterten Publikum ihr Programm bis zum Ende durch.

Somit wäre ihr Auftritt in Sacramento auch noch zu einem harmonischen Ende gekommen, wäre da nicht ein Redakteur des *Californian* gewesen. Er ließ in seiner Kritik durchblicken, daß beim zweiten Auftritt relativ viele Besucher zugegen gewesen seien, die man in Sacramento nicht kennen würde. Mit anderen Worten: Lola Montez hätte sich Claqueure gekauft. Auch er sollte sie näher kennenlernen. In einem Leserbrief, den Doris Foley, die Chronistin von Lolas kalifornischen Tagen überliefert hat, war zu lesen: »Der außerordentliche Artikel über mich, der diesen Morgen in Ihrer Zeitung erschienen ist, verlangt eine außerordentliche Antwort... Sie müssen mit mir kämpfen. Sie haben die Wahl zwischen zwei Arten von Waffen – ich bin sehr großzügig. Sie können zwischen meinen Duellpistolen und meinen Pillendosen wählen. In einer wird Gift sein und in der anderen nicht. Die Chancen sind gleich. Ich verlange, daß diese Angelegenheit von Ihren Sekundanten so schnell wie möglich erledigt wird, da meine Zeit genauso wertvoll wie die Ihre ist.«[160]

Der Redakteur zog es vor, auf diese Einladung nicht zu antworten.

Lola Montez' Kalifornien-Tournee war von Anfang ein Dilemma. Einerseits erlaubten es ihr die landesüblichen Sitten, mit ihrem Exhibitionismus zu ganz neuen Grenzen vorzustoßen und so das sicherlich nicht allzu feine Publikum der Goldgräberstädte anzulocken. Andererseits verstand sie sich als ernsthafte und begnadete Künstlerin. Sie war eine Gräfin. Die Frau, vor der fünf Jahre zuvor noch Minister gezittert und Parvenus tiefe Bücklinge gemacht hatten, mußte sich vor diesem rauhen Männerpublikum notwendigerweise lächerlich machen. Das war in der Tat ihr schwacher Punkt. Gegen Mißfallenskundgebungen und Spott war sie schon immer mit den schärfsten Mitteln vorgegangen. Genau damit hatte sie auch immer wieder viele Skandale provoziert, die ihr Bild in der Öffentlichkeit nur um so negativer ausfallen ließen. Und mit diesem skandalösen Ruf hatte sie dann bei jedem neuen Auftritt wieder aufs neue zu kämpfen. Lolas Lebenslauf ähnelt im Großen wie im Kleinen einer Spirale, in deren Verlauf ihr Ruf und die damit verbundenen Anfeindungen zu immer größeren Höhen führten. Zeitweilige Entlastung brachten ihr nur die vielen Ortswechsel.

Bei der nächsten Station in Marysville war es dann folgerichtig noch schlimmer als beim Debüt in Sacramento. Ihr Ruf war ihr schon vorausgeeilt, was das dortige Publikum nur dazu animiert hat, noch ungenierter über die Gräfin zu lachen, die sich als ernsthafte Künstlerin verstand. Diesmal beließ sie es aber nicht dabei, nur ihr Publikum zu beschimpfen, sondern ging auch gegen ihren Ehemann und ihr Ensemble vor. Im *Daily Alta* war am 19. Juli 1853 etwas über den *Californian* zu lesen, der auch noch seine Rechnung mit Lola zu begleichen hatte: »Aus dem *Californian* erfahren wir, daß Lola Montez beträchtliche Unruhe in dem ruhigen Städtchen Marysville verbreitet hat. Es heißt, daß sie vor dem Publikum ausfällig wurde und dann ihren Ärger ins Privatleben hineinzog. Miska Hauser verließ die Gesellschaft angeekelt. Mr. Hull verließ das Hotel woandershin.«

Lola Montez entschloß sich jetzt, an den Rand der damaligen Zivilisation zu ziehen, in die nördlichen Minenfelder, nach Grass Valley. Ihr Ehemann, Patrick Hull, war wieder reumütig zurückgekommen. In seiner und in Begleitung der verbliebenen Musiker Chenal und Eigenschenck ging es mit der Kutsche auf den beschwerlichen Weg nach Grass Valley.

Vielleicht war man dort für jede Abwechslung dankbar? Vielleicht war die Kunde von Lola Montez' früheren Auftritten noch nicht durchgedrungen? Vielleicht war es ganz gut, daß sie jetzt darauf verzichtete, als Tragödin Charlotte Corday und Lady

Teazle zu mimen? Ihr Auftritt vom 20. Juli war ein Erfolg. Sie gab ein paar Vorstellungen und trat auch noch für ein paar Tage im nahen Nevada City auf. Als sie aber neuerlich in Grass Valley eine Vorstellung gab, waren nur noch so wenig Karten verkauft worden, daß sie die Vorstellung gleich ganz ausfallen ließ.

In den fünf Jahren, die seit ihrer Vertreibung aus München vergangen waren, war Lola Montez rastlos von einer Stadt zur anderen, von einem Land zum anderen, von einem Kontinent zum anderen geeilt. Auch wenn sie noch so energiegeladen war, so brauchte auch sie eine Zeit der Erholung. Im August 1853 kaufte sie sich am Rand der Zivilisation ein Haus und wurde für einige Zeit seßhaft. Grass Valley hat so die berühmteste Einwohnerin in seiner Stadtgeschichte bekommen, deren Andenken bis zum heutigen Tag hochgehalten wird.

Die Geschichte Grass Valleys hatte erst drei Jahre zuvor begonnen, als George McKnight 1850 erstmals auffiel, daß im dort reichlich vorhandenen Quarzgestein Gold enthalten war. Daraufhin hatte der geschäftstüchtige Gilmor Meredith eine Minen-Gesellschaft gegründet, um diese Goldvorkommen auszubeuten. Zur Gewinnung des Goldes war aber mehr als nur ein Sieb notwendig. Das Quarzgestein mußte erst einmal unter Tage gewonnen werden, worauf es dann in einem aufwendigen Verfahren in speziellen Mühlen zerstampft wurde, bis endlich die Nuggets bloßlagen. Als Lola dort ankam, waren in die einst dicht bewaldeten Hügel schon große Schneisen geschlagen worden, auf denen man in kürzester Zeit zahlreiche Holzhäuser für die mittlerweile fünftausend Bergleute und Mühlenarbeiter errichtet hatte. Allerdings war 1853 die Goldgewinnung wegen technischer Unzulänglichkeiten noch nicht ergiebig genug. Dies war für Meredith dann auch ein Grund, sein Engagement einzustellen, um sich schließlich in Baltimore im Bankgeschäft große Verdienste zu erwerben. Sein Haus in Grass Valley verkaufte er auf Vermittlung seines Jugendfreundes Hull an Lola Montez.

Lola wurde wieder einmal häuslich. Mitten im Wilden Westen hielt sie in einem kleinen Holzhaus für einheimische und auswärtige Zelebritäten Salon. Ole Bulbul zum Beispiel, der damals weltberühmte norwegische Violinist, war im August 1854 ihr Gast gewesen und gab ihrem weltabgelegenen Heim Glanz. Be-

Ankunft einer Kutsche in Grass Valley. Das Foto zeigt angeblich Lola neben dem das Gewehr schulternden Patrick Hull

sonders wichtig waren aber die Spekulanten und Investoren von der amerikanischen Ostküste und auch aus Europa, die bei ihr ein und aus gingen. Ihre Einladungen waren nicht allein Lolas Lust an Geselligkeit zu verdanken. Die weltberühmte, bezaubernde Lola stand nämlich auch in Diensten von John Southwick, dem die dortige *Empire Mine* zur Hälfte gehörte. Ihre Einladungen wurden von ihm finanziert. Lolas Aufgabe bestand darin, mehr Kapital für die notwendigen Maschinen und Erschließungen nach Grass Valley zu locken. Bei Lola gab es immer genug Brandy und Zigarren. Wenn sie besonders gut gelaunt war, führte sie ihre Tänze vor, die von einem mechanischen Klavier begleitet wurden – was in der Wildnis eine Sensation war. Tatsächlich hat sie ihre Aufgabe sehr gut gelöst. Nachdem es 1853 um die Quarzmühlen recht schlecht stand, prosperierten sie in den folgenden Jahren.

Wenn sie nicht gerade ihre Einladungen gab, verfügte Lola Montez jetzt über Zeit in Hülle und Fülle, um ihren sonstigen Liebhabereien nachzugehen. Im Garten, der um ihr Häuschen angelegt war, konnte sie beispielsweise ihrer Tierliebe frönen. Schon immer hatte es zu ihren Eigenarten gehört, sich von Hunden begleiten zu lassen, so wie das andere Damen mit Kavalieren und Ehemännern machen. Ihre Dogge hatte schon in München für Skandale gesorgt. Jetzt, am Rande der Wildnis, konnte sie diese Vorliebe besonders exzessiv ausleben. Vier Hunde, eine Ziege, Schafe, Lämmer, Kanarienvögel, Pferde, Katzen waren auf ihrem Grundstück zu bewundern. Besondere Attraktion war aber ein leibhaftiger Grizzlybär, den sie an einem Pflock vor ihrem Haus angebunden hatte. Als ob sie zu verstehen geben wollte, daß sie nicht nur Männer zu bändigen verstand, hatte sie ihn erworben, als er noch mehr einem Teddybären glich. Aber bald sollte er selbst Lola über den Kopf wachsen. Eines Tages biß er sie beim Füttern mit aller Kraft in die Hand. »Als Lola ging, zu füttern den Bär / Mit Konfekt so süß und Zucker rar / Kam Meister Petz ihren Füßen zu nah / Biß ihre Hand, weil sie viel süßer war«, reimte am 19. März 1854 die *Golden Era*. Das Ende vom Lied war, daß sie ihn zum Kauf anbot. Ein gewisser Mr. Storm wurde der neue Besitzer, bewies aber sehr viel weniger Tierliebe als Lola Montez. Sechs Hunde wurden bei einem der damals sehr beliebten Tierwettkämpfe gegen den heillos unterlegenen Bären gehetzt.

Ohne daß sie sich davon irgendeinen Werbeeffekt hätte erwarten können, bewies Lola auch wieder ihre karitative Ader. Für arme Minenarbeiter hatte sie immer ein paar wohltätige Gaben über. Besonders Kinder konnten sie von ihrer allerbesten Seite erleben. »Es gab nur ein paar Mädchen in Grass Valley«, erinnert sich Matilda Uphoff, »und ich war erst fünf, als uns Lola Montez kleine Geschenke bei einer Weihnachtsfeier bei ihr zuhaus gab. Wenn Lola die Frau gewesen wäre, für die sie manche hielten, hätten unsere Mütter uns sie nie besuchen lassen. Sie empfing uns an der Tür, als wir ankamen, und gab jedem von uns Naschereien. Ich kann mich nicht genau an ihr Aussehen erinnern, außer daran, daß sie mir wie die schönste Frau der Welt vorkam. Ja, sie hatte einen Baum, daran erinnere ich mich, und sie hatte für uns Geschenke, wir machten Spiele zusammen und bekamen gute Sachen zum essen. Sie hatte einen Bären, der im Hof an eine Kette gebunden war, und wir schauten ihn uns gewöhnlich an.«[161]

Während ihrer Zeit in Grass Valley fuhr sie nur ein einziges Mal nach San Francisco. Von einer Zwischenstation in Sacramento wußte das *Nevada Journal* am 14. Oktober 1853 zu berichten, daß Lola Montez guter Gesundheit und guten Mutes sei. Sie würde von ihrem Heim in den Bergen schwärmen, hätte eine kleine Ziege, Hunde und ein Gewehr. Die Zeit würde sie mit der Jagd und Minen-Expedition verbringen. Zu Hause würde sie ihre vielen Besucher unterhalten, lesen und Erinnerungen an ihr einmalig aufregendes Leben niederschreiben. Lola Montez muß ihre Zeit in dem abgelegenen Wildwest-Städtchen genossen haben.

Auch jene Fahrt nach San Francisco hatte dazu gedient, ihr noch mehr Ruhe zu ermöglichen. Zwar war Patrick Hull noch am Anfang bei ihr und hat ihr bei der Einrichtung des neuen Hauses geholfen, aber schon nach wenigen Tagen kamen die Streitereien wieder auf, die ihn in Marysville schon einmal aus dem Hotel getrieben hatten. Nach einer knapp dreimonatigen Ehe war Lola Montez schon wieder allein, und ihre Fahrt nach San Francisco diente hauptsächlich dazu, das Scheidungsverfahren zu regeln. Zwar ist Patrick Hulls Name durch seine Heirat mit Lola Montez der Nachwelt bekannt geworden, eine glückliche Zeit war es aber für ihn mit Sicherheit nicht. Er kehrte Ende 1853 nach San Francisco zurück und kaufte sich dort in die *Daily Down Talk* ein. Aber schon im November 1857 stellten sich bei dem Mittdreißiger Lähmungserscheinungen ein. Im Mai 1858 ist er gestorben.

Lola Montez hatte in den knapp zwei Jahren von Grass Valley noch ein kurzes Techtelmechtel mit einem deutschen Baron. Er muß so anhänglich gewesen sein, daß ihn Zeitgenossen gleich zu Lolas Haustieren zählten.

Aber Lola Montez fiel jetzt nicht mehr mit großen Männeraffären auf. Harmlosere Vergnügungen wie Reiten, Jagen, Salongesellschaften waren ihr wichtiger geworden.

Vollkommen idyllisch und harmonisch waren Lolas Tage in Grass Valley natürlich nicht. Aber wenn man die paar bemerkenswerten Ereignisse aus ihrem dortigen Leben mit den Taten der Vergangenheit vergleicht, dann fühlt man sich eher an ein leichtes Kräuseln auf einem ruhig daliegenden Gebirgssee erinnert – weniger an die haushohen Wellenberge, die wie Sturmfluten über ganze Landstriche geschwappt waren.

Im Januar 1854 versetzte sie beispielsweise die Einwohner von Nevada City in maßloses Erstaunen, als sie bei meterhohem Schnee mit einem Pferdegespann von Grass Valley herüber kam, kurz durch die eingeschneiten Straßen der Stadt fuhr und dann wieder in der Schneewüste verschwand. Erstaunlich war schon, daß bei diesem Wetter überhaupt noch jemand mit der Kutsche herumfuhr. Aber daß sie den Pferden auch noch Kuhglocken um den Hals binden mußte?!

Im Mai 1854 machte die ausgezeichnete Reiterin dadurch auf sich aufmerksam, daß ihr Pferd beim Sprung über einen Bach am gegenüberliegenden Ufer keinen festen Boden unter die Hufe bekam, nach rückwärts stürzte und Lola um ein Haar unter sich begraben hätte.

Und im Juli 1853 brach die unerschrockene Lola zusammen mit Alonzo Delano mitten durch wildes Indianerland zu einer Exkursion in die Sierra Nevada auf. Bei der Rückkehr war Delano nicht mehr dabei, weil es bei der miserabel organisierten Expedition Streit gegeben hatte und er ausgerechnet mit dem Packesel vor den anderen vorausritt, aber dann nicht mehr gefunden wurde. Ohne Proviant mußten sich die restlichen Expeditionsteilnehmer völlig entkräftet bis nach Grass Valley zurückkämpfen. Delano war schon längst aufgegeben worden. Man vermu-

Der unweit vom Glass Valley gelegene Mount Loya. 1872 von Edward Muybridge fotografiert

tete, daß er unter feindliche Indianer geraten wäre. Aber ein paar Tage nach Lolas Rückkehr wurde Delano, am Ende seiner Kräfte, doch noch bei Nevada City durch Zufall in der Wildnis aufgefunden.

Natürlich ist auch noch von einer ›Peitschengeschichte‹ zu berichten. Henry Shipley vom *Grass Valley Telegraph* hatte es gewagt, Lola Montez in seiner Zeitung der Heuchelei zu bezichtigen. Lola machte sich darauf auf der Stelle zum *Golden Gate Saloon* auf, dem von Shipley besonders gern angesteuerten Platz. Nach einer Version soll sie ihn zuerst mit der Peitsche geschlagen und ihm dann mit ihren ringbewehrten Fingern den K.-O.-Schlag versetzt haben. Nach einer anderen, von Shipley in Umlauf gesetzten Version hätte der ganze Salon über Lolas Ausfälligkeiten gelacht und dann nicht einmal von Lola eine Saalrunde spendiert haben wollen.

Von diesen Anekdoten könnten andere ein Leben zehren. Für Lola Montez' Verhältnisse waren es Kleinigkeiten. Aber natürlich hat sie nicht vorgehabt, ihre restlichen Tage in der abgeschiedenen Idylle des Wilden Westens zu verbringen. Große Pläne waren an diesem Ort gereift. Lola Montez plante eine Tournee rund um die Welt.

Am 3. Juni 1855 meldete dann die *Golden Era* aus San Francisco, daß Lola Montez gerade im Begriff sei, sich auf der *Fanny Major* nach Australien einzuschiffen. Sie wollte dann weiter nach Hongkong, Kalkutta und zu anderen asiatischen Hafenstädten fahren. In ihrer Begleitung waren die Schauspieler Mrs. und Miss Fiddler, Mr. Simmonds und Mr. Folland; ebenfalls mit von der Partie ihr Agent Mr. Jones.

Australien – tanz den Spinnentanz!

Lola Montez hat ihre Kindheit in Indien verbracht. Auf den insgesamt drei Reisen hin und zurück nach Europa hat sie auch afrikanischen Boden betreten. Nach dem Ende ihres europäischen Abenteuers war sie nach Amerika gegangen. Jetzt war sie in Australien.

Die damalige Mittdreißigerin dürfte einer der ganz wenigen Menschen der damaligen Welt gewesen sein, die von sich sagen konnten, daß sie alle fünf Kontinente dieser Erde kennen. Sie konnte deshalb auf einen immensen Erfahrungsschatz zurückgreifen, was wiederum ein Grund dafür gewesen sein mag, daß sie auch in fast aussichtslosen Lagen gegen alle Anfeindungen immer wieder ein unerhörtes Selbstbewußtsein und außerordentlichen Mut unter Beweis gestellt hat. Sie muß ein ausgeprägtes Gespür dafür gehabt haben, wie brüchig der Boden unter den lokalen Sitten, Gebräuchen und Moralvorstellungen war, mit denen sie immer wieder konfrontiert wurde.

Diese Frau von Welt kam im August 1855 nach einer eineinhalbmonatigen Seereise quer durch den Pazifischen Ozean in Sydney an. Erst siebzig Jahre war es her, daß die Engländer von diesem Ort aus Australien kolonisiert hatten. Nach der ersten Kolonialisierung waren dann in der ersten Hälfte des 19. Jahrhunderts die aus England deportierten Häftlinge gekommen, denen ab 1850 die ersten freiwilligen Auswanderer aus Europa und Amerika folgten. Fast zeitgleich zu Kalifornien war in Australien Gold entdeckt worden. Als Lola Montez den Pazifik überquerte, befand sie sich unter zahlreichen Glücksrittern, die schon in Europa, dann auch in Amerika ihre Wünsche nicht hatten erfüllen können und im australischen Eldorado ihre Träume vom Reichtum endlich wahrmachen wollten.

Zum einen hatten finanzielle Gründe Lola Montez nach Australien gelockt, zum anderen dürfte es aber auch die Sehnsucht nach den Orten ihrer Kindheit gewesen sein. Australien war ursprünglich nur als Ausgangspunkt ihrer Tournee eingeplant.

Lola dachte an eine Welttournee, die sie auch nach Kalkutta bringen sollte. Möglicherweise hätte sie dort ihrer Mutter beweisen können, zu welcher Berühmtheit sie es gebracht hatte. Allerdings gab sie dies schon bei ihrer Ankunft in Sydney auf. Geschäftsleute überzeugten sie, daß es völlig unrealistisch wäre, auch noch den Einwohnern von Manila, Bangkok oder eben Kalkutta ihren *Spanischen Tanz* oder den *Spider Dance* vorzuführen.

Am 23. August 1855 gab sie ihr australisches Debüt im *Royal Viktoria Theatre,* wie üblich mit *Lola Montez in Bavaria.* Ein paar Tage später stand ein neu einstudiertes Stück, das Melodrama *Maidens Beware,* auf dem Spielplan. Und in der ersten Septemberwoche folgten dann nach einer geschickten Spannungsdramaturgie Proben von ihrer *Tarantella* und dem *Spider Dance.* Nur so konnte sie damit rechnen, daß die gleichen Besucher ihre Aufführungen mehrmals besuchten. Ihren *Spider Dance* führte Lola auch deshalb erst zum Schluß auf, um zu verhindern, daß ihre Aufführungen vorzeitig der Zensur zum Opfer fielen.

Tatsächlich wurden bei diesem Tanz dann auch die ersten moralinsauren Stimmen laut. Aber bevor Lola Montez deswegen unter Beschuß kommen konnte, war sie schon längst aus Sydney verschwunden. Dies hatte allerdings weniger mit der gebotenen Vorsicht gegenüber den Moralhütern zu tun, als vielmehr mit ihrem alten Schauspieler-Ensemble. Lola Montez hatte wieder einmal die sehr skrupellosen Seiten ihres Charakters gezeigt.

Nachdem sie auf ihre Welttournee verzichtet hatte, war nämlich auch kein festes Ensemble mehr nötig, das ihr noch in den asiatischen Hafenstädten die Treue hätte halten müssen. Und weil sie sich mit den Schauspielern auf der Schiffsfahrt sowieso zerstritten hatte, hatte sich Lola Montez entschlossen, das in San Francisco engagierte Ensemble gleich nach der Landung zu entlassen und statt dessen auf einheimische australische Schauspieler zurückzugreifen. Die versprochene Gage wurde nicht ausgezahlt. Nur bei dem 28jährigen Noel Folland machte sie eine Ausnahme. Er sollte ihr Manager werden.

Am 11. September 1855 konnte man im *Sydney Morning Herald* lesen: »Sir, – haben Sie die Güte, uns durch das Medium Ihrer weit verbreiteten Zeitung zu erlauben, dem Theaterpublikum von Sydney etwas darüber zu sagen, wie Lola Montez in dieser Stadt ihr Ensemble verlassen hat. Vor vier Monaten kam Lola Montez auf die Idee, eine Theater-Tournee durch Australien, China und Indien zu machen, wofür sie ein kleines Schauspieler-Ensemble engagierte ... Bei der Ankunft in Sydney wurde sie von kompetenten Ratgebern darüber informiert, daß die Tour nach China und Indien für sie nicht profitabel sein würde. So gab sie diese Idee sofort auf, und, da sie das Ensemble in dieser Kolonie nicht mehr notwendigerweise brauchte, hat sie es entlassen, ohne sich viel um die Folgen zu scheren. Das ist die gutherzige Lola Montez, wie sie in Sydney weit und breit gepriesen wird.«

Es gab aber nicht nur diesen Leserbrief des geschaßten Ensembles, sondern auch eine Klage auf 12 000 Dollar. Lola Montez eilte deshalb zusammen mit Folland auf dem kürzesten Weg zum Schiff nach Melbourne, wurde aber in letzter Sekunde noch von Sheriff Brown in ihrer Kabine gestellt. Was jetzt folgte, reiht sich bestens in die vielen Lola-Montez-Anekdoten ein und wurde damals bis nach San Francisco genüßlich weitererzählt. Lola zog sich nämlich nackt aus und sagte dem Sheriff, daß er sie so abführen müsse. Während der darauffolgenden Auseinandersetzungen hatte das Schiff aber bereits die Anker gelichtet. Sheriff Brown hatte schon längst keine Befehlsgewalt mehr und durfte noch froh sein, daß er mit dem Lotsenboot zurückkehren konnte, während Lola Montez unbehelligt neuen Abenteuern entgegensegelte.

Lola und Folland mieteten sich in Melbourne im *Grand Imperial Hotel* ein. Noel Folland war jetzt ihr neuer Liebhaber geworden. Zwar war er verheiratet und hatte in Cincinnati Frau und Kind, aber als gelernter Schauspieler konnte er es sich damals nicht erlauben, seßhaft zu werden. Als Lola Montez ihm in Kalifornien angeboten hatte, sie bei ihrer Welttournee zu begleiten und ihm noch dazu 100 Dollar die Woche und zwei Prozent der Einnahmen überlassen wollte, war dies ein Angebot, das er nicht ausschlagen konnte. Jetzt war er auch noch ihr Manager und Liebhaber geworden. Aber – es erübrigt sich fast schon, darauf hinzuweisen – auch ihm brachte dies kein Glück. Auch an ihm sollten sich Alexandre Dumas' prophetische Worte bewahrheiten, daß Lola Montez jedem Mann Unglück bringen würde, der sein Schicksal zu sehr an ihres kettet.

Zuerst einmal führte Lola Montez am 13. September 1855 in Melbourne den australischen Goldgräbern mit *Lola Montez in Bavaria* vor, wie es anno 1847 in München gewesen war. Ihre Erstaufführung war zwar auf Grund ihres Namens bestens besucht, aber die Pressekritiken fielen schlecht aus und das Interesse an dem reichlich hölzernen Stück blieb mager. Es folgte jetzt der mittlerweile übliche Verlauf.

Zum einen gab es Pfiffe, und Lola griff wieder auf ihre beliebten Bühnenansprachen zurück, zum anderen war schon bei der dritten Aufführung der Saal gähnend leer, weshalb sie das Programm änderte. Seit neuestem gehörte nun auch *Follies of the Night* und *Cleopatra* zu ihrem Programm. Als dann das Publikum wieder ausblieb, griff sie zu ihrer wirksamsten Geheimwaffe, dem *Spider Dance*. Jetzt war das Haus brechend voll. Lola Montez konnte es sich sogar erlauben, auch den weiblichen Besuchern anstatt des üblichen halben den ganzen Eintrittspreis abzuverlangen. Allerdings war das höchst überflüssig, da sowieso nur Männer kamen, um die gewagten Tanzposen der ›Spanischen Tänzerin‹ zu bestaunen.

Am Einfallstor zu den australischen Goldfeldern herrschte im Gegensatz zu San Francisco immer noch eine streng viktorianische Moral vor. Alsbald machte sich der *Argus* zum Sprachrohr dieser Moral. Am 20. September konnte man dort unter anderem folgendes lesen: »Wenn das Management des Theatre Royal vorhat, öffentliche Förderung durch solche Vorstellungen zu bekommen, dann hat es kein Recht, ehrenhafte Damen zu beleidigen, indem es sie zu ihren Vorstellungen einlädt. Und wenn solche Szenen jemals wiederholt werden sollten, dann müssen endgültig die Behörden einschreiten, um ein Ärgernis abzuschaffen, das jegliche öffentliche Moral untergräbt.«

Natürlich antwortete Lola Montez darauf wieder mit einem Leserbrief, in dem sie den angeblich in der ganzen Welt bekannten Tanz als reine Kunst verteidigte und weitere Vorstellungen ankündigte. Aber auch Staatsanwalt Dr. Milton war der gleichen Ansicht wie der Kritiker des *Argus* und wollte Lola Montez unter Arrest stellen. Nur hatte er nicht mit dem Bürgermeister von Melbourne, John Smith, gerechnet. Smith hatte nämlich das Theater gebaut, und natürlich war er froh, daß das Haus endlich einmal

Theatre Royal in Melbourne. Historische Aufnahme von 1870

brechend voll war. Er konnte in der Angelegenheit abwiegeln und die Staatsanwaltschaft ausschalten.

Auch sein Rivale, der Theaterbesitzer George Coppin, ging gegen die mit Lola eingezogene Unmoral vor. Auf öffentlichen Anschlägen verbot er dem Publikum, sich den *Spider Dance* anzuschauen. Das vollkommen rätselhafte und unautorisierte Verbot fand allerdings eine überraschende Auflösung. Mit dem Verdikt war nicht Lolas Tanzvorführung gemeint, sondern Coppins eigene Version vom *Spider Dance*. Das ganze war ein Reklamegag. Wie schon Dr. Robinson in San Francisco, hatte auch Coppin aus Lola Montez' Tanz eine Travestie gemacht, die diesmal das Publikum gerade wegen des Verbots anziehen sollte. Coppins Stück wurde tatsächlich zu einem Erfolg. Mit der Zeit kam das

Publikum sogar zur Überzeugung, Coppins Version wäre das Original.

Lola Montez machte ihrerseits noch einen kurzen Abstecher zum nahen Geelong, wo ihre Kunst ebenfalls sehr gut aufgenommen wurde. Dann kehrte sie wieder nach Melbourne zurück und gab dort bis in den November hinein eine Reihe von Aufführungen. Sie muß bei Männern sehr beliebt gewesen sein, am 31. Oktober sogar so, daß ein älterer Herr während der Vorstellung auf die Bühne sprang und Lola im Liebeswahn hinter die Bühne verfolgte.

Auch als sie im November 1855 nach Adelaide in Süd-Australien fuhr, sollte ihr der Erfolg treu bleiben. Sogar ihre Bühnenstücke kamen hier einigermaßen gut an. Und ihr *Spider Dance* wurde auch in dieser puritanischen Gegend gut aufgenommen, wobei sie allerdings die lasziven Elemente vermied und sogar vorzeitig abbrach. Als sie am 10. Dezember 1855 dort noch eine Benefizveranstaltung für die Waisen derjenigen Männer gab, die auf der anderen Seite der Welt im Krimkrieg beim Sturm auf Sebastopol gefallen waren, gewann sie die Herzen der Südaustralier im Sturm. Der Zeichner J. M. Skipper widmete der Tänzerin eine

Hafendamm in Adelaide. Historische Aufnahme von 1870

Reihe von Zeichenstudien. Beim Abschied von Adelaide wurde Lola aus Dankbarkeit sogar mit Juwelengeschenken überhäuft.

Nächste Station war wieder Sydney, wo sie anscheinend die Angelegenheit mit Sheriff Brown ins reine bringen konnte. Nach einer Reihe sehr gut besuchter Vorstellungen beschloß sie am 21. Januar 1856 aus gesundheitlichen Gründen nicht aufzutreten. Aber das Haus tobte, und Lola blieb schließlich nichts anderes übrig, als doch zu tanzen.

Der Aufenthalt in Sydney war nur als Überbrückung gedacht. Ursprünglich hätte sie gleich in Ballarat auftreten wollen, dem Zentrum der australischen Goldfelder, aber zwischenzeitlich war das dortige Theater abgebrannt, und Lola mußte so lange warten, bis das neue fertiggestellt war. Als sie dann im Februar 1856 im neuen *Viktoria Theatre* auftrat, konnte sie von über zweitausend Besuchern Eintritt verlangen, die am Schluß der Vorstellung ihrer Begeisterung auch noch dadurch Ausdruck gaben, daß sie Gold-Nuggets auf die Bühne warfen. Wann hatte man auch schon eine (immer noch) schöne Frau gesehen, die sich wie eine der ihren gab, wie ein Mann reiten konnte und sich ohne jegliche Furcht in die unsicheren Bergwerkstollen begab?

Die australischen Goldminenfelder kamen Lola Montez auch noch auf andere Weise sehr entgegen. Was im amerikanischen Wilden Westen die Pistole war, war hier die Reitpeitsche. Hier war es durchaus üblich, tätliche Auseinandersetzungen mit Lolas Lieblingswaffe auszutragen. Wenn sie überhaupt jemals Skrupel gehabt haben sollte, zur Peitsche zu greifen, so waren sie jetzt völlig unnötig, als in der *Ballarat Times* auf Lolas schlechten Ruf hingewiesen wurde. Redakteur Henry Seekamp hatte dies zu verantworten gehabt. Was dann folgte, berichtet die Konkurrenz vom *Ballarat Star* am 21. Februar so: »Madame Lola kam vom Nebeneingang herein, eine kurze, leichte Peitsche in der Hand, ging schnell auf Mr. Seekamp zu und zielte damit mit aller Kraft auf Kopf und Schultern. Mr. Seekamp war auf so etwas zuerst nicht richtig eingestellt. Nachdem er sich von dem schnell vorgetragenen Angriff aber etwas erholt hatte, griff er zu seiner eigenen Reitpeitsche, und für einige Zeit war es schlimmer als in Troja. Die Lady variierte ihre Vorstellung, indem sie Fragen stellte wie ›Wie können Sie es wagen, mich in Ihrer Zeitung anzugreifen?‹,

›Wollen Sie mich noch einmal beleidigen?‹, ›Wollen Sie eine Frau angreifen?‹. Jeder ihrer Fragen folgte ein harter, scharfer und schneidender Hieb ihrer Peitsche, die ihrem Gegner bald auch im Gesicht die Male ihrer Anfragen einprägte.« Die Peitschenschläge gingen hin und her. Schließlich griff auch noch Folland ein. Und später setzte Seekamp noch seine Zeitung ein, um vom tödlichen Angriff zur Presse-Attacke überzugehen. Die allseits beliebte Lola antwortete darauf mit einer Klage vor Gericht und bekam sogar recht.

Mit diesem einen Peitschen-Zwischenfall sollte es aber im australischen Busch noch nicht genug sein. Lola Montez sollte noch die ›Peitscherin der Peitscherin des Peitschers‹ kennenlernen, wie James Crosby seine Frau später nannte. James Crosby war der neue Manager von Lola geworden, nachdem Folland kurzzeitig in Ungnade gefallen war. Zusammen mit seiner Frau hatte er Lola nach Ballarat begleitet und ihre Aufführungen organisiert. Ende Februar aber stellte Lola fest, daß er sie bei den Einnahmen betrogen hatte. Als es zur Auseinandersetzung kam, war auch Mrs. Crosby dabei, die von Eifersucht geplagt war. Sie griff sofort zur Reitpeitsche, und diesmal war es ihre Gegnerin, die über Lola Montez herfiel und den taktischen Vorteil des Angriffs nutzte. Der Kampf wurde noch mit Füßen und Fäusten fortgesetzt. Lolas Gesicht war danach so grün und blau angeschwollen, daß sie den ganzen März keine Vorstellungen mehr geben konnte. Mr. und Mrs. Crosby wurden von den Goldgräbern verjagt, die den Angriff auf ihr Idol sehr übelnahmen. Lola Montez suchte derweil wieder bei Folland Trost.

Noch eine weitere Anekdote ist aus Lola Montez' Tagen bei den australischen Goldgräbern zu berichten. Nachdem sie wieder genesen war, trat sie im nahen Bendingo vor voll besetztem Haus auf. Mitten während der Vorführung von *Asmodeus, or the Little Devil* kam es zu einem dramatischen Ereignis. Aus den dunklen Wolken, die sich über Bendingo zusammengebraut hatten, schlug ein Blitz in das Theater und fuhr mit gewaltigem Krach sogar noch durch den Zuschauerraum, wobei aber glücklicherweise niemand verletzt wurde und auch nur geringer Sachschaden entstand. Noch bemerkenswerter war aber Lola Montez selbst. Während alle anderen sich in die Hölle versetzt fühlten und um ihr Leben schrien, stand sie vollkommen ruhig auf der Bühne und sah dem Tumult amüsiert zu. Nach dem *Bendingo Advertiser* vom 3. April habe sie dann zum Publikum gesagt, nachdem es sich wieder beruhigt hatte, daß sie sowieso noch etwas Donner und Blitz in ihr Stück einbauen wollte. Kokett setzte sie noch hinzu, das Beste wär jetzt ein Brandy *und* – worauf sie nach einer Pause vielsagend meinte: »Sie wissen schon was!«

Lola blieb noch für den Monat April bei den Goldgräbern. Im Mai kehrte sie zusammen mit Folland nach Sydney zurück. Sie hatte jetzt ihre Australien-Tournee beendet und war an das Ziel ihrer finanziellen Wünsche gelangt. Ende Juni gingen beide an Bord der *Jane A. Falkinburg,* um nach San Francisco zurückzukehren. Lola Montez hätte trotz einiger Widrigkeiten mit ihrer Fahrt nach Australien sehr zufrieden sein können, wäre es nicht an Bord ihres Schiffes zu einer Tragödie gekommen.

Auf der Höhe der Fidschi-Inseln hörten die mitreisenden Passagiere mitten in der Nacht einen gellenden Schrei. Als sie an Deck eilten, sahen sie Lola Montez bewußtlos auf den Holzplanken liegen. Als sie wieder zu sich kam, stammelte sie, daß Folland von Bord gefallen wäre. Der Kapitän drehte zwar noch einmal um und suchte das Meer nach Folland ab, aber die Suche war vergeb-

Segelschiff und Dampfer. 1857 von Gustave Le Gray fotografiert

lich. Dem Kapitän erzählte sie dann, daß es wegen der Teilung der Einnahmen zum Streit gekommen und sie daraufhin kurz in ihre Kajüte gegangen sei, um das Geld zu holen, und bei ihrer Rückkehr Folland nicht mehr vorgefunden habe. Er müsse über Bord gesprungen sein. Schon weil kein anderer Zeuge da war, glaubte ihr der Kapitän. Als aber Lola Montez in San Francisco angekommen war, stellte sich heraus, daß ihr vom australischen Gold fast überhaupt nichts mehr geblieben war. Aller Wahrscheinlichkeit war es mit Folland im Pazifischen Ozean versunken – entweder hat er es in einer jähen, selbstmörderischen Anwandlung mit in den Tod genommen – oder er wurde von Lola ins Wasser gestoßen.

San Francisco, Sacramento, New York – das Ende

Als Lola Montez am 26. Juli 1856 wieder nach San Francisco zurückgekehrt war, war im *Daily Evening Bulletin* eine kurze Notiz über ihre Ankunft zu lesen. Auch wurde die Öffentlichkeit darüber in Kenntnis gesetzt, daß Folland auf der Überfahrt ertrunken war.

Zum damaligen Zeitpunkt war aber San Francisco mit viel wichtigeren Ereignissen beschäftigt. Die schon lange bestehende Rivalität des blühenden San Francisco mit der kalifornischen Hauptstadt Sacramento hatte sich zur Rebellion ausgewachsen.

Der Redakteur James King of William war auf offener Straße erschossen worden. Er hatte sich seinen wohlklingenden Namen dadurch verdient, daß er mit Hilfe des *Daily Evening Bulletin* die allgemein herrschende und von der Landesregierung in Sacramento gestützte Korruption anprangerte. San Francisco geriet in Aufruhr. Es bildete sich eine Bürgerwehr, die den Richter David Terry festsetzte. Der kalifornische Gourverneur erklärte daraufhin die Bürgerwehr für ungesetzlich und drohte mit Vergeltung.

Obwohl also in San Francisco die Augen ganz woanders hin gerichtet waren, konnte Lola Montez den Manager des *American Theatre* nochmals dazu überreden, ihr im August die Gelegenheit zu mehreren Auftritten zu geben. Offensichtlich schaffte sie es, zumindest die Augen der Männer auf sich zu ziehen. Danach ging sie auch noch in das rivalisierende Sacramento, von wo aus sie den Verkauf ihres Hauses in Grass Valley regelte, das als eines der wenigen die letzte Brandkatastrophe überlebt hatte. Ebenso versteigerte sie noch ihren Schmuck – vermutlich das wenige, was ihr von Australien geblieben war – für eine Endsumme von 10 000 Dollar. Den Erlös wollte sie Follands Kindern zukommen lassen.

Vermutlich brachten die Verkäufe und Aufführungen aber immer noch nicht genug Geld ein. Vom 9. September bis zum 5. Oktober 1856 trat sie wieder in Sacramento auf. Aber an der

San Francisco, im Hintergrund die Sierra Nevada. 1885 von Tabor fotografiert

Stätte eines ihrer spektakulären Theaterskandale war sie jetzt nur noch ein Schatten früherer Tage.

»Für alle außer für sie selbst ist es ganz deutlich«, schrieb die *Golden Era* vom 19. Oktober 1856, »daß ihre Tanz-Tage vorbei sind. Obwohl ihre Posen immer noch sehr graziös sind, hat sie, was auch niemand erwartet, nicht mehr dieses Maß an Elastizität und Leben, das eine gute Tänzerin braucht. Man sieht ihr die Arbeit und die Schmerzen bei ihren Anstrengungen zu sehr an. Beim Tanz erinnert sie uns zu sehr an eine ehemalige Schönheit, die vergebens ihre Kunst hochhalten will, nachdem jüngere und attraktivere Schönheiten sie mit ihrem frischen Charme in den Schatten gestellt haben...«

Schon in Australien hatte sie immer wieder einmal Theateraufführungen ausfallen lassen müssen, weil sie sich gesundheitlich nicht auf der Höhe gefühlt hatte. Das Alter forderte von der Tänzerin jetzt allmählich seinen Tribut, und noch mehr Tribut forderte ihr bisheriges Leben. Bereits auf der Überfahrt von Europa nach Amerika war Lola – sie deutet es in ihrer *Autobiographie* an – gesundheitlich angeschlagen gewesen.[162] Im Frühjahr 1851, als sie sich in Paris für ihre Fahrt nach Amerika rüstete, soll sie schwer krank gewesen sein, die Haare wären ihr ausgefallen, worauf ausgerechnet die rabenschwarze Lola eine Perücke hätte tragen müssen.[163] Retuschierte Fotos aus dieser Zeit, etwa das von Seite 208 dieses Buches, geben davon ein anschauliches Zeugnis. M. Cannon, der ansonsten gerade für die australischen Tage von Lola Montez sehr aufschlußreiches Material bereitgestellt hat, geht von der Spekulation aus, daß Lola Montez' gesundheitlicher Verschleiß von der damaligen ›Modekrankheit‹ Syphilis gekommen wäre.[164] Ohne sich in solche Spekulationen zu verlieren, scheint es nur allzu plausibel, daß sie irgendwann einmal am Ende ihrer Kräfte und ihrer jugendlichen Schönheit anlangen mußte. Gut zwanzig Jahre lang hatte die ›ewige Jüdin‹ sich rastlos auf ihrer Wanderung rund um den Erdball bewegt und bis zu ihrem fünfunddreißigsten Geburtstag vermutlich mehr erlebt und mehr in Bewegung gesetzt, als sonst eine andere Frau auf der damaligen Welt – sieht man einmal von Königin Viktoria ab. In Australien hatte sie ein genügsames Goldgräber-Publikum zwar noch täuschen können, aber schon im Wilden Westen Amerikas zeigten sich unübersehbar die Spuren ihres Alters.

Am 8. September 1856 war im *Daily Evening Bulletin* zu lesen, daß sie sich dem Spiritualismus zugewandt hätte. Anfang Oktober hatte sie in Sacramento noch einen allerletzten Auftritt auf der Bühne, und am 20. November verließ sie auf der *Orizaba* endgültig San Francisco.

Über die letzten Jahre ihres Lebens legt sich wieder ein Dunkel – wenn es auch um vieles leichter zu durchdringen ist als das ihrer ersten Jahre. Da sie nicht mehr auf der Bühne auftrat, gibt es auch weniger Presseartikel, die ihre damaligen Spuren bezeugen könnten. Ein paar verläßliche Nachrichten sind dennoch vorhanden. Besonders hervorzuheben ist, daß sie in dieser Zeit auch eine Reihe von Büchern unter ihrem Namen herausgegeben hat. Aber vieles, was für die Jahre 1857–1861 später über sie bekannt wurde, ist der blühenden Phantasie ihrer Zeitgenossen und Nachgeborenen zuzuschreiben.

So soll sie im November 1856 von San Francisco nicht nach New York, sondern nach Marseille gefahren sein. In Frankreich soll sie, nach Delphine de Girardin, binnen kurzem den Schauspieler Mauclerc geheiratet haben, der sich aber schon eine Woche später vom Pic du Midi in den Tod gestürzt hätte. Das wohl sensationellste Gerücht stammt aber von der polnischen Prinzessin Ekaterina Radziwill, die in einem von ihr 1917 unter dem Pseudonym Hildegard Ebenthal herausgegebenen Buch von nichts anderem als der Hochzeit Lola Montez' mit Ludwig I. berichtet. Die Hochzeitszeremonie hätte im Winter 1856 mitten in der Münchner Residenz vor versammeltem Hofstaat stattgefunden. Helen Holredge hat in ihrer Lola-Montez-Biographie diese angebliche Begegnung auch dankbar aufgenommen und den Faden noch weitergesponnen, indem sie von Flitterwochen in Italien und anschließender Trennung des Liebespaares berichtete. Im gleichen Winter wurde sie aber auch am Hudson in der Nähe von Albany gesichtet, als sie den reißenden, Packeis führenden Strom überquerte und dabei einen Teil ihres Gepäcks verlor. Gleichfalls soll sie in dieser Zeit in New York Follands Witwe gestanden haben, daß sie die Mörderin ihres Gatten sei.

Es gibt zwar keine verläßliche Nachricht, was im Winter 1856/57 alles geschehen ist, doch darf man Lola Montez mit großer Wahrscheinlichkeit in dieser Zeit auf der langen Seereise von San Francisco nach Panama und weiter nach New York vermuten. In dieser Zeit muß sie sich auch auf eine neue Tätigkeit vorbereitet haben, mit der sie ab sofort ihren Lebensunterhalt verdiente. Denn schon im Mai verkündeten in New York Plakatanschläge, daß Lola Montez am 24. Mai 1857 ihre *Lectures,* ihre Lesungen, im *Broadway Theatre* halten würde.

Auch Kossuth hatte sich bei seiner Ankunft in New York durch solche Lesungen sein Geld verdient. Sie stellen Vorläufer der in späteren Jahrzehnten so beliebten Autobiographien und Dichterlesungen dar, die allerdings bei einem häufig noch analphabetischen Publikum einen anderen Stellenwert hatten. Das *Broadway Theatre* blieb auch nicht der einzige Ort ihrer Lesungen. In den folgenden Jahren trat sie noch in zahlreichen anderen Theatern und möglicherweise auch in Hinterzimmern auf. Ebenso veranstaltete sie ihre Lesungen in anderen Städten der amerikanischen Ostküste.

Die *Lectures,* die als Buch veröffentlicht wurden, waren in enger Zusammenarbeit mit dem protestantischen Geistlichen Char-

Blick auf New York, ca. 1890

les Chauncy Burr entstanden, d.h. Burr brachte das in eine literarisch annehmbare Form, was Lola ihm mündlich erzählt hatte. Umgekehrt rezitierte Lola Montez bei allen ihren weiteren Lesungen dann wieder aus diesem Buch. Manches davon dürfte auch schon vorher in Grass Valley entstanden sein. Das Herzstück der *Lectures* bildet ihre Autobiographie, die um sehr vieles sachlicher als die vielen hundert Seiten der *Memoiren* geriet, auch wenn nicht jeder einzelne Satz für bare Münze genommen werden darf. Lola Montez spricht darin immer nur in der dritten Person von sich selbst – ein deutliches Zeichen für die Zusammenarbeit mit Burr.

Von Interesse sind aber auch die anderen Teile der *Lectures*, die sich hauptsächlich an ein weibliches Publikum wenden. Im Grunde genommen stellen diese Einzelkapitel in kompakter Form das dar, was in den *Memoiren* noch in langen Abschweifungen über fremde Kulturen, über Politik und über die Rolle der Frau in der Gesellschaft gesagt worden ist. Sie sind der Reihe nach *Beautiful Women, Gallantry, Heroines of History, Comic Aspects of Love, Wits and Women in Paris* und *Romanism* betitelt. Besonderes Interesse verdient darunter *Heroines of History*. Sie verweist der Reihe nach auf das Beispiel, das Aspasia, Johanna von

Orléans, Königin Isabella, Katharina II., Kaiserin Joséphine oder Madame de Staël und George Sand gegeben hatten und kam so zu ihrer zentralen These, daß immer nur Frauen die großen Wendungen der Weltgeschichte bewirkt hätten. Auch die bestimmenden Kräfte der Französischen Revolution seien Frauen gewesen – und natürlich die der bayrischen. *Wits and Woman in Paris* und *Gallantry* sind als versteckte Abrechnungen mit den Herren von Gottes eigenem Land zu verstehen. Amerikanische Männer würden schöne Frauen wie Aktien behandeln, meinte Lola Montez. *Romanism* gilt dagegen wieder ihrem Lieblingsthema ›Jesuiten‹. Amerika könnte nur froh sein, daß auf der *Mayflower* keine Katholiken über den Ozean gekommen sind.

So konstruiert Lola Montez' Auffassung von der Weltgeschichte auch sein mag und so sehr sie wieder zu ihren Lieblingsthemen abschweift, so sind die *Lectures* doch ein Stück früher feministischer Literatur. Einerseits sollten sie zum Lebensunterhalt von Lola Montez beitragen, andererseits sind sie aber unmißverständliche Aufrufe an amerikanische Frauen, sich ihrer Rolle besser bewußt zu werden. Auch wenn hier der Haß gegen die Männer nicht so programmatisch wie in den *Memoiren* geäußert wird, so zieht sich doch die Abrechnung mit dem anderen Geschlecht als roter Faden durch die meisten Kapitel.

Im Jahr 1858 gab es noch zwei weitere Bücher, die unter Lolas Namen auf den Mark kamen und deren Themen sie vermutlich in ihre damaligen Lesungen einbaute. Sehr viel mehr als äußere Umstände vermitteln auch sie ein Bild ihrer damaligen Person.

Zum einen waren dies die *Anecdotes of Love,* die die in *Heroines of History* angeklungene Geschichtsauffassung weiter fortführten. Und zum anderen konnte man von ihr auch noch *The Arts of Beauty, or Secrets of a Lady's Toilet with hints to gentlemen on the art of fascinating* lesen, ein Buch, das noch mehr als ihre Geschichtsklitterungen ein Licht auf die Autorin wirft. Wenn man genau hinsieht, dann zeigt es sehr schön das Selbstverständnis einer wegen ihrer makellosen Schönheit von Anbeginn umschwärmten Frau.

Es mag widersprüchlich klingen, einerseits Pamphlete über das von Geschäftssinn geleitete Verhalten amerikanischer Männer gegenüber ihren Frauen zu schreiben, andererseits den amerikanischen Frauen Tips zu geben, wie sie sich für diese Männer besonders schön machen können. Lola Montez scheint hinsichtlich dieses Widerspruchs aber wenig Schwierigkeiten gehabt zu haben. Auch noch 1858 ist sie ihrer Devise treu geblieben, die Schwächen der Männer gerade mit den Mitteln weiblicher Schönheit und weiblichen Charmes auszunützen. »Die Männer sind wie manche Tiere«, offenbarte sie in *Arts of Beauty* ihren Leserinnen, wobei sie als Gewährsmann Sir Joshua Reynolds zitierte, ›die nur fressen, wenn wenig Futter vorhanden und es zudem schwierig ist, durch die Stäbe eines Käfigs daran zu gelangen; die es aber stehen lassen, wenn es sich in Fülle ihnen darbietet.‹ Es ist ganz wichtig, daß alle Frauen das begreifen, und es ist nur recht und billig, wenn sie das in die Praxis umsetzen, da die Männer sie hierin mit großer Unaufrichtigkeit behandeln.«[164]

Der Männerhaß hat Lola Montez als bestimmendes Motiv ihres Verhaltens vermutlich bis kurz vor ihrem Tod nicht verlassen. Inwieweit dafür frühkindliche Erlebnisse im Kalkutta der Ostindischen Handelskompanie ausschlaggebend waren, kann allein schon auf Grund mangelnder Quellen nicht nachgewiesen werden. Daß dafür aber auch (möglicherweise bestätigende) Erlebnisse einer völlig allein gelassenen Tänzerin in einer durch und durch patriarchalischen Gesellschaft in Rechnung zu stellen sind, liegt auf der Hand. Nur war Lola Montez nie die Frau, über diese gegebene Gesellschaft nur zu lamentieren.

So wie Machiavelli einst Renaissance-Fürsten in seinem *Il Principe* Ratschläge zur Erringung der Macht und zum Machterhalt gegeben hat, ist auch *The Arts of Beauty* auf eine hintergründige Weise als Anleitung für den Geschlechterkampf zu verstehen. Es ging um die Waffen der Frau, und da war Lola Montez Expertin. So ist letztlich auch zu verstehen, daß ausgerechnet Lola Montez im Anschluß an den oben zitierten Vergleich der Männer mit den Tieren den Frauen Bescheidenheit und Schüchternheit anriet: »Männer mögen sich mit einem lärmenden, laut lachenden, geschwätzigen Mädchen amüsieren – es ist das ruhige, zurückhaltende, bescheidene und fast schüchterne Benehmen, das die größte Chance hat, ihre Herzen davonzutragen.«[165]

Natürlich erscheinen diese Ratschläge heute etwas altmodisch, aber dennoch bezeugen sie ein sehr ausgefeiltes Differenzierungsvermögen und einen wachen, durchdringenden Blick. Lola Montez muß eine ausgezeichnete Psychologin gewesen sein, die sehr wohl zu differenzieren wußte und dementsprechend ihr Verhalten einsetzte. Auch dies zeigt, warum sie immer wieder so schnellen Erfolg bei Männern hatte – den sie allerdings meist nur kurz genoß, um dann ihre Rolle abzustreifen und zur Tagesordnung überzugehen.

Und schließlich ist bezüglich den *Arts of Beauty* noch darauf hinzuweisen, daß Lola Montez bis kurz vor ihrem Tod offensichtlich eine sehr humorvolle Frau war bzw. Gefallen an witzigen Einfällen hatte. Diesem Buch waren nämlich in einem letzten Kapitel fünfzig Tips für Männer beigegeben, wie sie am besten faszinieren können. Um beispielsweise die 48. Regel zu zitieren: »Wenn Sie am Abend mit einer Dame reden wollen, scheuen Sie sich nicht, schon am Tag eine Reihe von Schnäpsen, und immer wieder andere, zu trinken, weil das Ihrer Konversation Geist gibt und es Ihnen gleichzeitig möglich wird, das ganze Haus mit einem Duft zu betören, der selten geworden ist, weil es das Tier, das ihn produziert, kaum mehr gibt.«[166]

Ein anderer öffentlicher Auftritt, bei dem ihr Witz aber nicht sonderlich gefragt war, ist für das Jahr 1858 bezeugt. Im Februar 1858 fand nämlich in New York wegen einer Patentrechts-Angelegenheit ein Prozeß gegen einen gewissen Dr. David W. Jobson statt. Lola Montez hatte damit nicht direkt zu tun. Da es aber für das Gericht notwendig war, den Leumund von Dr. Jobson zu klären, stellte sie sich sehr bereitwillig zur Verfügung, weil sie Jobson schon von London her kannte. Er hatte sich damals als Schreiber ihrer Memoiren angeboten, war aber von ihr abgelehnt worden und hatte daraufhin versucht, sie wie einst Papon zu erpressen. Genau dies erzählte sie auch dem Gericht. Jobsons Anwalt Schermerhorn versuchte nun den Spieß umzudrehen und den Ruf und die Redlichkeit ebendieser Zeugin in Frage zu stellen. Ob sie wollte oder nicht, Lola Montez sah sich plötzlich in ein Kreuzverhör verwickelt, in dem sie Auskunft über ihre Vergangenheit geben mußte.

Diese neuerlichen Enthüllungen einer in ganz Amerika bekannten Dame wurden von der Presse, etwa von der *New York Daily Times* am 27. Februar 1858 oder von der *Golden Era* am

28. März 1858 begierig aufgenommen und in allen Details wiedergegeben.

»Wo wurden Sie geboren?« fragte man sie.
Lola Montez: »In der schönen Stadt Limerick.«
Frage: »Wie alt sind Sie?«
Lola Montez: »Dreiunddreißig.«
Frage: »Wann wurden Sie geboren?!«
Lola Montez: »Hohes Gericht, das kann ich nicht sagen. Ich war nicht bei Bewußtsein, als ich geboren wurde. Ich hatte zwei Ehemänner, und ich bin dabei, einen dritten zu bekommen. Mein erster Ehemann war Captain James.«

Mit diesem dritten Ehemann war übrigens ein gewisser Prinz Solkowski gemeint, den sie schon am Hofe von König Friedrich Wilhelm IV. in Berlin kennengelernt haben wollte. Prinz Solkowski war aber schon längst verheiratet und hat dann auch jegliche Verbindung mit Lola Montez abgestritten. Das Frage-Antwort-Spiel drehte sich im weiteren um die altbekannten Geschichten mit Captain James. Lola Montez bewies dabei wieder, daß sie ihre Schlagfertigkeit und ihr Selbstbewußtsein immer noch nicht verloren hatte. Genauso stellte sie ein leicht gestörtes Verhältnis zur Wahrheit unter Beweis. Besonders interessant waren aber ihre Ausführungen über Mr. Wittelsbacher, wie sie Ludwig I. vor Gericht nannte.

Frage: »Waren Sie die Mätresse des Königs?«
Lola Montez (Sie erhebt sich): »Was!« (leidenschaftlich) »Nein, Sir! Sie sind ein schlechter Mensch, Sir. Ich gebe meinen Eid auf dieses Buch (die Bibel), das ich jede Nacht lese. Ich habe mit dem alten Mann kein Verhältnis gehabt. Ich kannte den König und gab dem König die Liebe zur Freiheit. Er stellte mich zusammen mit seiner Frau dem ganzen Hof als seine beste Freundin vor ... Ich hatte mit dem Politik-Geschäft zu tun. Sie können mich Premierminister nennen, oder vielmehr, wie der König sagte, ich war der König. Es gab eine Strohpuppe von einem Premierminister, das ist wahr, aber er war nur eine Strohpuppe.«

Dies ist nochmals ein informativer Nachtrag zu Lola Montez' Selbstverständnis in ihren Münchner Tagen. Sehr interessant ist aber auch, daß sie jedes Verhältnis mit dem alten *Mr. Wittelsbacher* abstritt und sogar bereit war, bei der Bibel darauf zu schwören. Möglicherweise hat sie in diesem Punkt sogar die Wahrheit gesagt. Lola Montez befaßte sich schon längst mit religiösen Fragen. Die resolute und großzügig mit der Wahrheit umgehende Skandalfigur war zu einer bekennenden Christin geworden. Tatsächlich las sie jeden Tag in der Bibel. Sie muß damals schon den Tod vor Augen gehabt haben und manche Tat ihrer Vergangenheit bereut haben. Wenn man den Zeugnissen über Lola Montez' letzte Jahre glauben kann, dann muß ihr Ende dem Bild entsprochen haben, das im Christentum seit jeher von der bekennenden Sünderin gezeichnet worden ist – es ist das Bild der reuigen Maria Magdalena.

Im November 1858 machte sich die christlich geläuterte Lola Montez zu ihrer letzten Tournee auf – in ihre Heimat Irland und anschließend nach England.[167] Sie besuchte Limerick, Cork und Dublin, wobei sie unter anderem ihre Tante Mary wieder traf. Der eigentliche Grund ihres Aufenthalts waren aber ihre Lesungen, die hauptsächlich der Rolle der irischen Auswanderer in Amerika gewidmet waren. Allein schon wegen dieses Themas war ihr der Zuspruch des Publikums sicher. Gleiches ist von ihren Ausführungen über das englisch-amerikanische Verhältnis zu sagen, mit denen sie dann in Manchester, Sheffield oder London die Zuhörer in Bann zog. Zeitweise faßte sie sogar einen dauerhaften Aufenthalt in London ins Auge. Aber nachdem sie wieder einmal in Schulden geraten war, entschloß sie sich im Oktober 1859 zur endgültigen Rückkehr nach New York.

Für die letzten Monate gibt es eine Reihe von Gerüchten, Halbwahrheiten und wohl auch Wahrheiten. Ihre Mutter, Mrs. Craigie, sei von London nach New York gekommen, ohne dann aber bei ihr vorgelassen zu werden. Sie sei völlig zerlumpt und verwirrt durch die Straßen von New York geirrt. Sie habe in einem völlig verwahrlosten Zimmer in einem Brooklyner Slum auf dem Boden geschlafen. Schließlich berichtet Edmund B. d'Auvergne auch noch von einem Tagebuch, in dem sie herzerschütternd ihr gesamtes Leben bereute.[168] Dieses Tagebuch ist vermutlich 1867 von Dyer/Hawks unter dem Titel *The Story of a Penitent* herausgegeben worden. Inwieweit es authentisch ist, bleibt unklar.

Tatsache[169] ist jedenfalls, daß Lola Montez im Frühjahr 1860 ihre letzten Lesungen gab, wobei sie schon seit einiger Zeit immer mehr dazu übergegangen war, aus der Bibel zu lesen und ihre Ratschläge zur Schönheitspflege hintanzustellen. Im Sommer 1860 muß sie plötzlich Lähmungserscheinungen gezeigt haben, worauf sie ins nahe gelegene Astoria gebracht wurde. Als sie einigermaßen genesen war, kam sie nach New York zurück. Sie wurde in dieser Zeit von Mrs. Buchanan, einer alten Freundin, die Lola schon seit Schottland kannte, und von Pfarrer Francis Hawks betreut. An einem kalten Wintertag Weihnachten 1860 ging sie dann ins Freie und zog sich eine ›Erkältung‹ zu – vermutlich eine Lungenentzündung. Bereits todkrank, vermachte sie 300 Dollar der *Magdalen Society*. Der Rest ihres bescheidenen Vermögens deckte die Arzt- und Begräbniskosten.

Ihre letzten Tage beschreibt der *New York Herald* vom 20. Januar 1861 so: »In der letzten Woche ihres Lebens schickte sie nach Rev. Dr. Hawks von der Calvary Church und wurde auch von ihm und der Kirchengemeinde betreut. Während sie sich nur mit religiösen Themen beschäftigte, zeigte sie eine gründliche Reue über den vergangenen Irrweg ihres Lebens. Am Donnerstag, als sie starb, war Dr. Hawks an ihrem Bett. Als sie von dem Geistlichen gefragt wurde, ob sie meinte, daß sie von ihrem Erlöser Vergebung gefunden hätte, nickte sie zustimmend, da sie nicht mehr sprechen konnte. Als sie dann gefragt wurde, ob sie meine, die volle Vergebung für ihr vergangenes Leben gefunden zu haben, zeigte sie sofort ihre Zustimmung. Nach ihrem Tod scheuten ihre guten Freunde, die ihr bei ihrer Krankheit geholfen hatten, keine Mühe, um das Begräbnis so respektabel wie möglich zu machen, und tatsächlich können wir sagen, daß es diesem Ereignis angemessen war. Das Begräbnis fand gestern statt. Die Begräbnisfeierlichkeiten wurden in Mrs. Buchanans Haus abgehalten. Der recht große Trauerzug, der von einigen unserer ehrenwertesten Bürger und ihren Familien begleitet wurde, zog nach Greenwood, wo der Leichnam begraben wurde.«

Auf Lola Montez' Grabstein im Greenwood-Friedhof von Brooklyn ist zu lesen:

Mrs.
ELIZA GILBERT
Died Jan. 17, 1861
age 42

Lola Montez, Historische Aufnahme von 1859

Schluß

Die Abenteurerin aus der Welt des 19. Jahrhunderts war über ihren Tod hinaus auch im 20. Jahrhundert faszinierend. Léonide Massine hat sie 1939 mit seinem Ballett *Bacchanale* und Edward Canton im Jahr 1946 mit *Lola Montez* verewigt. 1955 drehte Max Ophüls (nach dem Roman *La vie extraordinaire de Lola Montès* von Cécil Saint-Laurent) seinen *Lola-Montez*-Film, der wegen seiner verwinkelten Rückblenden-Technik beim Publikum zu einem riesigen Mißerfolg wurde, nichtsdestotrotz in cineastischen Kreisen immer noch als Meisterwerk gilt. Von Jacques Démy stammt ein Remake zu diesem Film, *Lola*. Lola Montez war unübersehbar das Vorbild, als Carl Zuckmayer beim Schreiben des Drehbuchs zu Heinrich Manns *Professor Unrat* die Tingeltangeltänzerin des Romans, ›Rosa Fröhlich‹, in ›Lola Lola‹ umbenannte und zur *femme fatale* stilisierte. Marlene Dietrich, die im *Blauen Engel* dann die ›fesche Lola‹ verkörperte, wurde zum Weltstar und wird von ihren Fans immer wieder mit dieser Rolle identifiziert. Ein Abklatsch dieser Rolle und eine Reminiszenz an Lola Montez' Wild-West-Tage ist auch in zahlreichen B-Pictures aus Hollywoods Western-Produktion zu finden, wenn die gerissenen Salon-Damen sich ein ums andere Mal mit ›Lola‹ vorstellen – was beispielsweise im Oliver & Hardy-Film *Way Out West* noch genüßlich parodiert wird.

Vom Persönlichkeitsbild der Lola Montez ist auch Frank Wedekind fasziniert gewesen, als er dem ›wahren Tier, dem wilden, schönen Tier‹, nämlich der triebhaften, männerverschlingenden Lulu in der gleichnamigen ›Lulu-Tragödie‹ ein Denkmal setzte. Franz Grillparzer, der sich schon durch seine Gedichte als Lola-Montez-Verehrer ausgewiesen hatte, war mit seiner *Jüdin von Toledo* einige Jahrzehnte zuvor ganz im Gegensatz zu Wedekind darum besorgt gewesen, die Geschichte einer gerissenen Verführerin eines hohen Schutzherrn im Sinn der zeitgenössischen Moral zu dramatisieren. Maximilian Böttcher, Oskar Gluth, Erich Pottendorf, Kurt Reis, Günter Scholl, Hans Wagner, Marianne

Wintersteiner haben im deutschsprachigen Raum ihre persönlichen Vorstellungen über die ›Dame in Schwarz‹ prononciert als historische Romane über Lola Montez umgesetzt. Die Zahl der weltweit über Lola Montez geschriebenen Romane, heißen die Autoren nun Henry Certigny, Norman Holland, Jacques Laurent, Anne Mariel, Enrique Moreno oder Horace Wyndham, ist Legion.

Was aber die an den historischen Fakten orientierten Biographien betrifft, so ist als erster Edmund d'Auvergne zu nennen, der schon 1909 aus den Akten der Ostindischen Handelskompagnie umfangreiches Material recherchiert hat. Augustin Thierry, insbesondere aber Helen Holdredge und Ishbell Ross haben noch sehr viel mehr Material für ihre Lola-Montez-Biographien zusammengetragen. Allerdings ist es bei den Biographien so, daß mit den historischen Quellen manchmal recht unkritisch umgegangen wurde und die fantastischen Legenden, die sich um Lola Montez ranken, sehr begierig aufgegriffen und weitergegeben wurden. Bemerkenswert sind auch die Bücher von Doris Foley und M. Cannon, die aufschlußreiches Material für Lola Montez' amerikanische und australische Tage bieten.

Schließlich ist für die Nachwirkungen ihres Namens auch auf ein Kuriosum hinzuweisen. Sie ist allein schon dadurch unsterblich geworden, daß ein unweit von Grass Valley 2792 Meter in die Höhe ragender Berg nach ihr benannt worden ist, der *Mount Lola*.

Mehr noch als ihre verhängnisvolle Affäre mit einem bayrischen König haben ihre Person und ihr Charakter die Fantasien der Nachgeborenen beschäftigt. Lola Montez macht es unmöglich, sie als bloß historisches Beispiel für ein längst vergangenes Frauenschicksal aus dem 19. Jahrhundert abzuhaken. Sie gehört zu den Accessoires moderner Mythologien. Offensichtlich hat die in Brooklyn Begrabene für die heutige Zeit eine Botschaft, die aber immer wieder anders interpretiert wird. Für viele ist sie der Prototyp des raffinierten männermordenden und unendlich verführerischen Weibes. In manchen Romanen, auch in Max Ophüls' Film erscheint sie dagegen als Opfer der sozialen Verhältnisse. In neuerer Zeit ist sie Gegenstand einer mehr feministischen Betrachtungsweise geworden. Fast immer ist zu diesen sehr unterschiedlichen Beurteilungen zu sagen, daß die Urteilenden wenig Kenntnisse der historischen Hintergründe gehabt und die rätselhafte Frau zur Projektionsfläche eigener Fantasien und Erfahrungen gemacht haben. Die Willkürlichkeit der Beurteilungen kommt am besten in den Worten Betty Kelens zum Ausdruck, wenn sie in ihrem Aufsatz über Lola Montez naiv und ehrlich noch folgendes zugibt: »Die modernen Biographen neigen dazu, Lola, so wie sie selber es sich sicherlich gewünscht hätte, als eine unschuldige, oft falsch verstandene Person hinzustellen. Ich dagegen habe das altmodische Bild einer Schurkin beibehalten, und zwar deshalb, weil meiner Ansicht nach ihre Vorzüge nicht den Umstand aufwiegen, daß sie auf ihre unglücklichen Zeitgenossen mit der Peitsche losgegangen ist.«

In vorliegender Biographie ist versucht worden, eben die historischen Fakten zu rekonstruieren, die das Leben der rätselhaften Lola Montez ausgemacht haben. Ich denke, daß sich einige disparate Wesensmerkmale recht deutlich herausgeschält haben. Lola Montez hat Witz gehabt. Sie war klug, schön, energisch, selbstbewußt, mutig, moralisch und freiheitlich gesinnt und noch dazu tierliebend. Natürlich war sie auch erotisch anziehend, exzentrisch, individualistisch, ichbezogen, unberechenbar und hatte eine schwierige Kindheit. Vor allem ist nicht zu übersehen, daß sie skrupellos, maßlos ehrgeizig, verlogen, tyrannisch, aufbrausend, gewalttätig, männerverschlingend und männerhassend sein konnte. Ich denke aber, daß sich aus diesen vielen Mosaiksteinchen immer noch kein Gesamtbild ergibt. Erst recht läßt sich nur schlecht das Faszinosum erklären, das für viele bis auf die heutigen Tage von der ›Dame in Schwarz‹ ausgeht.

Ich möchte einen anderen Weg einschlagen und gar nicht versuchen, die vielen Mosaiksteinchen zusammenzupassen. Viel aufschlußreicher ist es, einmal nachzusehen, ob sich die Mosaiksteinchen nicht einem vorgegebenen, von anderswoher sehr gut bekannten Frauenbild einpassen lassen.

Es würde vermutlich sehr authentisch klingen, wenn eines Tages folgendes historische Zeugnis auftauchen sollte: ›Lola Montez ist eine richtige Schauspielerin; es gibt für sie kein größeres Vergnügen, als die hinters Licht zu führen, mit denen sie in

Berührung kommt. Sie, die ihre Krampfzustände übersteigert, macht das gleiche mit den Zuständen ihrer Seele, ihrer Ideen und Handlungen... Mit einem Wort, ihr Leben ist nichts anderes als eine ständige Lüge. Sie verbreitet um sich Frömmigkeit und Demut und stellt sich als Heilige dar, während sie sich gleichzeitig den schändlichsten Handlungen ausliefert. Und zu Hause führt sie die schlimmsten Szenen auf, wobei sie die gröbsten und oft obszönsten Worte gebraucht und die liederlichsten Handlungen aufführt.‹ Dieses Zeugnis stammt natürlich nicht von Lola Montez' Zeitgenossen. Die Charakterstudie war die Abwandlung eines Zitats aus Jules Falrets *Études cliniques sur les maladies mentales et nerveuses* aus dem Jahr 1890. Jules Falret wollte damit das Bild der Hysterikerin umreißen. Um das eigentliche Zitat anzuführen: »Diese Patienten sind richtige Schauspielerinnen; es gibt für sie kein größeres Vergnügen, als die hinters Licht zu führen, mit denen sie in Berührung kommen. Die Hysterikerinnen, die ihre Krampfzustände übersteigern, machen das gleiche mit den Zuständen ihrer Seele, ihrer Ideen und Handlungen... Mit einem Wort, das Leben einer Hysterikerin ist nichts anders als eine ständige Lüge. Sie verbreiten um sich Frömmigkeit und Demut und stellen sich als Heilige dar, während sie sich gleichzeitig den schändlichsten Handlungen ausliefern. Und zuhause, vor Mann und Kindern, führen sie die schlimmsten Szenen auf, wobei sie die gröbsten und oft obszönsten Worte gebrauchen und die liederlichsten Handlungen aufführen.«[170]

Ein paar Differenzen zu Lola Montez gibt es sicher. Beispielsweise begnügte sich Lola nicht damit, nur zu Hause die ›liederlichsten Handlungen‹ aufzuführen. Davor scheute sie auch in aller Öffentlichkeit nicht zurück. Dennoch ist nicht zu übersehen, wie gut Falrets Bemerkungen zur Hysterikerin auch auf sie passen, wenn man sich etwa nur ihr Verhältnis zu König Ludwig oder die Schönfärberei ihrer *Memoiren* in Erinnerung ruft.

Was vielleicht als eine (negativ besetzte) Charakterbezeichnung unter vielen anderen erscheint, hat eine jahrtausendelange Geschichte. Schon aus dem 19. Jahrhundert *vor* Christi Geburt gibt es einen Papyrus, in dem auf Hysterie hingewiesen wird. Hippokrates hat erstmals die Hysterie als eine Erkrankung der Gebärmutter beschrieben – eine Vorstellung, die sich bis zum Anfang unseres Jahrhunderts erhalten hat. Das traurigste Kapitel in der Geschichtsschreibung der Hysterie wurde aber in der beginnenden Neuzeit geschrieben, als der ›Hexenhammer‹ die Möglichkeit eröffnete, unliebsame Nachbarn dem Scheiterhaufen zu überantworten. Besonders Hysterikerinnen wurden dabei die bevorzugten Opfer. Mit Franz Anton Mesmer und seiner Theorie des tierischen Magnetismus setzte sich dann allmählich eine Betrachtungsweise durch, die sich immer mehr wissenschaftlichen Methoden näherte. Hysterie avancierte dann aber im 19. Jahrhundert zur weiblichen Modekrankheit schlechthin, die sich in abrupten Ohnmachtsanfällen, schrillem Gebaren und unerklärlichen Krampfzuständen äußerte, lebensbedrohend war und oft genug mit Schwindsucht oder Lähmungen tödlich endete. Hysterikerinnen wurden jetzt in der Klinik behandelt und so aus der Öffentlichkeit entfernt. Das bekannteste Beispiel dafür ist Jean-Martin Charcots Anstalt in der Pariser Salpetrière, in der er mit dem Mittel der Hypnose das Leiden diagnostizierte, um es dann mit einem in den Muttermund eingeführten Schraubstock zu therapieren. 1885 weilte auch ein Wiener Arzt namens Sigmund Freud in der Salpetrière. Seine dortigen Erfahrungen waren für ihn schließlich Ausgangspunkt, in diesem Leiden keine organischen, sondern psychische, neurotische Störungen zu sehen. Nach heutiger Auffassung führte die Psychoanalyse und insbesondere das damit entstandene Allgemeinwissen um psychosomatische Zusammenhänge schließlich zum Ende der klassischen Hysterie. Es klingt paradox, ist aber leicht überprüfbar: Im 20. Jahrhundert gibt es plötzlich kaum mehr Patientinnen, die durch plötzliche Ohnmachtsanfälle, exaltierte Gestik, lebensbedrohende Krampfzustände auf sich aufmerksam machen. Dafür grassiert seit kürzester Zeit eine andere, wieder lebensbedrohende Krankheit, nämlich die Anorexie, die Magersucht.

Nach psychoanalytischem Verständnis zeichnet sich das hysterische Charakterbild durch eine ausgeprägte Neigung zur ›Schauspielerei‹ aus. Dies betrifft einmal das Äußere. Hysterikerinnen versuchen durch unübersehbare äußere Signale, auffallende Kleidung, übertriebene Gestik und normabweichendes Verhalten, auf sich aufmerksam zu machen – im vergangenen Jahrhundert eben auch durch Ohnmachtsanfälle und Verkrampfungen. Die ›Schauspielerei‹ zeigt sich aber auch in den Wesenszügen. Hysterikerinnen sind ausgesprochen narzißtisch, was aber letztlich nur darauf zurückzuführen ist, daß sie sich ihrer eigenen Person, insbesondere ihrer Weiblichkeit unsicher sind. Genau diese (unsichere) Weiblichkeit wird dann in übertriebenem Maß zur Schau gestellt. Bei extremer Ausprägung neigen Hysterikerinnen zu Hochstapelei und Geltungssucht.

Von besonderer Wichtigkeit ist das Verhältnis zum anderen Geschlecht. Hysterikerinnen neigen dazu, ihre allerersten Erfahrungen mit dem anderen Geschlecht, nämlich die Erfahrungen mit dem Vater, lebenslang zu wiederholen. Einerseits wird der Vater so sehr idealisiert, daß kein realer Mann diesem Vaterbild je entsprechen kann. Wenn aber die Erfahrungen mit diesem Vater negativ waren, kann es andererseits zu lebenslanger Abwertung des Mannes kommen. »Die am Vater enttäuschte Tochter«, schreibt Fritz Riemann, »rächt sich auf ihre Weise am Manne: sie kann einen Männerhaß entwickeln, oder zur falsch verstandenen emanzipierten Frau werden, die ... den Spieß umdrehen möchte, und aus Rache in der Forderung nach Gleichberechtigung eigentlich die Vormacht der Frauen meint.«[171]

Für Hysterikerinnen sind somit lebenslange Enttäuschungen mit dem anderen Geschlecht und ständige Partnerwechsel vorprogrammiert. Ein wenig konstantes Elternhaus, das Erleben einer familiären Scheinwelt können die hysterische Disposition nur noch verstärken.

Hysterie kann natürlich auch anders gepolt sein, die gleichen Symptome treten auch bei Männern auf. Wenn man sich aber ihre Jahrtausende währende Geschichte vor Augen hält, dann ist nicht zu übersehen, daß Hysterie ein klassisches Frauenleiden war. In letzter Konsequenz kann Hysterie so auch als äußeres Zeichen der Auflehnung gegen patriarchale Gesellschaftszustände verstanden werden.

Das hier vorgestellte Charakter- und Entwicklungsbild entspricht einem Idealtypus. Im konkreten Fall kommt fast immer ein Anteil anderer Charakteranteile hinzu. Wiederum Fritz Riemann führt hierfür schizoide, depressive und zwanghafte Merkmale an. Was nun aber Lola Montez betrifft, kann man sich nicht des Eindrucks erwehren, ein fast lupenreines Beispiel für eine

Hysterikerin vor Augen zu haben. Andere Charakteranteile sind kaum erkennbar.

Man müßte nicht einmal von tiefenpsychologischen Prämissen ausgehen, um Lola Montez' Handlungen und ihr Auftreten als hysterisch anzusehen. Wie anders als ›hysterisch‹ ist es nämlich zu bezeichnen, daß eine Frau anno 1845 in aller Öffentlichkeit provozierend Zigarren raucht, mit einem schwarzen Kleid die Aufmerksamkeit auf sich zieht, anno 1846 vor General Heideck mit schäumendem Mund wie eine Furie durch das Zimmer hetzt, anno 1849 ihrem kurzzeitigen Ehemann Heald mit dem Dolch an den Leib geht und sich anno 1855 durch die Schneewüste von Grass Valley von kuhglockenbehängten Pferden kutschieren läßt – um nur wenige Beispiele zu nennen? Zu den klassischen Symptomen der Hysterie gehört aber auch, daß eine Frau mit allen Mitteln die gesellschaftliche Leiter nach oben nehmen will, zahllose Liebschaften und Ehen eingeht, erotisch anziehend zu sein versucht und gleichzeitig vom Männerhaß getrieben wird. Und wenn man sich an den mit konvulsivischen Zuckungen verbundenen *Spider Dance,* an den Ohnmachtsanfall vor Leutnant Nußbaumers Haus, an die ihren Tod einleitende Lähmung erinnert, dann gibt es sogar Ähnlichkeiten mit den klassischen, vor allem im 19. Jahrhundert bekannten Symptomen der krankhaft verlaufenden Hysterie.

Wenn das psychoanalytische Erklärungsmuster für die Genese der Hysterie stimmt, dann müßte der Schlüssel zum ›Geheimnis‹ von Lola Montez im frühzeitigen Tod ihres Vaters in Indien liegen. Die weiteren Umstände ihres kindlichen Lebens, eine auf Äußerlichkeiten bedachte und vermutlich selbst hysterische Mutter, ständige Wechsel der Orte und Bezugspersonen können dies nur verstärkt haben. Die Details zu diesem ›Geheimnis‹ sind aber 150 Jahre später nicht mehr rekonstruierbar.

Etwas anderes ist an Lola Montez' hysterischem Charakterbild noch außerordentlich interessant. Wie viele Hysterikerinnen war sie natürlich bei ihren Mitmenschen nie von Herzen geliebt. Mehr noch: Die ›Hure‹, die ›Hexe‹, wie sie Münchner Bürgern im Zeitalter des Biedermeier in Erinnerung geblieben ist, war oft genug maßlos verhaßt. Dennoch hat sie es verstanden, sich gegen alle Widerstände durchzusetzen und jenseits von Liebe und Haß ein ganz anderes Verhältnis zu ihren Mitmenschen aufzunehmen. Lola Montez war nämlich eine Sensation. Sie war in der ganzen damaligen Welt berühmt, und die ganze damalige Welt war neugierig auf sie. Ohne daß sie es wissen konnte, war die maßlos anmaßende, peitschenschwingende, zigarrenrauchende und männerverschlingende Lola eine Bahnbrecherin insbesondere des modernen Showbusineß und ebenso eines allgemein verbreiteten, modernen Frauenbildes. Schon in der Zeit der biedermeierlichen, viktorianischen und puritanischen Friedhofsruhe ist nämlich eine Tänzerin und Schauspielerin vor alle Welt getreten, deren tatsächliche künstlerische Leistungen eher nebensächlich waren. Die Hauptsache war Lola Montez selbst: ihre Skandale, ihr Aussehen und Auftreten.

Vor allem die darstellenden Künste bieten das geeignetste Terrain für Personen, die schon von ihrem Charakterbild auf ›Schauspielerei‹ vorprogrammiert sind. Schauspielerei, aber auch Tanz oder Gesangsaufführungen erfordern das Vermögen, etwas anderes vorzustellen als das eigene Ich. Noch dazu kann der Schauspieler, Tänzer oder Sänger genau durch dieses Vermögen enorm beliebt und gefragt werden. Wenn auch nicht vom Umkehrschluß ausgegangen werden kann, daß alle Schauspieler Hysteriker sind, so dürfte Hysterie auf den Bühnenbrettern doch wohlbekannt sein. Es kommt noch ein Zweites hinzu. Das Milieu der Schauspieler und der anderen darstellenden Künstler hat schon immer etwas Schillerndes, Skandalträchtiges und Exzentrisches gehabt. Bis in das erste Drittel des 19. Jahrhunderts hinein war dieses Milieu noch übel beleumdet. Der Leichnam der ›Neuberin‹, der berühmten Reformatorin des Theaters im 18. Jahrhundert, mußte noch kurzerhand über die Kirchhofmauer geworfen werden, weil diesem Berufsstand für gewöhnlich die Sterbesakramente verweigert wurden.

So sehr Lola Montez verhaßt war, so hat sie es vermutlich in der Geschichte dieses Berufsstandes zum ersten Mal erreicht, Kapital aus den sekundären Erscheinungen des Bühnenmilieus zu schlagen. Als sie in Frankreich und später in Amerika und Australien auf Tournee ging, war man weniger wegen ihres Könnens, sondern vor allem wegen ihrer Skandale neugierig auf sie geworden. Hatte Maria Taglioni einige Jahre zuvor noch den Skandal um ihre unehelichen Kinder mit allen Mitteln vertuscht, so trat mit Lola Montez erstmals eine Frau auf die Bühnenbretter, die mit ihren Skandalen Profit machte. In einer für hysterische Charakterstrukturen widrigen Zeit, die vermutlich genau deshalb auch zu den berühmten krankhaften Ausfallerscheinungen geführt hat, machte sich Lola Montez auf ihren rund um die Welt führenden Weg. Nicht wegen ihres tänzerischen oder schauspielerischen Könnens, sondern wegen ihres exzentrischen Verhaltens wurde sie dabei zur Sensation. Was früher mit dem Tod auf dem Scheiterhaufen und später mit sozialer Deklassierung geahndet wurde, machte eine Frau plötzlich ungeheuer interessant.

Das exzentrische und skandalöse Verhalten der Tänzerin machte Mitte des 19. Jahrhunderts Geschichte. Umgekehrt heißt dies, daß Narzißmus, normabweichendes Verhalten, Promiskuität erstmals (fast) straflos ausgelebt werden konnten. Wegen ihrer Kapriolen saß sie zwar kurzzeitig in Berliner Gefängnissen und wurde aus zahlreichen Klein- und Mittelstaaten ausgewiesen. Insofern hat sie noch das Schicksal geteilt, das in ihrer Zeit für Frauen ihres Temperaments vorgesehen war. Hauptsächlich durch die Verzauberung eines neoabsolutistischen Herrschers hat es Lola Montez aber dann fertiggebracht, alle Welt auf sich aufmerksam zu machen und damit letztlich ihr egozentrisches Ziel erreicht. Wenn man es auf eine griffige Formel bringen will: Ludwig und Lola sind sich an den äußersten Ausläufern sehr widersprüchlicher Zeiten begegnet. Das nach der Französischen Revolution längst abgelebte feudale Zeitalter traf auf eine noch unerhört neue, liberale und der heutigen Gegenwart nahestehende Zeit. Geradezu als ob sie ein jenseits von Gut und Böse stehendes Werkzeug der Geschichte gewesen wäre, hat dasjenige Weib, das längst vor Friedrich Nietzsche bei ihren Begegnungen mit Männern die Peitsche in der Tat nicht vergessen hatte, der guten alten Zeit den Garaus gemacht und die Moderne eingeläutet. Die Verwicklungen des gleichfalls bauwütigen und kunstliebenden Enkels von Ludwig I. mit Richard Wagner muten dagegen wie eine sonderbare Wiederholung an. Im ersten Fall war es tatsächlich eine Tragödie, darauf folgte die Komödie.

Die Vertreterinnen der Moderne ließen damals noch etwas auf sich warten. Aber spätestens als sich Sarah Bernhardt um 1880 schmachtend auf dem Diwan fotografieren ließ, war man in aller Welt nicht nur auf eine Schauspielerin neugierig, sondern erzählte sich auch die Skandalgeschichten der übernervösen Heroine, die ihrem Kummer beispielsweise dadurch Ausdruck gab, daß sie sich mit schäumendem Mund auf dem Teppich wand, um schließlich in ihn hineinzubeißen. Als dann in den Goldenen Zwanziger Jahren eine Joséphine Baker ihren exhibitionistischen Bananentanz aufführte, war die Bewunderung für die erotisch vielversprechenden und in ihrem Privatleben immer wieder durch Skandale auffallenden Stars bevorzugt auf ein anderes Medium übergegangen: den Film.

Mabel Normand, eine der größten Filmschauspielerinnen der Stummfilmzeit, war für ihre Zeitgenossen nicht nur als Slapstick-Schauspielerin, sondern vor allem als skandalöser Star die Sensation, die mit zwei Mordfällen in Verbindung gebracht wurde, zahllose Liebhaber hatte, exzentrisch gekleidet und vermutlich drogenabhängig war. Die sechsmal verheiratete und ebenfalls sehr extravagant gekleidete Gloria Swanson half ihrer Karriere dadurch entscheidend nach, daß sie einen europäischen Adeligen heiratete. Pola Negri, die Tochter polnischer Zigeuner, brachte es gleich auf drei Adelige, nämlich auf einen Baron, einen Grafen und einen Prinzen. Mit den zu ihrer Zeit weltberühmten Stars Theda Bara und Alla Nazimova begann aber auch schon die Zeit, als der skandalträchtige, männerverschlingende Vamp von den Studios gestylt wurde. Zahlreiche namenlose Starlets eiferten diesem Bild in den Vorzimmern der Studiobosse Hollywoods und an publicityträchtigen Schauplätzen nach. Es hatte sich herausgestellt, daß exhibitionistisches Verhalten und sensationelle Skandale dem Nimbus des Sex-Stars nur förderlich sein konnten. Trotz aller nachzeitlichen restaurativen Einbrüche war es für den Weltruhm der Filmschauspielerinnen bestens, mit einem skandalösen Privatleben in Zusammenhang gebracht zu werden. Eine Mae West, Hedy Lamarr, Jean Harlow, Dorothy Lamour, Anita Ekberg, Rita Hayworth, Liz Taylor, Jayne Mansfield oder Marilyn Monroe sind vor allem durch ihre Lebensgeschichten und ihre persönliche Ausstrahlung, erst in zweiter Linie durch die Titel ihrer Filme in Erinnerung geblieben. Ähnlich wie das schon bei Lola Montez war, läßt sich dann beispielsweise auch bei Jayne

Mansfield oder Marilyn Monroe eine gestörte Vaterbeziehung nachweisen. In der gegenwärtigen Zeit sind hysterische, extravertierte und schauspielerische Selbstdarstellungskünste aber zum Ideal eines ganzen Zeitalters geworden, weshalb die von den ehemaligen Heroinnen gestalteten Star-Bilder kaum noch überraschen können. Es gibt zwar einen Kult um Madonna Louise Veronica Ciccione, aber jeder weiß, daß das in Film, Fernsehen und Zeitung verbreitete Image von *Madonna* nicht ›echt‹, sondern durch und durch gestylt ist.

Der Gegenstand eines Tabus, das zu Zeiten einer Lola Montez in die Abgründe der Männerphantasien verbannt, aber genau von ihr durchbrochen und damals zur möglichen Realität wurde, erwies sich spätestens im 20. Jahrhundert nicht nur als kulturell angesehen, sondern auch als profitabel. Der erotisch vielversprechende, geheimnisvolle, rationalen Urteilen unzugängliche Star wurde ganz gezielt in den Himmel gehoben. Hatte die Hysterie in Doktor Charcots Zeiten noch zu wunderlichen Symptomen geführt, die mit gleicherweise wunderlichen Mitteln therapiert wurden, so sind exzentrische Selbstdarstellung, Skandale und ständiges Auswechseln der Ehegatten in späteren Zeiten zu einem Weg geworden, auf dem Frauen zu weltweitem Ruhm kommen konnten. Sicherlich gibt es unter Filmschauspielerinnen auch andere Charakterstrukturen, und im übrigen ist das hysterische Verhalten unter männlichen Filmschauspielern ebenso verbreitet. Die Tatsache, daß dieses Verhalten bei Frauen nicht mehr als krankhaft abgeurteilt, sondern im Gegenteil als vielversprechend und aufreizend – selten als lieblich – geschätzt wird, hat dieses Verhalten aber im Moralkodex des 20. Jahrhunderts sehr salonfähig gemacht. Unter anderem aus diesem Grunde dürfte die klassische Hysterie nicht mehr vornehmlicher Untersuchungsgegenstand von Psychopathologie und Psychotherapie sein. Selbst wenn ihm immer noch ein negativer Wortklang beiwohnt, so ist hysterisches Verhalten zu einem Königinnenweg zum ewigen Ruhm geworden. Lola Montez ist aber eine der ersten, die das sprichwörtlich gewordene ›Geheimnis der Frau‹ zur Schau getragen haben. Sie ist zu einer Wegbereiterin des modernen Kults um den Filmstar geworden, der Leitbildfunktion übernommen hat und die Fans die Monotonie des grauen Alltagslebens vergessen läßt.

So ist Lolas damals noch unsinnige Forderung, die sie in der Münchner Blutenburg unter dem Eindruck ihrer mordlustigen Verfolger ausgestoßen hat, bei ihren Nachfolgerinnen doch noch eingelöst worden: ›Ich will die Krone!‹

Anmerkungen

1 August Papon: Lola Montès, S. 32.
2 Lola Montez: *Autobiography*, S. 196.
  Die Originalausgabe von Lola Montez' *Autobiography*, die wiederum in ihren *Lectures* enthalten ist (vgl. auch S. 127-130), ist in deutschen Bibliotheken nur unter größten Schwierigkeiten erhältlich. Es wurde deshalb auf den Abdruck der *Autobiography* in Foleys Lola-Montez-Buch zurückgegriffen. Vgl. Doris Foley: *The Divine Eccentric*, Los Angeles 1969, S. 191-216. Die nach dem Kurztitel ›Lola Montez: Autobiography‹ angegebene Seitenzahl wird sich deshalb auch im folgenden auf das Buch von Foley beziehen.
  Im weiteren ist darauf hinzuweisen, daß sämtliche Übersetzungen aus englischen und französischen Buch- und Zeitschriftentexten durch den Autor erfolgt sind, ohne daß darauf im folgenden noch eigens hingewiesen wird.
3 Emily Eden: *Up the country*, S. 317.
4 Vgl. Edmund B. d'Auvergne: *Lola Montez*, S. 5.
5 Lola Montez: *Memoiren*, Bd. 1, S. 43.
6 Ebenda, S. 45.
7 Ebenda.
8 Die Schilderung der Ereignisfolge von Lola Montez' Kindheit und Jugend folgt im groben ihren eigenen Angaben aus den in Berlin erschienenen *Memoiren* und den *Lectures*, die sich auch weitgehend decken. Das Zutreffen wichtiger Eckdaten wird auch durch die Briefe Emily Edens gestützt.
9 Lola Montez: *Memoiren*, Bd. 1, S. 68.
10 Ebenda, S. 74.
11 Lola Montez: *Autobiography*, S. 195.
12 Vgl. Isabell Ross: *Uncrowned Queen*, S. 1.
13 Lola Montez: *Memoiren*, Bd. 1, S. 76.
14 Ebenda, S. 84.
15 August Papon: *Lola Montez*, S. 58.
16 Bei Alfred Delvau wird die Anzahl der von ihr beherrschten Sprachen beispielsweise mit sieben angegeben. Vgl. Alfred Delvau: *Les lions du jour*, S. 312.
17 Vgl. Conte Corti: *Ludwig I. von Bayern*, S. 230.
18 Vgl. Janet Dunbar: *Golden Interlude*, S. 192.
19 Lola Montez: *Memoiren*, Bd. 1, S. 110.
20 Ebenda, S. 118.
21 Vgl. Daily News vom 7.8.1849.

22 Emily Eden: *Up the country*, S. 317.
23 Lola Montez: *Autobiography*, S. 197.
24 Lola Montez: *Memoiren*, Bd. 1, S. 130.
25 Ebenda, S. 129–135.
26 Ebenda, S. 144.
27 Ebenda, S. 159.
28 Ebenda, S. 177.
29 Emily Eden: *Up the country*, S. 316.
30 Lola Montez: *Memoiren*, Bd. 1, S. 186.
31 »Es ist erstaunlich zu sehen, wie viele Strapazen diese menschlichen Pferde ertragen können. Aber ich habe diese armen Kreaturen erschöpft zusammenbrechen sehen, wenn sie ihre Last nach einem langen Tag unter einer brennenden Sonne absetzten, die schon einen nur Herumsitzenden in zwanzig Minuten töten würde.« Vgl. Lola Montez: *Autobiography*, S. 197.
32 Emily Eden: *Up the country*, S. 316 f.
33 Vgl. Lola Montez: *Memoiren*, Bd. 2, S. 132–182. Lola Montez berichtet hier in sehr romanhaften Ausschmückungen von einer Affäre mit dem ›Prinzen von Kabul‹, die dann noch von einer abenteuerlichen Entführung gekrönt gewesen sei. Möglicherweise hatte dies sogar einen realen Hintergrund. Zum Zeitpunkt ihres Aufenthalts in Simla war nämlich auch der Sikh-Führer Ranjit Singh zu Verhandlungen in Simla eingetroffen. In seinem Gefolge könnte sich tatsächlich der ›Prinz von Kabul‹ befunden haben, nämlich der afghanische Shah Shuja Mirza, der bei den Sikhs Asyl gefunden hatte und Anspruch auf den afghanischen Thron erhob. Als die Engländer und Sikhs später Afghanistan besetzten, wurde Shah Shuja auch tatsächlich als Regent von Afghanistan eingesetzt – eine Marionette in englischen Händen. Es sollte aber noch zu einen schlimmen Ende kommen. Bald erhoben sich die afghanischen Stämme gegen die fremde Herrschaft. Nicht nur Shah Shuja, sondern auch das gesamte englische Expeditionsheer mit 5000 Mann kamen dabei ums Leben.
34 Emily Eden: *Up the country*, S. 339.
35 Emily Eden: *Up the country*, S. 341.
36 Vgl. Lola Montez: *Autobiography*, S. 198 f.
37 Vgl. Nachschrift, in: Lola Montez: *Memoiren*, Bd. 9, S. 224. Es handelt sich dabei um den späteren Bigamie-Prozeß, in den Lola Montez 1849 in London verwickelt wurde. Der Kapitän Charles Ingram bezeugte darin, daß James seine Ehefrau zum Schiff in Kalkutta gebracht hätte.
38 Lola Montez: *Memoiren*, Bd. 2, S. 185 f.
39 Vgl. Lola Montez: *Autobiography*, S. 198.
40 Betty Kellen hat aus der Verstoßung Lolas durch ihre Mutter sogar noch den Schluß angefügt, daß alle ihre späteren Handlungen im Grunde ein Appell an die verlorene Mutter gewesen wären. Belege für diese Spekulation gibt es natürlich nicht. Vgl. Betty Kelen: *Mätressen*, S. 86.
41 Vgl. Lola Montez: *Memoiren*, Bd. 2, S. 183.
42 Lola Montez: *Memoiren*, Bd. 3, S. 57.

43 Ebenda, S. 140.
44 Q (= Charles G. Rosenberg): *You have heard of them*, S. 58.
45 Vgl. Benjamin Lumley: *Sirenia, or Recollections of a past existence*, S. 120 ff.
46 Eine Ausnahme für dieses Vorgehen stellt die Stadt St. Petersburg dar, wofür zwar von neutraler Seite nichts berichtet wird, die aber von Lola Montez so ausführlich beschrieben worden ist, so daß die Möglichkeit besteht, daß sie dort war.
47 Diese Version stammt von Albert Dresden, Vandam. In seinem 1892 erschienenen Buch *An Englishman in Paris* behauptet er, insbesondere für die Jahre 1842–1846 von Lola Montez mit ausführlichen Berichten über ihr damaliges Leben versorgt worden zu sein. Für ihre erste Station in Brüssel hätte sie ihm beispielsweise erzählt, daß sie bettelnd auf der Straße gestanden wäre. Nur war es so, daß Vandam genau in dieser Zeit, 1842, erst das Licht der Welt erblickt hat. Es ist nach menschlichem Ermessen ausgeschlossen, daß Vandam jemals die Bekanntschaft von Lola Montez gemacht hat.
48 Vgl. K. G. M.: *Das erste Auftreten von Lola Montez in Deutschland*, S. 677–683.
49 Lola Montez: *Memoiren*, Bd. 5, S. 110.
50 Ebenda, S. 112.
51 Vgl. Lola Montez: *Autobiography*, S. 200.
52 Vgl. Eugène de Mirecourt: *Les Contemporains*, S. 39 ff., der sich wiederum auf Artikel des Pariser *Constitutionnel* und *Débat* vom Oktober 1843 beruft. Ähnliches wird in der anonym herausgegebenen Satire ›Mola oder Tanz und Weltgeschichte‹ berichtet, in die zahlreiche Tatsachen, aber auch Gerüchte eingebaut sind. Demnach hätte der Grund für ihre Ausweisung aber darin bestanden, daß Lola auf offener Straße geraucht und dann den Gendarmen, der sie zur Ordnung rufen wollte, verprügelt hätte. Vgl. Anonym: *Mola oder Tanz und Weltgeschichte*, S. 72 f.
53 Vgl. Lola Montez. *Memoiren*, Bd. 4, S. 59.
54 Lola Montez: *Autobiography*, S. 201 f.
55 Ebenda, S. 201 ff.
56 Ebenda, S. 202.
57 Eugène de Mirecourt: *Les Comtemporains*, S. 41.
58 Anonym: *Mola oder Tanz und Weltgeschichte*, S. 162 ff.
59 Entsprechend der Autobiografie war Lola Montez in Petersburg Gast des Zaren. Sie erzählt im weiteren auch eine Anekdote, derzufolge sie mit dem Zaren und seinem Innenminister Graf Denkendorf gerade angeregt geredet hätte, als hohe Offiziere aus dem Kaukasus um eine Audienz baten. Da ihr Beisein nicht erwünscht war, hätte man sie in ein Kabinett eingeschlossen, aber nach der Audienz völlig auf sie vergessen. Eine Stunde später hätte sich der Zar dann plötzlich wieder an den Gast erinnert und wäre atemlos zu ihr geeilt, um sie aus ihrem engen Versteck zu befreien. Vgl. *Autobiography*, S. 203 f.
60 Lola Montez: *Memoiren*, Bd. 4, S. 79.

61 Vgl. Walter Sorell: *Der Tanz als Spiegel der Zeit*, S. 201.
62 Papon und Andere: *Lola Montez*, S. 76.
63 Lola Montez: *Memoiren*, Bd. 5, S. 123.
64 Ebenda, S. 140.
65 Ebenda, S. 147.
66 Eduard Fuchs: *Ein vormärzliches Tanz-Idyll*, S. 28.
67 Christern: *Franz Liszts Leben und Wirken*, zit. nach Wolfgang Dömling: *Franz Liszt und seine Zeit*, S. 370.
68 Adelheid von Schorn: *Zwei Menschenalter*, zit. nach Wolfgang Dömling: *Franz Liszt und seine Zeit*, S. 382.
69 Vgl. Lola Montez: *Autobiography*, S. 200.
70 Vgl. Guy de Pourtalés: *Franz Liszt*, S. 75.
71 Jules Janin. *Un hiver à Paris*, S. 201 f.
72 Papon und Andere: *Lola Montez*, S. 397.
73 Gustave Claudin: Mes Souvenirs, S. 36.
74 Delphine de Girardin: *Chroniques Parisiennes 1836-1848*, S. 379.
75 von Heideck, zit. nach Wilhelm Lukas Kristl: *Lola, Ludwig und der General*, S. 52.
76 Lola Montez: *Autobiography*, S. 205.
77 Alfred Delvau: *Les lions du jour*, S. 306 f. Vgl. ebenso Eugène de Mirecourt: *Les Contemporains. Lola Montès*, S. 38.
78 Dujarier, zit. nach Lola Montez: *Autobiography*, S. 205.
79 Dujarier, zit. nach Wilmes/Prézelin: *Lola Montez*, S. 126 f.
80 Papon und Andere: *Lola Montez*, S. 259.
81 Ebenda, S. 261.
82 Lola Montez: *Autobiography*, S. 206.
83 Karl Schorn: *Lebenserinnerungen*, S. 200.
84 Ebenda, S. 211.
85 Papon und Andere: *Lola Montez*, S. 271.
86 Gottfried Keller: *Der grüne Heinrich*, S. 164.
87 Ludwig I.; in: Hannes S. Macher: *König Ludwig I. von Bayern*, Gedichte, S. 9.
88 zit. nach Hans Ottomeyer (Hrsg.): *Biedermeiers Glück und Ende*, S. 82.
89 Ludwig I. zit. nach Martin Schäfer: *Der andere Ludwig*, S. 106.
90 Ludwig I. zit. nach Heinz Gollwitzer: *Ludwig I. von Bayern*, S. 670.
91 Luise von Kobell: *Unter den ersten vier Königen Bayerns*, S. 176 f.
92 Ebenda, S. 177 f.
93 Vgl. Reinhold Rauh/Bruce Seymour: Ludwig I. & Lola Montez. Der Briefwechsel, S. 257.
94 Vgl. Lola Montez: *Memoiren*, Bd. 7, S. 125.
95 Ebenda, S. 126.
96 Staatsarchiv München Pol. Dir. 344/1g.
97 Ebenda.
98 Wilhelm von Heideck, zit. nach: Wilhelm Lukas Kristl: *Lola, Ludwig und der General*, S. 67 f.

99 Ebenda, S. 70.
100 Francis, in: *Galignanis Messenger* vom 18.1.1848.
101 Vgl. Lola Montez: *Memoiren,* Bd. 7, S. 137–149.
102 zit. nach Konstantin von Bayern: *Des Königs schönste Damen,* S. 22.
103 Vgl. Lola Montez: *Autobiography,* S. 210 f.
104 Zit. nach Heinz Gollwitzer: *Ludwig I. von Bayern,* S. 674.
105 Ludwig I., in: Hannes S. Macher: *König Ludwig I. von Bayern.* Gedichte, S. 135.
106 Ebenda, S. 75.
107 Vgl. Lola Montez: *Memoiren,* Bd. 8, S. 63.
108 Lola Montez: *Autobiography,* S. 210.
109 Hauptstaatsarchiv München StR 887.
110 Ebenda.
111 Staatsarchiv München Pol. Dir. 344/1g.
112 Ebenda.
113 Lola Montez: *Memoiren,* Bd. 8, S. 3.
114 Ludwig I. zit. nach ›Blätter des Kieler Theatermuseums‹.
115 Staatsarchiv München, Pol. Dir. 344/1g.
116 Ludwig I. an von der Tonna, zit. nach: Conte Corti: *Ludwig I. von Bayern,* S. 246.
117 Ludwig I. an von Heygendorf, in: Hans Tümmler (Hrsg.): *König Ludwig I. von Bayern und Caroline von Heygendorf,* S. 97.
118 Vgl. Wilhelm Lukas Kristl: *Lola, Ludwig und der General,* S. 93 ff.
119 Vgl. Anonym: *Lola Montez und ihre politische Stellung in München,* S. 12.
120 Lola Montez: *Memoiren,* Bd. 8, S. 82 ff.
121 Ebenda, S. 114 ff.
122 Ebenda, S. 128 ff.
123 Hineis, zit. nach August Fournier: *Lola Montez,* S. 220.
124 Dr. Ignatz Dobmayer (= Dr. Erdmann): *Zustände und Ereignisse in München im Jahre 1847.*
125 Franz Grillparzer: *Lola Montez,* in: Franz Grillparzer: Gedichte, S. 201.
126 Friedrich Wilhelm IV. zit. nach: Heinz Gollwitzer: *Ludwig I. von Bayern,* S. 695.
127 Eisenmann, zit. nach: Conte Corti: *Ludwig I. von Bayern,* S. 240.
128 J. Venedey: *Die Spanische Tänzerin und die Deutsche Freiheit,* S. 7.
129 Lola Montez: *Memoiren,* Bd. 9, S. 108.
130 Anonym, zit. nach: Wilhelm Lukas Kristl: *Lola, Ludwig und der General,* S. 56.
131 Elias Peißner zit. nach: Wilhelm Lukas Kristl: *Lola, Ludwig und der General,* S. 145.
132 Ludwig I. in: Hannes S. Macher: *König Ludwig I. von Bayern.* Gedichte, S. 136.
133 Anonym: *Bericht aus München über die Ereignisse des 9. 10. 11. Februar 1848,* S. 12 f.

134 Ludwig I., zit. nach. Wilhelm Lukas Kristl: *Lola, Ludwig und der General*, S. 133.
135 Staatsbibliothek München, Lola-Montez-Dokumente.
136 Staatsbibliothek München Pol Dir. 344/1g.
137 Staatsarchiv München Pol Dir. 344/1g.
138 Reinhold Rauh/Bruce Seymour: *Ludwig I. & Lola Montez*, S. 137.
139 So wie vieles in ihrem Leben von Gerüchten begleitet war, so ranken sich auch um Lola Montez' Weiterfahrt eine Reihe von Legenden. Beispielsweise hätte sie sich anschließend in Frankfurt oder auch im oberpfälzischen Vilseck aufgehalten, um Peißner wiederzusehen.
Die amüsanteste Anekdote stammt aber aus der Feder von Justinus Kerner. Früher war er zusammen mit Gustav Schwab und Ludwig Uhland ein Vertreter des sogenannten Schwäbischen Dichterkreises gewesen. Mit den Jahren hatte sich der gelernte Arzt aber immer mehr okkultistischen Strömungen zugewandt und war insbesondere ein Anhänger von Mesmers Theorie des tierischen Magnetismus geworden. Genau bei diesem Dichter und Okkultisten müßte Lola Montez vom 19.2.–2.4.1848 in Kur gewesen sein. Kerner sollte ihr im schwäbischen Weinsberg auf Geheiß des Königs nichts weniger als den Teufel austreiben – wenn man Kerners Briefen vom 19.2. und 2.4. glauben kann.
Im ersten Brief vom 19.2. (Justinus Kerner: *Briefwechsel mit seinen Freunden*, hrsg. v. Theobald Kerner, S. 307) berichtet er, daß er Lola für den Exorzismus erst einmal dreizehn Tropfen Himbeergeist und eine Viertel Oblate pro Tag verschrieben hätte. Im zweiten vom 2.4. heißt es: »Die Lola befindet sich seit voriger Woche bei mir. Sie ist erstaunlich abgezehrt. Theobald magnetisiert sie, auch lasse ich sie Eselsmilch trinken« (ebenda, S. 313).
Und dann folgt eine historische Sensation ersten Ranges, wenn Kerner in seinem Brief mit folgendem weiterfährt: »Den Metternich nahm ich in meinen Turm auf, in dem Graf Helfenstein von seiner Hinrichtung durch die Bauern gefangen saß... Metternich spielt die Geige sehr gut. Es ist noch eine alte von Niembsch im Turm. Auf dieser spielt er immer die Marseillaise und pfeift konvulsivisch dazu im Mondenschein.«
Lola Montez müßte sich also nicht nur einer Teufelsaustreibung unterzogen haben, sondern auch noch mit einem ihrer größten Todfeinde, Metternich, unter einem Dach gelebt haben.
Diese Episode ist auch von manchem Lola-Montez-Biographen begierig aufgenommen worden. Das einzig Nachteilige daran ist nur, daß sie nicht stimmt. Schon Ernst Posse hat überzeugend nachgewiesen, daß es sich dabei um einen Jux von Justinus Kerner gehandelt hat, der trotz seiner Leidenschaften für das Jenseits schon immer für diesseitige Scherze bestens aufgelegt war. (Vgl. Ernst Posse: *Lola Montez, Metternich und der Weinsberger Geistertum*, S. 348ff.).
140 Reinhold Rauh/Bruce Seymour: *Ludwig I. & Lola Montez*, S. 182 f.
141 Ebenda, S. 199.
142 Ebenda, S. 202.

143 Ebenda, S. 224.
144 Staatsbibliothek München, Ludwig Archiv 39, Rufenacht an Ludwig.
145 Ludwig I.: An Lola, in: Hannes S. Macher: *Ludwig I. von Bayern. Gedichte*, S. 137.
146 Lola Montez: *Memoiren*, Bd. 9, S. 214 f.
147 Lola Montez: *Memoiren*, Bd. 4, S. 141.
148 Lola Montez: *Memoiren*, Bd. 9, S. 169.
149 Ebenda.
150 Auguste Papon: *Lola Montès*, S. 75.
151 Eugène de Mirecourt: *Les Contemporains*, S. 71.
152 Vgl. Julie de Margueritttes: *The Ins and Outs of Paris*.
153 Alfred Delvau: *Les lions du jour*, S. 312 f.
154 Ebenda, S. 313.
155 Lola Montez: *Autobiography*, S. 214.
156 Vgl. William Howard Russel: *The Adventures of Mrs. Seacole*.
157 Vgl. Lola Montez: *Autobiography*, S. 215.
158 Vgl. *The Golden Era* vom 29.5.1853.
159 Hauser, Miska: *Selections from Hauser's Travel Book*, Kap. 4.
160 Lola Montez zit. nach Doris Foley: *The Divine Excentric*, S. 53.
161 Matilda Uphoff: *Memoirs of Mrs. Matilda Uphoff*, S. 78.
162 Vgl. Lola Montez: *Autobiography*, S. 214.
163 Vgl. Ishbell Ross: *The Uncrowned Queen*, S. 186.
164 Vgl. M. Cannon: *Lola Montez*, S. 10f. M. Cannon geht dabei von der durch nichts zu beweisenden These aus, daß Lola Montez von ihrem ersten Ehemann, Captain James, mit Syphilis angesteckt worden wäre. Umgekehrt hätte sie dann eine Vielzahl ihrer Liebhaber, darunter auch Liszt, angesteckt.
165 Lola Montez: *The Arts of Beauty*, S. 72.
166 Ebenda, S. 127.
167 Vgl. Bruce Seymour: *Lola Montez. A Life*.
168 Vgl. Edmund B. d'Auvergne: *Lola Montez*, S. 223.
169 Vgl. *New York Herald* vom 20.1.1861.
170 Jules Falvet: *Études cliniques sur les maladies mentales et nerveuses*, S. 503.
171 Fritz Riemann: *Grundformen der Angst*, S. 168.

Literaturverzeichnis

Anonym: *Bericht aus München über die Ereignisse des 9.10.11. Februar 1848.*
Anonym: *Lola Montez und ihre politische Stellung in München,* München 1848.
Anonym (vermutlich Eduard Maria Oettinger): *Mola oder Tanz und Weltgeschichte. Eine spanisch-deutsche Erzählung,* Leipzig 1847.
Barcke, Gisela: »Jenseits der biedermeierlichen Moral. Abenteuer Emanzipation: Lola Montez und Lady Digby«, in: Ottomeyer, Hans (Hrsg.): *Biedermeiers Glück und Ende,* S. 181–186.
Bassermann, Lujo: *Die ungekrönte Geliebte,* Wien 1967.
Bayern, Konstantin von: *Des Königs schönste Damen. Aus der Schönheitengalerie Ludwig I.,* München 1980.
Blätter des Kieler Theatermuseums: *Um Lola Montez,* Kiel 1929.
Bolitho, William: *Twelve Against the Gods,* New York 1929.
Brougham, Henry Lord: *The Life and Times of Henry Brougham,* New York 1872.
Cannon, M.: *The Tragic of a liberated Woman,* Melbourne 1973.
Claudin, Gustave: *Mes Souvernirs. Les Boulevards de 1840–1870,* Paris 1884.
Clausius, A.: *Lola Montez in Aschaffenburg,* in: Heimat und Geschichte, Jg. 1939, S. 5–6.
Corti, Egon Caesar Conte: *Ludwig I. von Bayern,* München 1960.
D'Auvergne, Edmund B.: *Lola Montez. An Adventuress of the Forties,* New York 1909.
Davidoff, Leonore: *The best circles,* London 1973.
Delvau, Alfred: *Les lions du jour, Physionomies, Parisiennes,* Paris 1867.
Dobmayer, Ignatz (= Erdmann, Paul): *Zustände und Ereignisse in München im Jahre 1847,* Berlin 1847.
Dömling, Wolfgang: *Franz Liszt und seine Zeit,* Laaber 1985.
Dunbar, Janet: *Golden Interlude. The Edens in India 1836-1842,* London 1955.
Dyer, Heman/Hawks, Francis (Hrsg.): *The Story of a Penitent Lola Montez,* New York 1867.
Ebenthal, Hildegard: *The tragedy of a throne,* London 1917.
Eden, Emily: *Up the country. Letters written to her Sister from the Upper Provinces of India,* London 1930.
Emmerig, Ernst: »Lola Montez und das Wünnenberghaus in Vilseck«, in: *Die Oberpfalz,* 1984, S. 175–179.
Falvet, Jules: *Études cliniques sur les maladies mentales et nerveuses,* Paris 1890.

Foley, Doris: *The Eccentric Divine*, Los Angeles 1969.
Forster, J. S.: *Vor 50 Jahren in München. Lola Montez in München*, München 1897.
Fournier, August: *Lola Montez. Ein geheimer Bericht,* in: Deutsche Revue, 27. Jg., August 1902, S. 214–230.
Fuchs, Eduard: *Ein vormärzliches Tanzidyll. Lola Montez in der Karikatur,* Berlin 1904.
Gillibert, Jean: *Les illusiades,* Paris 1983.
Girardin, Delphine de: *Chroniques Parisiennes 1836–1848,* Paris 1986.
Gollwitzer, Heinz: *Ludwig I. von Bayern. Eine politische Biographie,* München 1986.
Greenblatt, Robert B.: *Lola Montez. Auf der Suche nach Unabhängigkeit, Erfolg und Liebe,* in: Sexualmedizin, H. 9, 1981, S. 362–364.
Grillparzer, Franz: *Gedichte* (hrsg. v. August Sauer), Wien 1933.
Hauser, Miska: *The Letters of Miska Hauser, 1851,* San Francisco 1939.
Hawks, Rev. Francis Lister: *Lola Montez. The Story of a Penitent,* New York 1867.
Hojer, Gerhard: *Die Schönheitsgalerie König Ludwigs I.,* München 1979.
Holredge, Helen O'Donnell: *The woman in Black; the Life of Lola Montez,* New York 1955.
Janin, Jules: *Un hiver à Paris,* Paris 1845.
Jordan, Ruth: *George Sand. Die große Liebende,* München 1978.
K. G. M.: *Das erste Auftreten von Lola Montez in Deutschland,* in: Velhagen & Klasings Monatshefte, Heft 6, Februar 1901, S. 677–683.
Kelen, Betty: *Mätressen. Skandale an europäischen Fürstenhöfen des 19. Jahrhunderts,* Reinbek 1969.
Keller, Gottfried: *Der grüne Heinrich,* Frankfurt a. M. 1924.
Kerner, Justinus: *Briefwechsel mit seinen Freunden,* Stuttgart 1897.
Kobell, Luise von: *Unter den ersten vier Königen Bayerns,* München 1894.
Kristl, Wilhelm Lukas: *Lola, Ludwig und der General,* Pfaffenhofen 1979.
Kristl, Wilhelm Lukas: *Unsterbliche Lola?* in: Börsenblatt für den Deutschen Buchhandel (Beilage: Aus dem Antiquariat), Nr. 25, 30.3.1973, S. A97–106.
Lumley, Benjamin: *Sirenia, or Recollections of a past existence,* London 1862.
Macher, Hanns S.: *König Ludwig I. von Bayern. Gedichte,* Pfaffenhofen 1980.
Marguerittes, Julie de: *The Ins and Outs of Paris: or Paris by Day and Night.* Philadelphia 1855.
Mirecourt, Eugène: *Les Contemporains. Lola Montès,* Paris 1857.
Montez, Lola: *Abenteuer der berühmten Tänzerin. Von ihr selbst erzählt,* Leipzig 1848. (Vermutlich von unbekannter Hand gefälscht.)
Montez, Lola: *Autobiography,* in: Doris Foley: *The Eccentric Divine,* Los Angeles 1969, S. 191–216.
Montez, Lola: *Anecdotes of Love: Being a True Account of the Most Remarkable Events Connected with the History of Love, in all Ages and Among All Nations,* New York 1858.

Montez, Lola: *Memoiren*, Berlin 1851 (Nachdruck durch Kerstin Wilhelms [Hrsg.]: *Memoiren der Lola Montez*, Frankfurt a. M. 1986).
Montez, Lola: *Memoiren*, Leipzig (Grimma) 1851.
Montez, Lola: *The Arts of Beauty, or, Secrets of a Lady's Toilet with hints to gentlemen on the art of fascinating*, New York 1958.
Montez, Lola: *The Lectures of Lola Montez with a full and complete autobiography of her life*, Philadelphia 1858.
Ophüls, Max: Lola Montez (Filmdrehbuch), in: *Spectaculum. Texte moderner Filme*, Frankfurt a. M. 1961.
Ottomeyer, Hans (Hrsg.): *Biedermeiers Glück und Ende... die gestörte Idylle 1815-1848*, München 1987.
Papon, Auguste: *Lola Montez, Mémoirs accompagnés de lettres intimes de S. M. Le Roi de Bavière et de Lola Montès*, Nyon 1849.
Papon, Auguste und Andere: *Lola Montez. Memoiren in Begleitung vertrauter Briefe des Königs von Bayern und der Lola Montez*, Stuttgart 1849 (Scheible).
Papon, Auguste und Andere: *Lola Montez. Memoiren in Begleitung vertrauter Briefe des Königs von Bayern und der Lola Montez*, übers. v. Friedrich Lichtenfeld, Mannheim 1849.
Posse, Ernst: *Lola Montez. Metternich und der Weinsberger Geisterturm*, in: Historische Zeitschrift, Bd. 140, Jg. 1929, S. 348-354.
Pourtalés, Guy de: *Franz Liszt*, München 1982.
Rauh, Reinhold/Seymour, Bruce: *Ludwig I & Lola Montez. Der Briefwechsel*, München 1995.
Riemann, Fritz: Grundformen der Angst, München 1982.
Rosenberg, Charles G. (= Q.) *You Have Heard of Them*, New York 1854.
Ross, Ishbell: *The Uncrowned Queen. Life of Lola Montez*, New York 1972.
Russell, Wilhelm Howard: *The Adventures of Mrs. Seacole*, London 1857.
Schäfer, Martin: *Der andere Ludwig. König Ludwig I. von Bayern*, München 1987.
Schauenburg, G.: *Lola Montez, der weibliche Dämon*, München 1919.
Schopp, Claude: *Alexandre Dumas*, Paris 1985.
Schorn, Karl: *Lebenserinnerungen*, Bonn 1898.
Schrott, Ludwig: *Münchner Alltag in acht Jahrhunderten. Lebensgeschichte einer Stadt*, München 1975.
Schrott, Ludwig: *Biedermeier in München*, München 1987.
Seymour, Bruce: *Lola Montez. A Life*, New Haven/London 1996
Sheppard, Francis: *London 1808-1870*, London 1971.
Sorell, Walter: *Der Tanz als Spiegel der Zeit*, Wilhelmshaven 1985.
Thierry, A. Augustin: *Lola Montez, Favorite Royale en Bavière*, Paris 1836.
Tümmler, Hans (Hrsg.): *König Ludwig I. von Bayern und Caroline von Heygendorf in ihren Briefen 1830 bis 1848*, Köln 1981.
Uphoff, Matilda: *Memoirs of Mrs. Matilda Uphoff*, Stockton 1933.
Vandam, Albert Dresden: *An Englishman in Paris. Notes and Recollections*, New York 1892.
Veith, Elza: *Hysteria*, Chicago 1965.

Venedey, J.: *Die Spanische Tänzerin und die Deutsche Freiheit,* Paris 1847.
Vogt, Carl Wilhelm: *Lola Montez mit ihrem Anhang,* München 1848.
Wilhelms, Kerstin: *Sie suchen die Lola,* in: Wilhelms, Kerstin (Hrsg.): *Memoiren der Lola Montez,* Frankfurt 1986, S. 1835–1887.
Willms, Johannes: *Paris. Hauptstadt Europas,* München 1988.
Wilmes, Jacqueline / Prézelin, Jacques: *Lolas Montés. Pavane pour un roi poète,* Lausanne 1967.

Zeittafel

1820 (Ende April) Heirat von Esquire Edward Gilbert und der Gutsbesitzerstochter Eliza Oliver in Cork/Irland.
1820 (Ende 1820) möglicherweise noch 1821) Eliza Gilbert, die spätere Lola Montez, wird in Irland geboren.
1822 (November) Abfahrt des Ehepaars Gilbert mit ihrer Tochter nach Indien.
1823 (März/April) Ankunft in Kalkutta, wo Edward Gilbert im Rang eines Captain im 44. Regiment der Ostindischen Handelskompanie seinen Dienst antritt.
1825 Edward Gilbert stirbt kurz nach seiner Versetzung nach Dinapore an Cholera. Lola Montez' Mutter heiratet den späteren General Patrick Craigie.
1826 Lola Montez fährt mit ihrer Amme von Kalkutta zurück nach England.
1827–1834 Nachdem sie zuerst bei Sir Jasper Nichols in London aufgenommen wurde, kommt Lola Montez bei ihrem Stiefvater in Montrose/Schottland und später bei ihrem Stiefonkel in Perth unter. Es zeigen sich erste Verhaltensauffälligkeiten.
1835–1836 Schulunterrichtsbesuch bei Mrs. Oldrige in Bath.
1837 Lola Montez' Mutter kommt von Indien nach Bath und will ihre Tochter verheiraten. Lola Montez flieht mit Captain Thomas James aus Bath und heiratet ihn am 23.7.1837 in Meath/Irland.
1838 Captain James reist zusammen mit seiner Frau nach Indien und tritt dort seinen Militärdienst an.
1839 Reise von Kalkutta nach Simla. Ende der ehelichen Lebensgemeinschaft.
1840 Rückreise von Lola Montez nach Kalkutta.
1841 Ankunft in London und Affäre mit Captain Lennox. Lola Montez läßt sich als Tänzerin ausbilden.
1842 Gerichtsverfahren wegen ehelicher Untreue. (15. Dezember:) Scheidung *a mensa et thoro* von Captain James.
1843 (3. Juni:) Erstes Auftreten als Spanische Tänzerin im Londoner *Her Majesty's Theatre*. Skandal wegen Namensfälschung. Fluchtartiges Verlassen von England. Weiterfahrt ins vogtländische Ebersdorf zu Prinz Heinrich LXXII. von Reuß. Ausweisung. Weiterfahrt nach Berlin. Ankunft am 4. August. Lola Montez wird zu 14 Tagen Arrest verurteilt und anschließend aus Preußen ausgewiesen. Weiterfahrt nach Warschau. Lola Montez verursacht einen Aufruhr und wird ausgewiesen.

1844 (Februar) Lola Montez' Affäre mit Franz Liszt in Dresden. Weiterfahrt nach Paris und Auftritt in der Pariser Oper (30.3.1844). Auftritte im *Théâtre de la Porte-Saint-Martin*. Lola Montez wird Geliebte von Alexandre Dujarier, Redakteur der Zeitung *La Presse*.
1845 (11. März 1845:) Duell zwischen Dujarier und Rosemond de Beauvallon. Dujarier wird getötet. Im August Aufenthalt in Bonn, wo sie wieder Franz Liszt trifft.
1846 (März:) Prozeß gegen Beauvallon in Rouen. Lola Montez reist nach Baden-Baden und wird dort ausgewiesen. (5. Oktober:) Ankunft in München. (7. Oktober:) Beginn des Verhältnisses mit dem bayrischen König Ludwig I. Lola Montez wird allgemein als Mätresse Ludwigs angesehen und zieht sich wegen ihres anmaßenden Verhaltens den Haß der Münchner Stadtbevölkerung und der Regierungskreise zu. Ludwig hält Lola Montez gegen alle Anfeindungen die Treue. (Dezember:) Intrige der Haushälterin Ganser.
1847 (9. Februar:) Ludwig verleiht Lola Montez gegen ausdrücklichen Widerstand des Staatsrats das bayrische Indeginat. Rücktritt der Regierung von Abel und Beginn des ›Ministeriums der Morgenröte‹. (1. März:) Tumultartige Krawalle vor der Münchner Residenz und vor Lola Montez' Haus in der Theresienstraße. (Juni:) Bezug des Hauses in der Barerstraße und Gründung der Studentenverbindung Alemannia. (Juni–August:) Reise nach Bad Brückenau mit skandalartigen Auftritten in Bamberg und Würzburg. (25. August:) Lola Montez wird zur Gräfin von Landsfeld geadelt. (30. November:) Entlassung von Maurer und Beginn des ›Lola-Ministeriums‹ unter Wallerstein und Berks.
1848 (9.–11. Februar:) Aufstand der Münchner Bürger und Studenten mit anschließender Ausweisung von Lola Montez aus Bayern. (19. März:) Nach der März-Revolution Abdankung von Ludwig I. Lola Montez reist in die Schweiz nach Genf. Affäre um Auguste Papon.
1849 Reise über Paris nach London. (19. Juli:) Heirat mit George Heald. (August:) Bigamie-Prozeß und anschließende Flucht nach Frankreich, Italien und Spanien.
1850 Trennung von Heald. Aufenthalt in Paris.
1851 Neuerlicher Auftritt als Tänzerin und Tournee durch Belgien und Frankreich. (5. Dezember:) Ankunft in New York.
1852 Tournee durch die amerikanische Ostküste. (Mai:) Erste Aufführung von *Lola Montez in Bavaria*.
1853 Tournee durch die amerikanischen Südstaaten und Weiterfahrt nach Kalifornien. (28. Mai:) Debüt in San Francisco. (2. Juli:) Heirat mit Patrick Hull. Weitere Auftritte in Sacramento, Marysville und Grass Valley. Scheidung von Hull.
1854 Lola Montez läßt sich in Grass Valley nieder und bemüht sich um Investoren für die Goldminenfelder.
1855 Reise von Amerika nach Australien. (August:) Ankunft in Sydney. Tournee durch Melbourne, Adelaide, Ballarat.

1856 Rückkehr nach Kalifornien. Lola Montez' Begleiter Noel Folland kommt dabei unter mysteriösen Umständen ums Leben. Letzte Auftritte in San Francisco und Sacramento.
1857 Rückkehr nach New York. Beginn von Lola Montez' Lesungen unter Mitarbeit von Charles C. Burr.
1858 Erscheinen von *Anecdotes of Love* und *The Arts of Beauty*. Prozeß gegen David W. Jobson.
1859 Lola Montez wendet sich der christlichen Religion zu.
1860 Ihre Gesundheit verfällt immer mehr.
1861 (17. Januar:) Lola Montez stirbt und wird auf dem Greenwood-Friedhof von Brooklyn/New York beerdigt.

Bildnachweis

Reinhold Rauh, München: Seite 6, 77, 90, 93, 95, 101, 102, 107, 111, 116, 119, 121, 122, 125, 135, 136, 138, 139, 141, 142, 149, 156, 160, 163, 177, 182
Dietmar Siegert, München: Seite 16, 20, 22, 27, 28, 29, 33, 35, 40, 43, 50, 51, 53, 57, 62, 64, 69, 79, 82, 85, 86, 130/131, 158, 170, 173, 191, 192, 196, 201
Wilfried Wiegand, Frankfurt (aus: Geschichte der Photographie): Seite 73, 75, 167, 185, 195
Bildarchiv Preußischer Kulturbesitz, Berlin: Seite 89
Stadtmuseum München (Fotomuseum). Seite 60, 88, 208

Personenregister

Abel, Karl von 82, 97, 99, 104 ff., 108, 118, 124
Adjani, Isabelle 8
Agoult, Gräfin d' 61
Albert von Sachsen-Coburg 75
Antigny, Blanche d' 63
Arco Valley, Karl von 134
Aspasia 201
Auckland, Lord George 31 f., 34
Auvergne, Edmund d' 206, 210

Balzac, Honoré de 64 f., 152
Baker, Joséphine 218
Bara, Theda 218
Bardot, Brigitte 8
Basinger, Kim 8
Beauvallon, Rosemond de 70 ff.
Beauvoir, Roger de 70
Beethoven, Ludwig van 75 f.
Behr, Wilhelm 118
Benjamin, Walter 63
Bennet, James Gordon 164
Berks, Franz von 117, 123 f., 127, 133, 136, 140
Berlioz, Hector 75
Bernhardt, Sarah 217
Berryer, Pierre 72
Bertrand, Arthur 70 f.
Bigottini, Emilie 47
Blom, Rittmeister 123
Blum, Ernest 152
Bobo, Prinz 168
Bodkin, Verteidiger 154 f.
Boignes, Charles de 71
Böttcher, Maximilian 209
Breidbach, Carlotta von 147
Breitenfeld, Bauer von 132
Breslau, Hofarzt 112
Bridgeman 118

Brifaut, Charles de 152
Brougham, Lord 42, 44, 47
Brown, Sheriff 189, 193
Buchanan, Margaret 207
Buffalo Bill 159
Bulbul, Ole 181
Burr, Charles Chauncey 201

Cannon, M. 199, 210
Canton, Edward 209
Cavaignac, General 148
Cerito, Fanny 40, 165
Certigny, Henry 210
Chapman, Caroline 176
Chapman, William 176
Charcot, Jean-Martin 213, 219
Charlotte, Zarin 51
Chenal, Mons 178, 180
Chopin, Frédéric 67
Ciccione, Madonna (= Madonna) 219
Clarkson, Staatsanwalt 154
Claudin, Gustave 65
Clive, Lord Robert 16
Como, Prinz von 169
Coppin, George 191 f.
Corial, Comte de 152
Country Joe 174 ff.
Craigie, Major Patrick 17 f., 21, 34, 37, 39, 43
Craigie, Patrick Edmonstone 19
Crosby, James 194
Curtius, Dr. 98, 123

Dahn, Konstanze 86 f.
Daxenberger, Kupferschmiedemeister 114
Delano, Alonzo 185 f.
Delvau, Alfred 70
Démy, Jacques 209

Denk 96
Desch 97
Dichtl, Polizist 137
Diepenbrock, Freiherr von 100
Dietrich, Marlene 8, 209
Döllinger, Prof. 126
Dubarry, Marie Jeanne 63
Dujarier, Alexandre Henri 68, 70 ff.
Dumas, Alexandre (der ältere) 63 ff., 68, 70, 72, 189
Dumas, Alexandre (der jüngere) 71

Ecquevillez, Vicomte de 71
Eden, Emily 13, 24, 31, 34 ff., 58
Eden, Fanny 34 ff.
Eichenherr, Caroline 96
Eigenschenck, Charles 178, 180
Eisenmann, Gottfried 118, 120
Ekberg, Anita 218
Elisabeth, Königin von Preußen 51
Elßler, Fanny 40 f., 58, 63, 116, 165 f.
Erdmann, Paul 119, 152
Espa 42
Eugénie, Kaiserin von Frankreich 143

Falret, Jules 212
Faustin I., Kaiser von Haiti 169
Fiddler, Mr. und Mrs. 186
Field, Joseph 169
Fitzball, Edward 46
Flore, Conte de 71
Florenzi, Marchesa Marianna 86, 91 f.
Foley, Doris 179, 210
Folland, Noel 186, 188 f., 194 ff., 197, 200
Francis 98
Frays, August von 52, 55, 87
Freud, Sigmund 174, 213
Friedrich Wilhelm IV., König von Preußen 51 f., 75 f., 120, 205
Friedrich, Erzherzog 75

Gander, Jacob 114
Ganser, Frau 96 ff.
Gärtner, Friedrich von 84
Garbo, Greta 8
Garvani 69
Gautier, Théophile 65
George IV., König von England 19
Gilbert, Edward 13 ff., 21, 215
Gilbert, Eliza (= Eliza Oliver = Eliza Craigie = Lola Montez' Mutter) 12 f., 15, 17 f., 21, 24 f., 34, 36 f., 39, 206, 215
Girardin, Delphine de 66, 68, 199
Glink, Leonhard 114
Gluth, Oskar 209
Görres, Joseph von 108, 129
Grahn, Lucile 40
Gregor XVI., Papst 67
Grillparzer, Franz 120, 209
Grisi, Carlotta 40
Guizot, Guillaume 64, 67
Gumppenberg, Anton von 106

Haering, Friedrich 132
Handschuch, Dr. 98
Hardy, Oliver 209
Harlow, Jean 218
Hawes, Fotograf 7 f.
Hawks, Rev. Francis 12, 207
Hauser, Miska 178 ff.
Hayworth, Rita 8, 218
Heald, George 153 ff., 157 f., 215
Heideck, Karl Wilhelm von 67, 92, 97 f., 115, 117, 215
Heine, Heinrich 84
Heinrich LXXII., Prinz von Reuß 48 f.
Hermann, Prof. 117
Hineis, Polizeikommissar 119
Hippokrates 212
Hirsch, Bankier 143
Hirschberg, Graf 129
Hohenhausen, Johann von 117
Hohenlohe, Freiherr von 106
Holland, Norman 210
Holredge, Helen 200, 210

Hopfen, Zolladministrator 117
Hörmann, Joseph von 97, 118
Huart, Louis 152
Hugo, Victor 64, 152
Hull, Patrick Purdy 172, 176, 178, 180, 184
Humboldt, Alexander von 75
Hurt-Binet, Oskar 152

Ingram, Charles 37, 155
Isabella, Königin von Spanien 202
Iwanoff 55

Jagemann, Caroline 87
James, Captain Thomas 13, 24 ff., 28, 31 ff., 42 f., 46, 154 f., 205
Janin, Jules 64
Jobson, David W. 204
Johanna von Orléans 201
Jones, Agent 186
Joly, Anténor 158
Joséphine, Kaiserin von Frankreich 202

Karl X., König von Frankreich 48
Karl, Prinz von Bayern 140
Karl Theodor, Kurfürst von Bayern 83, 85
Karoline Auguste, Kaiserin 99
Karwawski, Eustach 126
Katharina II., Zarin 202
Kaunitz, Baronin 123
Kelen, Betty 211
Keller, Gottfried 81
Kelly, Fanny 42
Kent, Duchess of 44
Kerner, Justinus 226
Klenze, Leo von 84, 118
Kobell, Luise von 90 f.
Kossuth, Lajos von 162, 164, 200
Krailsheim, Leutnant 118
Krebs, Tapezierer 114

Lachman, Madame 63
Lamarr, Hedy 218
Lamartine, Alphonse de 158

Lamennais, Abbé Félicien de 67
Lamour, Dorothy 218
Lasaulx, Ernst von 108
Laurel, Stan 209
Laurent, Jacques 210
Leeb, Bildhauer 117
Lennox, Charles 37, 41 f.
Lhévienne, Anaïs 70 f.
Lind, Jenny 165
Liszt, Franz 59, 61, 67, 69, 75 f.
Lizius, Karoline 86 f.
Lomer, Tommy 36
Louis Philippe, König von Frankreich 63 f., 148
Ludwig I., König von Bayern 23, 51 f., 61, 78, 83 ff., 96 ff., 102 f., 104 ff., 111 f., 114, 117 ff., 123 ff., 127, 129, 132 ff., 137, 142, 143 ff., 151, 153 f., 156, 158, 168, 200, 205, 212, 217
Ludwig II., König von Bayern 61, 217
Lumley, Benjamin 40, 43 ff.
Lumley, Sir Abraham 24
Luther, Martin 119

Macchiavelli, Niccolò 203
Malmesbury, Earl of 41
Maltzahn, Heinrich von 117
Mann, Heinrich 209
Mansfield, Jayne 218 f.
Mariel, Anne 210
Marguerittes, Julie 157
Massine, Léonide 209
Marck 117
Mata Hari 47
Maurer, Georg Ludwig von 105 f., 118, 121, 124
Max I. Joseph, König von Bayern 83
Mayer, Angioletta 117
Mayerhofer, Bartholomä 114 f.
Mayrhofer, Fabrikant 134
McKnight, George 181
Medern, Graf 67 f.
Meredith, Gilmor 181

Méry, Joseph 65, 68
Merz, Dr. 126
Mesmer, Franz Anton 213
Metternich, Klemens von 47
Metzger, Eduard 115, 117
Meyerbeer, Giacomo 75
Michail, Fürst 51
Milton, Dr. 190
Mirecourt, Eugène de 55, 157
Monroe, Marilyn 8, 218 f.
Moreno, Enrique 210
Morice, Charles 68
Muhammad, Dost 32, 35
Musard, Philip 63
Musset, Alfred de 64, 66
Mussinan, Johann von 133, 137, 143
Muth, Kunstmaler 140

Napoleon III., Kaiser der Franzosen 148
Nazimova, Alla 218
Negri, Pola 218
Neuber, Frederike Caroline 216
Nichols, Fanny 21
Nichols, Sir Jasper 19, 21
Nietzsche, Friedrich 217
Nikolaus I., Zar 51
Normand, Mabel 218
Nußbaumer, Leutnant 96, 109, 118, 215
Nyobet, Eugénie 148

Oettinger, Eduard Maria 55
Oldrige, Barbara 21 f., 25
Oliva, Pepita de 41, 58
Oliver, Charles Silver 13 f.
Ophüls, Max 209 f.
Opitz 115

Palmerston, Lord 47
Paskjewitsch, Iwan Feodorovich 54 f., 162
Papon, Auguste 12, 23, 56, 65, 145 f., 150, 152 f., 204
Pechmann, Johann von 97 f.
Peißner, Elias 126 f., 136, 146 f.

Pernwerth, Platzmajor 123
Pfeiffer, Michele 8
Plötz, Johann von 89 f.
Plötz, von 118
Poißl, Baron 117
Pompadour, Madame de 63
Posse, Ernst 226
Pottendorf, Erich 209
Pourtalès, Guy de 61

Radziwill, Ekaterina 200
Ranelagh, Lord 44 f.
Reis, Kurt 209
Reisach, Karl von 99
Reynolds, Joshua 203
Riemann, Fritz 214
Rigolboche, Tänzerin 152
Robinson, D. J. 176, 191
Rosenberg, Charles G. 44
Ross, Ishbell 14, 210
Rossini, Gioacchino 44
Rothschild, Baroness de 44
Rufenacht, Alexandre 143, 146
Russell, Jane 8

Saint-Laurent, Cécil 209
Sambuga, Joseph Anton 119
Sand, George 66 f., 148, 170, 202
Sargent, Epes 166
Schäfer, Pächter 136
Scheible, J. 150
Scherer, Kammerherr 123
Schermerhorn, Anwalt 204
Schinkel, Karl-Friedrich 49
Schneider, Madame 63
Schneider, Romy 8
Scholl, Günter 209
Schorn, Adelheid von 59
Schorn, Karl 78
Schrenck, Sebastian von 106
Schultze, Carl 150
Scoville, Joseph 166, 169
Seacole, Mrs. 170
Seekamp, Henry 193 f.
Seinsheim, Karl von 97, 106
Sepp, Prof. 129

Shipley, Henry 186
Shuja, Shah 222
Simmonds, Mr. 186
Singh, Ranjit 32
Skipper, J. M. 192
Slowacki, Anton 54
Smith, John 190
Solkowski, Prinz 205
Soumet, Gabrielle 147
Southwiek, John 182
Southword, Fotograf 7 f.
Spitzweg, Carl 81
Sproul, Oberst 117
Staël, Anne Louise de 202
Steinsdorf, Kaspar von 133 f.
Stieler, Joseph 86, 91
Sue, Eugène 64 f., 152
Suter, August 172
Swanson, Gloria 218

Taglioni, Maria 39 ff., 56, 58, 117, 216
Tann, Heinrich von der 88, 123
Taylor, Elizabeth 218
Terry, David 197
Therese, Königin von Bayern 85, 108, 111, 134
Thierry, Augustin 210
Thiersch, Friedrich 111, 132
Turner, Kathleen 8

Uphoff, Matilda 183

Vandam, Albert Dresden 223
Venedy, J. 120
Viktoria, Königin von England 39, 45, 75 f., 199
Voilquin, Suzanne 147

Wagner, Cosima 61
Wagner, Hans 209
Wagner, Richard 61, 217
Wahl, Gräfin von 92
Wainwrigth, Gouverneur 177
Wallerstein, Ludwig von (Öttingen-) 124, 126, 132, 136
Ware, Charles 165, 168
Weber, Diurnist 137
Wedekind, Frank 209
Wegerer, Bote 140
Wellington, Lord 44
West, Mae 8, 218
William, James King of 197
Wintersteiner, Marianne 210
Wolff, Prof. 77 f.
Wyndham, Horace 210

Yrsch, Graf 124

Zehrer, Hauptmann 107
Zola, Emile 63
Zuckmayer, Carl 209
Zu Rhein, Freiherr von 106